U0870867

智能化融媒体新形态教材

体育与健康

主　编　陈　熹　邱　岭

副主编　王俊洋　张夏倩　殷立忠

王亚楠　郭浩然　王鑫伟

中国纺织出版社有限公司

内 容 提 要

本书根据教育部颁布的《全国普通高等学校体育课程教学指导纲要》的基本要求和精神，结合现代体育项目的基本知识、基本技能和基本战术编写，将促进学生身心和谐发展与提高学生思想道德水平、科学文化素养有机结合。本书共十个项目，分别是健康教育、体育锻炼与健康、体育锻炼与卫生保健、学校体育、田径运动、大球类运动、小球类运动、传统体育运动、健美操、定向运动。

图书在版编目（CIP）数据

体育与健康 / 陈熹，邱岭主编．-- 北京：中国纺织出版社有限公司，2023.8

ISBN 978-7-5229-0875-5

Ⅰ．①体… Ⅱ．①陈… ②邱… Ⅲ．①体育－高等学校－教材②健康教育－高等学校－教材 Ⅳ．①G807.4 ②G647.9

中国国家版本馆CIP数据核字（2023）第159031号

责任编辑：顾文卓　向连英　　特约编辑：高　兴
责任校对：王蕙莹　　责任印制：储志伟

中国纺织出版社有限公司出版发行
地址：北京市朝阳区百子湾东里A407号楼　邮政编码：100124
销售电话：010—67004422　传真：010—87155801
http://www.c-textilep.com
中国纺织出版社天猫旗舰店
官方微博http://weibo.com/2119887771
三河市海新印务有限公司印刷　各地新华书店经销
2023年8月第1版第1次印刷
开本：787×1092　1/16　印张：15.25
字数：320千字　定价：49.80元

前言 FOREWORD

体育教育是高等学校对大学生进行体育教育，促进其全面发展的重要手段，主要以体育课程教学、课外体育活动、课余体育训练和课余体育竞赛等为载体。党的二十大报告提出：“广泛开展全民健身活动，加强青少年体育工作，促进群众体育和竞技体育全面发展，加快建设体育强国。”体育课程是学校体育教育的核心内容，是以身体练习为主要手段，以增强学生体质、增进学生健康和提高学生素养为主要目标的公共必修课程，是学校课程体系的重要组成部分，也是高等学校体育工作的中心环节。体育课程将促进学生身心和谐发展与提高学生思想道德水平、科学文化素养有机结合，并融入生活与体育技能教育，是实现素质教育和培养全面发展人才的重要途径。

本书由陈熹、邱岭任主编，王俊洋、张夏倩、殷立忠、王亚楠、郭浩然、王鑫伟任副主编。编者根据教育部颁布的《全国普通高等学校体育课程教学指导纲要》的基本要求和精神，认真总结了目前高校体育教学的现状，在遵循体育课程建设的客观规律、广泛参阅众多优秀教材的基础上，结合现代体育项目的基本知识、基本技能和基本战术，编写了本书。

本书共十个项目，分别是健康教育、体育锻炼与健康、体育锻炼与卫生保健、学校体育、田径运动、大球类运动、小球类运动、传统体育运动、健美操、定向运动。

在编写过程中，编者参考了众多学者的文献资料，在此向各位学者致以真诚的感谢。由于编者水平有限，书中如有疏漏与错误，敬请有关专家、学者及广大读者批评指正。

编　者

2023 年 4 月

目录 CONTENTS

体育基础篇

体育实践篇

体育基础篇

项目一　健康教育

任务一　健康教育的内容及意义

学习目标

1. 理解健康教育的内容。
2. 了解健康教育的意义。

2020 年 9 月，国家体育总局、教育部印发了《关于深化体教融合 促进青少年健康发展的意见》，其中第一项第一条强调了“树立健康第一的教育理念”。高等学校健康教育是对中小学健康教育的延续和深化，是全民健康教育的重要组成部分。高等学校健康教育内容主要包括健康生活方式、疾病及其预防、心理健康、性与生殖健康等方面。

一、健康教育的内容

（一）健康生活方式

健康生活方式是指有益于健康的习惯化的行为方式，主要表现为生活有规律，没有不良嗜好，讲求个人卫生、环境卫生、饮食卫生；讲科学、不迷信；平时注意保健、生病及时就医；积极参加对健康有益的文体活动和社会活动等。生活习惯代表着个人的生活方式，良好的生活习惯不仅能促进个人的身心健康，而且对人的未来发展有间接的影响。

目前，我国大学生普遍存在的不良生活方式有：缺乏体育锻炼；三餐饮食不规律；不能保证睡眠时间；与家人缺少交流；久坐不动；使用电子产品时间过久；等等。这些不良生活方式往往会导致大学生出现抵抗力下降、易肥胖、精神萎靡、注意力不集中、缺少活力等问题。

为改善这些问题，大学生应积极采取措施，包括生活规律，按时起床、睡觉，保持充足的睡眠；均衡营养，不要挑食，按时按量进餐；保持健康开朗的心情，和同学和睦相处；每天保证至少 1 小时的运动；等等。养成良好的生活习惯，进而达到保持身心健康的目的。

（二）疾病及其预防

1. 传染性疾病

传染性疾病就是人们俗称的传染病，是多种疾病的总称。它是由病原体引起的，能在人与人、动物与动物或人与动物之间相互传染的疾病。最常见的传染病有流行性感冒、乙肝、细菌性痢疾、流脑、结核病、急性出血性结膜炎（红眼病）等。传染性疾病主要是由病原微生物引起的，该类疾病具有病原体，而且存在传染性，但患者病愈后可产生特异性免疫。例如，流行性感冒，其主要表现为畏寒、发病急、高热及全身酸痛等症状，并通过飞沫经呼吸道传播，患者病愈后获得的免疫力大约能持续 12 个月。又如，细菌性痢疾，主要表现为发热、腹泻及腹痛等症状，主要经被污染的食物或水体传播，该疾病全年均可发生，尤以夏秋高温季节时常见。此外，高校大学生中常见的传染性疾病有病毒性肝炎、流行性腮腺炎、结核病、沙眼、流行性急性结膜炎、疥疮、疟疾等。

传染病的发生必须经过三个环节，即传染源—传播途径—易感人群。当然，这三个环节缺少其中一个，都不会发生疫病的传播。因此，为预防传染性疾病，需根据其发生特点制定相关措施。一是，加强对传染源的控制，由于高等学校的传染源主要为学生，其次为病原携带者及食物，所以需加强对传染源的监控，并做到及早发现、及时隔离、及早治疗。二是，为减少或控制传染病的发生，还需及时切断传播途径。三是，针对易感人群，做好预防措施。

2. 非传染性疾病

非传染性疾病，是指那些不具备传染性的疾病，但是并不会因此减少其危害性。非传染性疾病一般由患者所处的生活、工作环境导致感染，抑或是由自身的特殊性问题引发。以下是大学生常见的三种非传染性疾病。

（1）近视。近视为人学生常见疾病，而且大多于入学前就已形成，主要是学生在中小学时期需完成较多学习任务，又缺乏护眼意识；此外，近距离、长时间用眼或长时间看电子产品等因素也易导致近视。目前，我国近视率不断升高。

（2）龋齿。龋齿主要是受食物和细菌等多种因素所致，牙釉质变软、被破坏，并发展为龋洞。当患者继发细菌感染时，则易出现牙髓炎和根尖炎，并持续疼痛，从而给患者日常生活造成极大影响。同时，龋齿还会对其他牙齿造成破坏，可引发风湿性心脏病或肾炎等，给患者身心健康带来隐患。

（3）智齿冠周炎。对于大学生来说，此年龄段正处于智齿萌发时期，因此易出现智齿阻生和冠周牙袋内食物嵌顿等情况导致的冠周炎。

除上述内容之外，高校大学生的常见疾病还有痤疮、皮肤真菌病等。

预防近视需要学生和家长及学校共同努力。学校需注意指导学生正确用眼，安排学习或阅读时每小时休息 5 ~ 10 分钟。学校教室需要具备良好的采光及照明条件，并积极组织学生开展户外活动。为防止龋齿及智齿冠周炎发生，学生需加强口腔卫生管理，养成饭后漱口和正确刷牙的习惯，并定期进行口腔检查。另外，大学生新陈代谢旺盛，皮脂腺分泌旺盛而易形成痤疮，应指导学生养成良好的饮食习惯，要多吃蔬菜和水果，少吃油腻性食物，保持皮肤清洁，正确使用护肤品。

（三）心理健康

狭义的心理健康是指人的基本心理活动过程内容完整、协调一致，即认知、情感、意志、行为完整协调，能适应社会环境并与社会保持同步。

广义的心理健康的理想状态是指具备完整的人格，情绪稳定，自我控制能力较好，能保持心理上的平衡；在所处环境有充分的安全感，能保持正常的人际关系；对未来生活有明确目标，有对事业的追求。

《黄帝内经》认为人的健康状态是“志闲而少欲，心安而不惧，形劳而不倦”。世界卫生组织（WHO）对健康的定义则说明健康不仅是没有疾病和身体虚弱的情况，而且包括躯体健康、心理健康、社会适应良好和道德健康。因此，心理健康也被列为健康的重要组成部分。

1. 心理健康的特点

（1）相对性。人们所处的时代背景、环境、年龄、文化等因素影响着心理健康的程度。

（2）连续性。心理健康状态是一个渐进的连续状态，没有绝对的界限。比如，连续多日沉浸在负面新闻中，这会让一个原本心态正常的人陷入情绪低谷。

（3）可逆性。人们可以通过及时的心理调适，让原本低落的心情发生转化；但如果长期不关注心理健康，也有可能出现急剧的心态失控。

（4）动态性。人的一生会经历起起伏伏，心理健康状态也不可能一成不变。心理健康的程度会因为个人特点、环境影响等发生变化，如图 1-1 所示。

心理“非常健康”虽没有绝对、可以测量的标准，但对于精神疾病、一般心理问题和严重心理问题，临床实践和学术界已经形成了较为一致的观点。针对不同的心理健康程度，应采取相应的措施。

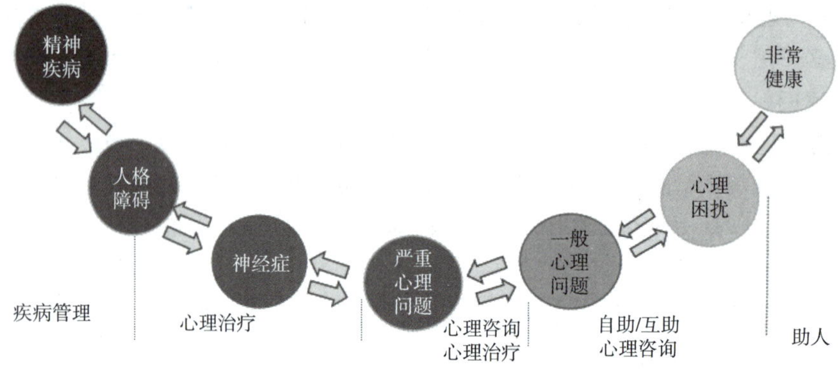

图 1-1 心理健康的不同程度

2. 大学生心理健康现状与需求

大学生的心理健康不仅影响着当前数量逐渐增加的大学生群体，而且影响着我国未来人才的发展，乃至国家的建设与发展。近年来，大学生抑郁、自杀等问题日益引发社会关注，2020 年 9 月，国家卫生健康委员会办公厅发布了《探索抑郁症防治特色服务工作方案》，提出把抑郁症筛查纳入高中及高校学生的健康体检内容，将学生作为四大重点防治群体之一。因此，调查追踪大学生的心理健康状况，分析其现状与动态变化，探讨其影响因素，对于促进大学生的心理健康具有重要的参考价值。

由中国科学院心理研究所科研团队完成的2020版“心理健康蓝皮书”《中国国民心理健康发展报告（2019—2020）》，针对大学生的心理健康现状、心理健康素养、心理健康服务需求及其满足程度设计了专项调查。调查大学生总人数为8 447人，平均年龄为20.1岁。其中本科生3 631人，大专生4 816人；男性2 941人，女性5 494人，12人性别数据缺失。本次调查主要有以下发现。

（1）心理健康状况总体良好，但一定比例的抑郁、焦虑等问题不容忽视。大专生在抑郁水平、焦虑水平、睡眠质量、自评心理健康状况等方面的心理健康状况都好于本科生。报告指出，大学生心理健康状况存在性别差异，其中本科女生的抑郁水平最高，显著高于全国平均水平，也高于本科男生、大专男生和大专女生3个群体。

睡眠不足的问题在大学生中比较普遍。43.8%的大学生表示最近一周中有几天睡眠不足，7.9%的大学生表示超过半数时间睡眠不足，而4.4%的大学生表示几乎每天都睡眠不足。针对较普遍的大学生睡眠不足问题，报告建议学校和家长应加强睡眠健康的教育及其他健康生活方式的倡导，加强时间管理和自我控制等方面的技能培训，这些措施都有利于促进大学生拥有充足睡眠，维护长远的心理与生理健康。

本次调查结果显示，大学生中18.5%有抑郁倾向，4.2%有抑郁高风险倾向，8.4%有焦虑倾向。抑郁是自杀的高危因素之一，随着抑郁水平的升高，自杀意念的出现比例显著上升，而在抑郁风险较高的群体中，自杀意念出现的比例较高。

（2）心理健康意识较强，具备一定的心理健康技能，但仍有待提高。本次调查结果显示，大学生中“心理健康意识较低，亟须提高”的仅为4%；“心理健康意识处于中等，有待进一步提高”的为39%；而“心理健康意识较强”的为57%。

本次调查以“情绪调控技能”为代表评估心理健康技能。情绪调控技能以情绪觉察为基础，包括人际支持、认知重评、转移注意3种方式。调查发现，60.8%的大学生至少拥有3种情绪调节方式中的一种，其中转移注意是大学生最主要的情绪调节方式。采用相关分析发现，人际支持是大学生最有效的情绪调节方式。由于大专生运用人际支持调节情绪的水平高于本科生，这也部分解释了前面所述的大专生心理健康水平高于本科生的结果。

（3）心理健康知识需求丰富，心理咨询需求满足程度显著高于全国平均水平，但咨询便利性仍需提高。本次调查结果显示，大学生对心理健康知识的需求丰富，排名前三位的依次是人际交往、自我调节及职业指导。本科生的心理健康知识需求显著高于大专生，将近90%的大学生知道本校有心理健康中心，由该中心为学生免费提供心理咨询，但仅有21.4%的大学生使用过心理咨询服务。对于校内心理咨询服务，分别有38.0%的本科生和11.9%的大专生表示“不便利”。心理问题比较严重时，大学生更多采用校外心理咨询服务。究其原因：一方面，大学生需要精神科医生、心理治疗师等更专业的治疗服务；另一方面，有严重心理问题的大学生需要心理咨询的次数较多，也往往超过学校提供的次数。整体而言，大学生群体对于心理咨询服务的满意度较高。

3. 心理健康教育的方法

我国大学生心理健康教育的教学实践经验正在发生日新月异的变化，目前主要有以下五种方法。

（1）授课式。把“大学生心理健康教育”课程作为必修课或选修课，纳入教学计划，系统地讲授心理健康知识，开展心理测量和心理咨询活动，使大学生掌握现代心理健康概念和心理健康的基本要求，妥善地处理各种应激事件，解除来自各方面的心理压力，提高对困难、挫折、打击的耐受力，自行调节心理状态，处理好复杂人际关系，培养积极健康的情趣，正确认识和对待精神疾病，从而使整个校园形成积极向上的良好的心理健康氛围。

（2）讲座式。根据不同年级大学生的心理特点，开设适合大学生心理发展的知识讲座。已经开设心理健康教育讲座的部分高校总结出了不同年级开设讲座的规律：一年级开设从高中到大学的适应环境、克服障碍、建立健全人格方面的讲座；二年级开设建立良好人际关系和异性交往、正确处理各种心理矛盾和挫折方面的讲座；三年级开设以开发大学生智力为主的创造学和适合专业特点方面的讲座；四年级临近毕业，开设介绍社会发展和需求及就业心理准备方面的讲座。讲座式的方法是授课式的补充和外延。

（3）咨询式。各种咨询服务机构，如心理咨询中心、就业指导中心及朋辈辅导机构等直接服务个人或群体，帮助大学生创造良好的心理氛围，使大学生形成有利于解决自己问题的心理状态，帮助大学生正视各种心理问题、心理障碍和心理疾病，提出指导性的防治方法。咨询式是授课式和讲座式的实践体现，为开展多种心理调查和心理测量，总结咨询规律和有效方法提供了可靠事例和数据。

（4）在线课程。在线学习是当代大学生非常熟悉的学习方式。高科技和现代音像设备的结合，使一般性文字语言无法描绘的心理变化过程得以呈现，给大学生以听觉、视觉形象化的印象，加强了教育效果。教育部通过中国大学MOOC（慕课）、智慧树、职教云、超星等多个平台，提供在线学习资源。同时，在网易公开课、B站等视频网站上也有大量学习资源，以供大学生深入学习。

（5）自我调节。在现实生活中，人们常常会不知不觉地被某种消极情绪困扰，心浮气躁，这时就要找出影响情绪的主观、客观原因，然后自觉地调节情绪，如多参加一些、文娱体育活动等，正视影响情绪的主观、客观根源，调动自身周围环境中的有利因素，及时采取措施，使内心保持平静愉快。

（四）性与生殖健康

大学是学生进入社会、步入婚姻生活前的最后学习阶段，急需学习系统的性与生殖健康知识和树立正确的性观念。在我国，中小学阶段学校教育重在生殖器官的生理功能方面且讲授不全面，在多数大学阶段教育中则基本上不涉及性与生殖健康内容，甚至至今也没有统一的教科书。加上当前网络、书籍和其他媒体大量资讯的冲击，使很多大学生倍感困惑。

如今，性的启发与教育对于文明社会的意义，要比以前任何时候都要大。大学生获得性与生殖健康知识的途径本应来源于学校和家庭，但经过调查显示，目前大学生获取性与生殖健康知识的主要来源为网络、书籍等，学校和家庭并未起到主导作用。而且，随着大学生社会交往活动的增多、性生理需求的增长，以及性观念逐渐开放，婚前性行为发生率逐渐呈上升趋势。因此，高校务必要引导大学生树立正确的性与生殖健康教育观念，具体措施有以下四个方面。

1. 健全和完善高校性与生殖健康教育体系

首先，加强师资队伍建设。师资队伍建设既包括教师队伍数量上的增多，也包括教师队伍整体素质上的提升。在高校开展性与生殖健康教育应大力引进这方面的专业教师，同时建立完善的师资培养机制，加强该专业教师培训力度。

其次，完善性与生殖健康教育内容。性与生殖健康教育是一个全方位的教育。调查发现，高校大学生对于性与生殖健康教育内容的要求比较高，希望能够涵盖性生理知识、性心理知识、预防性病和艾滋病、异性交往及性伦理道德的各个方面。因此，高校性与生殖健康教育需要继续完善相关教育内容。

最后，丰富性与生殖健康教育的实施方式。高校开展性与生殖健康教育应该以开设相关课程为主，同时融合多种适合学生参与的形式，如开展性与生殖健康教育讲座。高校可聘请相关性学或医学专家开设系列讲座，采取公开化的讲解方式，易于被大学生接受。同时，也要加强性与生殖健康知识的宣传力度。鉴于大学生把书刊当作获取性与生殖健康知识的重要途径，学校应该充分利用图书馆这一载体，购置相关期刊和图书资源供学生阅读，从而保证学生在课余时间通过这种方式获取相关性与生殖健康知识。

2. 丰富大学生性与生殖健康教育内容

目前，一些高校虽已开设性与生殖健康教育选修课程，但是刚刚起步。为了更好地传播性与生殖健康知识，相关教育课程应包括以下几个方面：性与生殖健康教育概念、发展史及标准，婚前性行为，性传播疾病防治等。除了讲授与讨论、多媒体教学和讲座等形式外，还应考虑到男生、女生的不同生理特点，进行分组讨论，甚至个别交谈和咨询等，还需提供一些健康的有关性与生殖健康知识的杂志、书籍等。通过多种方式，使大学生可以从多种途径获取系统、全面和科学的性与生殖健康知识，提高性道德水平及社会责任感，自觉规范个人行为，走出性困惑，提高识别和抵御色情信息的能力，避免未婚先孕、不安全流产等行为，防治性传播疾病，使身心健康发展。

3. 帮助大学生树立正确的性道德价值观

性道德规范是对人类的性行为进行干预和控制的最初手段。它的重要意义是让人们知道人类的性行为不能是随意的，人类的繁衍、家庭的幸福及社会的稳定和进步都需要社会对人类自身的性行为进行管束。因此，当前高校的性与生殖健康教育应该以引导大学生树立正确的性道德价值观为主，正确处理恋爱关系和正确看待恋爱中的性，提高自身的保护意识。

4. 通过教育提高大学生自身防范意识

高校应加强对大学生进行性伦理、性道德的教育，规范他们的性行为，树立正确的性观念，同时加强性病、艾滋病防范知识的教育，倡导安全性行为。在大学生性与生殖健康教育内容中，应增加避孕知识，尤其应该有正确使用避孕套方面的内容，这对于控制性病、艾滋病的传播具有很重要的意义。

二、健康教育的意义

党的二十大报告指出：“广泛开展全民健身活动，加强青少年体育工作，促进群众体育和竞技体育全面发展，加快建设体育强国。”

大学生是我国社会主义现代化的建设者和接班人，关系着国家和民族的发展和兴旺，为国家培养合格、健康的建设者和接班人是所有高等学校的重要职能，也是高等教育者不可推卸的责任。随着我国经济繁荣，社会出现多元化发展趋势，也相应地引发了很多社会问题，影响了人们的人生观、价值观，改变了人们的思想和心理，大学生也必然受到冲击。他们不仅需要有健壮的体魄，还要有健康的心理。目前大学生的健康问题已面临日益严重的威胁，其健康教育已直接关系到他们能否全面发展和早日成才。因此，开展和加强大学生健康教育工作，维护和提高综合健康水平，对于避免和减少他们各种疾病和心理障碍的发生有着重要的意义。

首先，健康教育是世界公认的卫生保健战略。健康教育已成为人类与疾病做斗争的客观需要。通过健康教育，促使大学生自愿地采纳健康生活方式与行为，降低致病因素，就能预防疾病，促进大学生拥有健康。

其次，健康教育是实现初级卫生保健的先导。健康教育是高校能否实现初级卫生保健任务的关键，在实现所有健康目标、社会目标和经济目标中具有重要的地位和价值。

最后，健康教育是一项低投入、高产出、效益大的保健措施。健康教育引导大学生自觉改变不良行为、生活方式，追求健康，从成本—效益的角度看是一项低投入、高产出的保健措施。

任务二　健康教育的实施途径

学习目标

1. 理解如何多渠道开展健康教育及多形式开展健康实践。
2. 了解多途径加强健康教育教学能力建设的内容。

一、多渠道开展健康教育

（一）发挥课堂教学主渠道作用

高校应按照《普通高等学校健康教育指导纲要》确定的原则、内容，因校制宜地制订健康教育教学计划，开设健康教育公共选修课，安排必要的课时，确定相应的学分。针对高校学生关注的健康问题，精选教学内容，吸引学生选修健康教育课程。

（二）拓展健康教育载体

充分利用新生入学教育、军训等时机，开展艾滋病、结核病等传染病预防、安全应急与急救等专题健康教育活动。充分利用广播、宣传栏、学生社团活动、校园网络、微博、微信等传统媒体和新兴媒体，经常性开展健康教育宣传活动。结合各种卫生主题宣传日，集中开展各类卫生主题宣传教育活动。结合阶段性、季节性疾病预防，以防病为切入点，传播健康生活方式及疾病预防知识和技能。

二、多形式开展健康实践

（一）融入学生管理工作

注重培养学生健康素养和生活作息等行为习惯，及时了解学生心理状况和心理需求，有针对性开展心理健康教育、心理辅导与咨询。

（二）发挥学生社团作用

把学生参与健康教育活动纳入学生志愿服务管理，鼓励学生积极参与健康教育实践活动，传播健康理念和知识。

（三）创设良好的校园卫生环境

配备必要的公共卫生设施，设置必要的卫生警示和标识，潜移默化地培养学生的公共卫生意识和卫生行为习惯。

三、多途径加强健康教育教学能力建设

（一）创新教学方法和模式

充分发挥在线课程作用，开发健康教育网络课程、慕课、微课等，为全体学生提供便捷的健康教育学习平台，增强学生运用网络资源学习的能力，扩大健康教育覆盖面。

（二）开展健康教育教学研究

充分发挥高校的学科优势和人才优势，开展健康教育教学和科研活动，培育健康教育特色，提高健康教育教学质量。

（三）丰富教育教学资源

结合学校实际，开发学生健康教育科普读物、教学图文资料、多媒体课件等，丰富健康教育教学资源，保障健康教育教学活动顺利开展。

（四）发挥专业组织的协同推进作用

积极争取卫生部门和健康教育专业机构的技术支持和专业指导。聘请专业人员培训健康教育师资、开展专题讲座等健康教育活动，增强健康教育的针对性和实效性。

思政小课堂

参与多种形式的健康教育活动、学习健康知识，是大学生提高健康意识和自我保健能力，改变不健康的行为习惯，降低或消除影响健康的危险因素的基本方法。高校可以通过课程理论与实践相结合的方式，培养学生的团队精神，使其树立自信心，从而形成良好的健康观。

项目二　体育锻炼与健康

任务一　健康的含义

学习目标

知晓健康的含义。

关于健康的含义，世界卫生组织（WHO）于1948年提出，“健康不仅是免于疾病和衰弱，而且是保持身体上、精神上和社会适应方面的完美状态”。1979年，世界卫生组织又在《阿拉木图宣言》中重申，“健康不仅是疾病与体弱的匿迹，而且是身心健康、社会幸福的完美状态”。1989年，世界卫生组织将健康重新定义为“躯体健康、心理健康、社会适应良好和道德健康”。一个人只有在身体、心理、社会适应和道德四个方面都健康才能算是完全健康的人。这个定义更加全面和科学，因为它不仅对人类健康状态作出了准确的判断，而且对人类健康的内涵表述得更加深刻。

（1）躯体健康（生理健康），是指躯体结构和功能正常，具有生活自理能力。

（2）心理健康，是指个体能够正确认识自己并及时调整自己的心态，使心理处于良好状态以适应外界的变化。

（3）社会适应良好，主要指人在社会生活中的角色适应，包括职业角色、家庭角色及在工作、家庭、学习、娱乐、社交中的角色转换与人际关系等方面的适应。社会适应良好也是健康的最高境界。缺乏角色意识、发生角色错位是社会适应不良的表现。

（4）道德健康，是指能够按照社会规范的准则和要求支配行为，能为人类的幸福作贡献。道德健康的最高标准是“无私利他”，基本标准是“为己利他”，不健康的表现是“损人利己”或“损人不利己”。

党的二十大报告指出：“推进健康中国建设。人民健康是民族昌盛和国家强盛的重要标志。把保障人民健康放在优先发展的战略位置，完善人民健康促进政策。”

任务二　营养与健康

学习目标

1. 了解人体需要的营养成分。
2. 熟悉不同负荷的能量消耗。
3. 理解平衡膳食的概念及特点。

一、人体需要的营养成分

（一）营养和营养素的概念

人体不断从外界摄取食物，经过消化、吸收和代谢，利用食物中身体需要的物质（养分或养料）来维持生命活动的全过程就是营养的过程。它是一种全面的生理过程，而不是专指某一种养分。营养学上将食物中的养分称为营养素。它们是维持生命的物质基础，没有这些营养素，生命便无法维持。人体需要的营养素约有 50 种，分 6 大类，即蛋白质、脂肪、糖、无机盐、维生素和水。近年来研究发现，膳食纤维也是维持人体健康必不可少的物质，可算是第 7 类营养素。这些营养素在体内的功能各不相同，概括起来包括供给能量以满足人体生理活动和体力活动对能量的需要；作为建筑和修补身体组织的材料；在体内物质代谢中起调节作用。

（二）营养素的生理功能与营养价值

1. 蛋白质

（1）组成及其种类。蛋白质由氨基酸组成，人体摄入的蛋白质必须先被分解为氨基酸才能被人体的消化系统吸收，氨基酸进入人体后重新合成新的蛋白质。人体内的氨基酸有 20 种，其中有 8 种氨基酸在体内不能合成，必须从食物中摄取，称为必需氨基酸。它们是赖氨酸、亮氨酸、异亮氨酸、蛋氨酸、苯丙氨酸、苏氨酸、色氨酸、缬氨酸。

（2）主要功能。蛋白质是人体一切细胞和组织的主要成分，是生命物质存在和自我更新的基础，人体的生长发育是通过体内蛋白质的生物合成实现的：生命活动是依靠各种各样的酶促反应进行的，目前已发现的酶都是蛋白质；人体运动由骨骼肌完成，而骨骼肌的收缩与舒张的基础是肌球蛋白和肌动蛋白；氧的运输是依靠与血红蛋白的结合进行的；还有一些重要的激素，如生长激素和胰岛素等也都是蛋白质。蛋白质也是体内的能源物质之一，但是在总能源中所占的比例很小。如果蛋白质不足，儿童发育会受到影响；成人体质会下降，易患疾病，病后不易恢复，甚至恶化，影响健康。蛋白质在人体内的储存量十分有限，在营养充足时可储存少量的蛋白质，约为 1%；当食物中过多的蛋白质进入体内时，则会被肝脏分解为尿排出体外。因此，在短时间内过多地食用蛋白质并没有好处，只有每天适量获取才能满足机体的需要。

（3）需要与来源。中国营养学会于 2022 年修订的《中国居民膳食指南》建议每天蛋白质摄入占总能量的10%～15%。人体主要通过食物摄取所需的蛋白质。食物蛋白质分为动物性蛋白质和植物性蛋白质。动物性蛋白质源于鱼、畜、禽肉和蛋、乳类等，所含必需氨基酸种类齐全、数量充足，而且各种氨基酸的比例与人体需要基本符合，这类容易吸收利用的蛋白质属于完全蛋白质。植物性蛋白质主要来源于豆类、坚果类、薯类、蔬菜类等食物，它们所含的氨基酸人体可自行制造，属于不完全蛋白质。但含有丰富蛋白质的豆、坚果类等植物性食品也含有较多的人体不能合成的必需氨基酸。

2. 脂肪

（1）组成及种类。脂肪性食物有两类：一类是动物性的，如猪油和奶油等；另一类是植物性的，如豆油、菜油和芝麻油等。脂肪由甘油和脂肪酸组成，脂肪酸有饱和脂肪酸和不饱和脂肪酸两种。植物油中含有的不饱和脂肪酸较多，其中有一些是人体不能自己合成或合成量不能满足机体需要的必需脂肪酸。这些脂肪酸容易被吸收，而且营养价值比动物性脂肪酸高。

（2）主要功能。脂肪物质是细胞的重要组成部分，如细胞双层脂质结构中的磷脂、糖脂和固醇脂等。脂肪是富含热量的营养素，能促进脂溶性维生素A、维生素D、维生素E、维生素K的吸收。皮下和内脏周围的脂肪既能防止热量的散失，维持正常的体温，又能保护机体和内脏器官不受震动和撞击的损伤；磷脂占脑重量的一半，特别是脑和神经的发育需要磷脂的供应。胆固醇是胆汁的主要成分。有些激素也是由脂肪构成的。按总能量计，儿童脂肪供给量约占每日总能量的35%，成人以不超过25%为宜。长期过多地食用高热能、高脂肪、多胆固醇和精制糖类食物是导致高血脂，甚至冠心病的主要原因，某些癌症与摄入脂肪多、膳食纤维少也有一定关系。正常人体对脂肪的需要并不太多，食物中的脂肪供给量受饮食习惯、季节、气候、身体状况和从事的劳动与运动负荷等因素的影响。一般情况下，为了满足人体一定量的脂溶性维生素、必要脂肪酸的需要，每人每天摄入50克脂肪便可满足需要。在寒冷条件下或进行身体热能消耗很大的身体运动时，可以适当增加脂肪的摄入量。在较热的情况下，应适当减少摄入量。

（3）需要与来源。按脂肪热量计算，由膳食提供的脂类热量应占每天总热量的20%～25%，即每日摄入50克脂肪即可完全满足需要。膳食中的脂类物质不仅指食用的油脂，而且包括各类食品成分中的脂肪含量。脂肪摄入过多，会对机体产生不良影响。脂肪分可见的脂肪和不可见的脂肪：可见的脂肪是指那些已经从动植物中分离出来，能鉴别和计量的脂肪，如猪油、黄油、人造黄油、酥油、色拉油、花生油、豆油等烹调油；不可见的脂肪是指没有从动植物中分离出来的脂肪，如食用的肉类、鸡蛋、奶酪、牛奶、坚果和谷物中的脂肪。在动物食品中主要含有饱和脂肪，但也有例外，椰子油和棕榈油含有很高的饱和脂肪，而鱼肝油这种动物脂肪中不饱和脂肪含量很高。

3. 糖

（1）组成及存在形式。糖类又称碳水化合物，是人类最经济的营养素，在一般的混合性食物中，占有最大的比例。糖是由碳、氢、氧三种元素组成的，根据其糖基的数目可分为单糖、双糖和多糖。葡萄糖和果糖是单糖，乳糖、蔗糖和麦芽糖是双糖。日常膳食中最重要的多糖是植物中的淀粉，纤维素也是一种多糖，但因为人体中缺乏有关的酶，故纤维素属于不能被消化的多糖。动物肌肉和肝脏中有肌糖原和肝糖原，是动物性食物中糖的存在形式。

（2）主要功能。糖类是构成人体组织的重要物质。糖与蛋白质结合形成的糖蛋白是细胞的组成成分之一，糖与脂类物质形成的糖脂是神经组织的重要成分，遗传物质中的核糖核酸与脱氧核糖核酸中也有糖，血液中有血糖等。糖类是供应人体能量最主要的物质。在日常情况下，人体由糖类提供的热能占全天所需热能总量的 50% ~ 70%。糖类还构成组织成分并参与其他物质代谢，对中枢神经系统有特殊营养作用，可以调节脂类代谢，具有解毒作用。机体缺糖使血糖下降，首先影响中枢神经系统大脑的机能，使其兴奋性下降，反应迟钝、四肢无力，动作协调性下降，运动不能继续。中国人的膳食是以谷物为主体的，因此一般来说，机体对糖的代谢能力是很强的。人体对糖的摄入量要考虑人的生活、工作及身体活动的情况。食入糖类过多对健康有不良作用，如肥胖、糖尿病、心血管疾病、龋齿等都和糖的摄入过多有关，特别是蔗糖。

（3）需要与来源。人体内糖储备较少，为 300 ~ 500 克，因此必须从每日膳食中摄取。大学生学习活动强度较大，每天每千克体重需 5 ~ 7 克，剧烈体育运动时增加到 8 ~ 12 克。单糖和双糖只能提供能量，无其他营养成分，如摄入过多不仅会引起龋齿，影响其他营养素的摄入，还会转化成脂肪储存起来，造成肥胖。糖的来源十分广泛，各种食用粮食、根茎类食物都含有大量的淀粉和少量的单糖、双糖；蔗糖和麦芽糖也是机体需用糖的重要来源；蔬菜和水果除含少量单糖外，还是纤维素和果胶的重要来源。

4. 无机盐

人体内的无机盐元素种类很多，可以分为两大类：一类是含量较多、体内需求较大的，有钙、镁、钾、钠、磷、硫、氯 7 种，称为常量元素；另一类是含量较少的，有铁、碘、硒、锌等，称为微量元素。人体在物质代谢过程中，每天都有一定量的矿物质从各种途径排出体外，因此必须从食物中得到补充。矿物质在食物中的分布极广。正常膳食一般都能满足机体需要，其中最易缺乏的是钙和铁。

（1）钙和磷。钙在体内的主要作用是构成骨骼与牙齿，维持神经与肌肉中的正常兴奋性，参与凝血过程等。成人每日需 0.6 克，儿童及孕妇、老年人的需要量较高，大量出汗可使钙的排泄增多。每日需钙量可达 1 ~ 1.6 克。含钙较多的食品有虾皮、海带、豆制品、芝麻、山楂、绿叶蔬菜等。由于钙和磷在体内的关系非常密切，二者在血液中必须达到一定浓度水平才能共同完成其生理机能，所以在补充钙的同时，还要注意从含蛋白质的食品中摄入磷。

（2）铁。铁的主要作用是构成血红蛋白。缺铁可影响血红蛋白生成而发生缺铁性贫血，降低血液载氧功能，造成全身功能低下。成年男子每日需铁 12 毫克左右，青少年、妇女每日需铁 15 毫克左右，大量出汗可加速铁的丢失，应给予额外补充。含铁量多的食物有动物肝脏、动物血液，其他如蛋黄、肉类、豆制品、红糖、沙棘果等铁的含量也比较丰富。

矿物质和微量元素与其他营养素一样，并不是多多益善，每种矿物质和微量元素都有一定的适宜范围，小于这一范围可能出现缺乏症状，大于这一范围则可能引起中毒。因此，一定要恰当地掌握它们的摄入量。

5. 维生素

维生素又名维他命，即维持生命的元素，是维持人体生命活动必需的一类有机物质，也是保持人体健康的重要活性物质。维生素在体内的含量虽然很少，但不可或缺。各种维生素的化学结构及性质虽然不同，但有以下几个共同点：①维生素均以维生素原（维生素前体）的形式存在于食物中；②维生素不是构成机体组织和细胞的组成成分，也不会产生能量，它的作用主要是参与机体代谢的调节；③大多数的维生素，机体不能合成或合成量不足，不能满足机体的需要，必须经常从食物中获得；④人体对维生素的需要量很小，日需要量常以毫克或微克计算，但一旦缺乏就会引起相应的维生素缺乏症，对人体健康造成损害。维生素与碳水化合物、脂肪和蛋白质三大物质不同，在天然食物中仅占极少比例，但又为人体所必需。有些如维生素B_6、维生素K等能由动物肠道内的细菌合成，合成量可满足动物的需要。动物细胞可将色氨酸转变成烟酸（一种B族维生素）；维生素C除灵长类（包括人类）及豚鼠以外，其他动物都可以自身合成。植物和多数微生物都能自己合成维生素，不必由体外供给。许多维生素是辅基或辅酶的组成部分。

维生素是人体代谢中必不可少的有机化合物。人体犹如一座极为复杂的化工厂，不断地进行着各种生化反应，其反应与酶的催化作用有密切关系。酶要产生活性，必须有辅酶参加，已知许多维生素是酶的辅酶或是辅酶的组成分子。因此，维生素是维持和调节机体正常代谢的重要物质。可以认为，最好的维生素是以“生物活性物质”的形式，存在于人体组织中。

食物中维生素的含量较少，人体的需要量也不多，却是绝不可缺少的物质。膳食中如缺乏维生素，就会引起人体代谢紊乱，以致发生维生素缺乏症。例如，缺乏维生素A会出现夜盲症、眼干燥症和皮肤干燥；缺乏维生素D可患佝偻病；缺乏维生素B_1可得脚气病；缺乏维生素B_2可患唇炎、口角炎、舌炎和阴囊炎；缺乏维生素B_3（尼克酸）可患癞皮病；缺乏维生素B_{12}可患恶性贫血；缺乏维生素C可患维生素C缺乏症。

6. 水

水是组成机体的重要成分，机体的60%～70%是由水组成的。水参与全身所有的物质代谢，完成机体的物质运输，调节体温，保证腺体正常分泌。水在体内有润滑的功能，体内的水如泪液，可防止眼球干燥；唾液及消化液有利于吞咽、咽部湿润和胃肠消化；关节滑液、胸膜和腹膜的浆液、呼吸道和胃肠道液等，都有良好的润滑作用。水是最重要的营养素，失去5%的机体水，将导致疲劳、乏力和注意力不集中等。人体内的水含量必须保持衡定，正常情况下体内的储存水量不能多也不能少。水的供需量因体重、年龄、劳动与身体运动强度的不同而异。正常人每日需水2 400～4 000毫升（包括食物水1 000毫升、饮水1 200毫升、代谢中产生水300毫升），排出水量与摄入水量保持平衡（呼吸蒸发350毫升、皮肤蒸发500毫升、粪便排出100毫升、肾脏排出1 500毫升）。一般情况下，气候、劳动、运动与健康变化都是影响人体需水量与排水量的重要因素。

二、不同负荷的能量消耗

任何消耗体力的机械活动均消耗能量，消耗的能量被用于活动本身、整个或部分身体的移动等。能量消耗的大小取决于活动的性质、强度、时间、活动者的体重及动作的熟练程度等。成年人常见活动的能量消耗量见表2-1，不同活动消耗90千卡所需时间见表2-2。

表2-1　成年人常见活动的能量消耗量

活动类型	活动能量消耗量/（千卡/分钟）
睡眠或休息	1.0
安静坐着	1.4
步行（每小时5千米，不负重）	3.7
步行（每小时5千米，负重10千克）	4.0

续表

活动类型	活动能量消耗量/（千卡/分钟）
办公室工作	1.8
实验室工作	2.3
烹调	2.1
轻度清洁工作	3.1
中度清洁工作（擦窗等）	4.3
轻度活动（台球、高尔夫球等）	2.5 ~ 5.0
中度活动（划船、跳舞、游泳等）	5.0 ~ 7.5
重度活动（足球等）	7.5 以上

表 2-2 不同活动消耗 90 千卡所需时间

活动类型	所需时间/分钟
睡眠	80
步行、跳舞、游泳	18 ~ 30
坐、写字、手工缝纫	50
体操、购物、上下楼	25
电脑打字	45
熨烫衣物、打高尔夫球	25
弹钢琴、剪裁、打台球	40
骑自行车	15 ~ 25
办公室工作	35
打乒乓球、排球	20
铺床、扫地	30
打羽毛球、网球	15
烹饪、机器缝纫	30
长跑、爬山、打篮球、踢足球	10

三、平衡膳食

（一）平衡膳食的概念及特点

平衡膳食是指膳食中所含的营养素种类齐全、数量充足、比例适当，膳食中所供给的营养素与机体的需要保持平衡。人体所需的各种营养素，必须通过每天所食用的食物不断得到供应和补充（图 2–1）。

那么究竟应该吃什么，这里就有一个食物的配比关系，即在人体的生理需要和膳食营养供给之间建立平衡的关系，形成平衡膳食。平衡膳食需具备以下两个特点。

1. 膳食中应该有多样化的食物

我们知道，人体需要各种营养素，不是几种食物就能包含人体所需的各种营养素。如果只吃一两种或少数几种比较单调的食物，就不能满足人体对多种营养素的需要，长期吃较单调的膳食对人的生长发育和身体健康是不利的。因为各种食物中所含的营养素不尽相同，只有吃各类食物，才能满足人体对各种营养素的需求。

图 2–1　膳食金字塔

2. 膳食中各种食物的比例要合适

人的身体需要各种营养素，而各种营养素在人体内发挥作用既是互相依赖、互相影响，又是互相制约的。例如，人体需要较多的钙，而钙的消化吸收必须有维生素D参与完成。维生素D是脂溶性维生素，如果肠道里缺少脂肪，它也不能很好地被肠道吸收，只有在吃维生素D的同时吃一定数量的脂肪，维生素D才能被吸收。而脂肪的消化吸收必须要胆汁发挥作用，胆汁是由肝脏分泌的，要使肝脏分泌胆汁，必须保证另一种重要营养素——蛋白质的供给。那么，蛋白质、脂肪、糖三大营养素又是怎样相互作用的呢？如果人吃的糖和脂肪不足，体内的热量供应不够，就会分解体内的蛋白质来释放热量，补充糖和脂肪的不足。但蛋白质是构成人体的“建筑材料”，体内缺少了它会严重影响健康。如果在吃蛋白质的同时，又吃足够的糖和脂肪，就可以减少蛋白质的分解，并用它来修补和建造新的细胞和组织。由此可见，各种营养素之间存在一种非常密切的关系，为了使各种营养素在人体内充分发挥作用，不但要注意各种营养素齐全，还必须要注意各种营养素比例适当。

（二）膳食与机体的供需平衡形式

具体地讲，平衡膳食是指同时在四个方面使膳食营养供给与机体生理需要之间建立起平衡关系，即氨基酸平衡、热量营养素构成平衡、酸碱平衡及各种营养素摄入量之间的平衡，只有这样才有利于营养素的吸收和利用。如果关系失调，就会对人体健康造成不良影响，甚至导致某些营养性疾病或慢性病。

1. 氨基酸平衡

食物蛋白质营养价值的高低，在很大程度上取决于食物中所含的 8 种必需氨基酸的含量及比例，只有含量与比例同人体的需要接近时，才能合成人体的组织蛋白质；反之，则会影响食物中蛋白质的利用。世界卫生组织提出了一个人体所需 8 种必需氨基酸的比例，比例越与之接近，生理价值越高。生理价值接近 100 时，即 100% 被吸收，就称为全部氨基酸平衡。

能达到氨基酸全部平衡的蛋白质，称为完全蛋白质，利用这个标准可以对各种食物的蛋白质进行氨基酸评分。鸡蛋的氨基酸比例与人体极为接近，因此可称为氨基酸平衡的食品。而多数食品均属氨基酸构成不平衡，所以蛋白质的营养价值就会受到影响，如小米中精氨酸含量过高，影响了赖氨酸的利用。因此，以植物性食物为主的膳食，应注意食物的合理搭配，纠正氨基酸构成比例的不平衡。例如，将谷类与豆类混合制成黄豆玉米粉、黄豆小米等，可提高蛋白质的利用率和营养价值。

2. 热量营养素构成平衡

碳水化合物、脂肪、蛋白质均能给机体提供热量，故称为热量营养素。当这三种物质摄入量适当时，各自的特殊作用方可发挥并互相起到促进和保护作用，这种情况称为热量营养素构成平衡；反之，将会对机体产生不利影响。

通过动物试验和对人体的观察，碳水化合物、蛋白质、脂肪三者摄入量的合适比例为65∶1∶0.7，它们在体内经过生理燃烧后，分别给机体提供的热量为碳水化合物占60%～70%、蛋白质占10%～15%、脂肪占20%～25%，即为热量营养素平衡；反之，则可出现不同的结果。当膳食中碳水化合物摄入量过多时，热量比例会增高，破坏三者平衡，出现体重增加，增加消化系统和肾脏负担，减少摄入其他营养素的机会。当膳食中脂肪热量提供过高，将引起肥胖、高血脂和心脏病；蛋白质热量提供过高时，则影响蛋白质正常功能发挥，造成蛋白质消耗，影响体内氮平衡。相反，当碳水化合物和脂肪热量供给不足时，就会削弱蛋白质的保护作用。三者之间是互相影响的，一旦出现不平衡，就会影响身体健康。

3. 酸碱平衡

在正常情况下，人的血液由于自身的缓冲作用，酸碱度初值保持在7.3～7.4；人们食用适量的酸性食品和碱性食品将会维持体液的酸碱平衡，但食品若搭配不当，则会引起生理上的酸碱失调。常见的酸性食品有蛋黄、大米、鸡肉、鳗鱼、面粉、鲤鱼、猪肉、牛肉、干鱿鱼、啤酒、花生等。常见的碱性食品有海带、菠菜、西瓜、香蕉、苹果、葡萄、南瓜、四季豆、黄瓜、藕等。当食品搭配不当，酸性食品在膳食中超过所需的数量时，就会导致血液偏酸性、血液颜色加深、黏度增加，严重时还会引起酸中毒，同时还会增加体内钙、镁、钾等离子的消耗而引起缺钙。此外，要注意一日三餐热量的合理分配，早餐占30%、午餐占40%、晚餐占30%。

4. 各种营养素摄入量之间的平衡

各种营养素之间存在着错综复杂的关系，并且不同的生理状态、不同的活动，对于营养素需要量也有所不同。因此，中国营养学会制定了各种营养素的每日供给量：人们膳食中所摄入的各种营养素在一定的周期内，保持在标准供给量上下误差不超过10%的范围，这种比例即称为营养素间的基本平衡。

（三）食物的营养互补

《黄帝内经·素问》中提出“五谷为养，五果为助，五畜为益，五菜为充，气味合而服之，以补精益气”的饮食搭配原则。人们日常生活中的任何一种食物，所含的营养成分都不可能十分全面，在包含一种或数种营养成分的同时，可能缺少另外某种成分。例如，谷物（图2–2）主要提供糖类，肉类、蛋类等主要提供蛋白质和脂肪，而蔬菜与水果（图2–3）是维生素、无机盐的主要来源。只有各种食物合理搭配，才能实现营养成分的互补，满足机体的需要。

图 2-2　谷物

图 2-3　蔬菜与水果

1. 一般营养的互补

饮食健身的一个重要内容就是多种食物的营养互补。任何一种食物，都不可能将人体所需的营养素皆囊括其中，若想要获得各种营养素，就必须将各种不同结构、不同性味、不同品种、不同性状的食物搭配混食，才能起到营养互补、营养“相生”作用。比较常用的搭配混食方法是动、植物食品搭配，主、副食品搭配，粗、细粮搭配，以及提倡多吃水果、蔬菜，以满足人体对纤维素、维生素和微量元素的需求。人们日常的膳食是由多种食物混合而成的混合型膳食，食物中各种营养成分可以相互补充、取长补短，提高营养价值。合理的膳食必须含有人体所需要的全部营养素，其数量能够满足人体需要，并以一定的比例摄入，保证机体正常发育和身体健康。

2. 蛋白质营养的互补

平衡膳食中一个很重要的概念是蛋白质营养互补，这个营养学术语指的是两种以上不同蛋白质混合食用能互相弥补氨基酸的不足，从而提高整体的吸收率，取得更高的营养价值。其中，动植物蛋白互相促进称为“动植物互补作用”，是均衡膳食的一条重要准则。几种食物混食，由于必需氨基酸的种类和数量互相补充，能更接近人体的需要量，使其生物价得到相应的提高，因此这种现象被称为蛋白质的互补作用。

“生物价”是营养学的专用术语，主要用来评价蛋白质的价值，它表示食物中的蛋白质成分在人体内真正被利用的程度。我们知道，各种食物中蛋白质所含氨基酸的数量和比例不同，因而不同食物的生物价相关性很大，只有食物中的氨基酸比例与人体所需比例比较一致时，人体才能够高效利用这些蛋白质食物。也就是说，蛋白类食物中所含氨基酸比例越接近人体，该食物的生物价就越高。当然，在自然界要找到完全合乎人体要求的蛋白类食品也不是一件容易的事。营养学家发现，当把不同的含蛋白类的食品搭配起来时，混合食物的生物价就会大大提高，比其中任何单一蛋白食品的生物价都高。这就是营养学中被称为“优势互补”的理论，如小麦、小米、牛肉、大豆单独食用时，其蛋白质生物价分别为 67、57、69、64，而混食的生物价可高达 89。它的内在机理是：当把几种蛋白质混合食用时，由于各种蛋白质所含氨基酸可以相互配合，取长补短，从整体上改变了氨基酸含量的比例，使之更加接近人体所需的最佳氨基酸模式，因而大大提高了混合食物的生物价，最终提高了混合蛋白食品的营养价值。

（四）大学生的营养

1. 大学生的营养特点

大学生脑力劳动紧张、体力活动较多，能量消耗大，需要由食物营养来补充。在此阶段如果营养摄取不均衡，身体会出现疲劳、精力不集中和容易生病等现象。

大学生的营养特点主要体现在两个方面：一是大学时期主要以脑力学习知识为主，大脑的思维、记忆、理解等活动十分活跃，脑力消耗量大，故大脑对各种营养素的需要量也随之大幅度增加；二是大学时期正处在青春发育的顶峰时期，人体的生长发育需要大量的全面的营养素予以补充，以促进青春发育的完成。

因此，从营养学角度讲，大学生的膳食除保证足够的糖以外，还要特别注意蛋白质、磷脂和维生素 B_2、维生素 B_3 的充分供给，以营养脑细胞，保持记忆力，增强注意力和理解能力，促使大脑机能活跃、思维敏捷，提高学习效果。下面将大学生（18 岁）每日膳食营养素推荐摄入量以表格形式列出（表 2-3），供大学生设计饮食时参考。

表 2-3　每日膳食营养素推荐摄入量

	热量/MJ	蛋白质/g	钙/mg	铁/mg	钠/mg	锌/mg	VA/μgRAE	VB_1/mg	VB_2/mg	VD/μg	VC/mg
男	10.88	65	800	12	1 500	12.5	800	1.4	1.4	10	100
女	8.79	55	800	20	1 500	7.5	700	1.2	1.2	10	100

2. 大学生的合理营养

（1）热量摄入保持平衡。大学生的脑力和体力活动强度较大，应保持足够的热量摄入，以应付热量的输出，并有一定的热量储存。大学生每天的平均热量需要量男生为 15 000 千焦，女生为 13 400 千焦。每日摄入的总热量达到推荐供给量的 90%～100% 为正常，低于需要量的 80% 为不足。如长期热量不足就会导致疲劳、消瘦、抵抗力下降，影响身体的正常生长发育，以及学习和运动技能的发挥。相反，热量摄入长期超过推荐量的 50%，过量的热能在体内以脂肪的形式储存起来，则可引起肥胖。

（2）合理的膳食组成。我国营养学家参照世界卫生组织（WHO）的建议和我国的具体情况，提出我国人民膳食组成应达到下列指标：平均每人每日谷类 200～300 克、薯类 50～100 克、蔬菜 300～500 克、大豆及坚果类 25～35 克、动物性食物 120～200 克、食用油 25～30 克。在此基础上再摄入一定量的乳、禽、食糖和水果等。这样基本可以达到平衡膳食的要求。

（3）良好的饮食习惯。合理的膳食包括合理的进餐次数、时间和热量的分配，因为混合性食物在胃内排空的时间是 4～5 小时，所以白天一日三餐的安排是合理的。三餐的热量分配为早餐占 30%、午餐占 40%、晚餐占 30%。一日三餐是人类古已有之的饮食习惯，调查资料表明，有 20%～30% 的大学生不进食早餐或简单应付，他们宁可把早餐的时间用来睡觉，起床后匆忙赶去上课，致使上课时血糖浓度降低，很快出现疲劳现象，学习效率降低，身体也受到损害。不吃早餐的学生自以为可以利用第二节课后补充食物，殊不知这样正好打乱了已有生物钟的节奏，其结果是午餐没了食欲，不能很好地进食，导致下午不是饥饿就是肚胀，肠胃功能出现紊乱。这就是许多大学生肠胃功能不好、胃病发病率高的主要原因。因此，养成正常的饮食习惯，吃好三餐，对保证身体健康有良好的功效。

（4）注意饮食卫生。“病从口入”是人人皆知的常识，注重饮食卫生可以减少各种疾病的发生。因此，在饮食前不仅要判定食品的洁净程度和养成饭前洗手的好习惯，还要做到：①禁吃已经变质的花生、黄豆、玉米、核桃及各种干果等食物，因为它们含有大量有毒的黄曲霉素，这类霉素可以在肾脏、胃、直肠、乳腺和卵巢中引起癌变；②少吃腌腊制品；③少吃油炸、含糖过多和可能使身体肥胖的食物；④少吃肉桂、茴香、花椒等辛辣调味品，这些调味品的过量食用可能促使癌细胞增生，加速癌变；⑤少喝含酒精的饮料，以防止消化道的癌变。

任务三　体育锻炼与生理健康

学习目标

理解体育锻炼对运动系统、心血管系统、呼吸系统、消化系统以及神经系统的影响。

生理健康是指躯体健康，通过体育锻炼可以增强体质，改善生理健康。下面侧重从体育锻炼对运动系统、心血管系统、呼吸系统、消化系统和神经系统的影响，谈谈体育锻炼是怎样增强体质的。

一、体育锻炼对运动系统的影响

人体的运动系统由骨、骨连结和肌肉三个部分组成，它的主要功能是使人体运动。

经常坚持体育锻炼能够改善骨的血液循环，加强骨的新陈代谢，可使骨密质增厚，骨径变粗，骨面肌肉附着处凸起明显，骨小梁的排列根据张力和压力的变化更加整齐有规律。随着形态结构的变化，骨变得更加粗壮和坚固，在抗折、抗弯、抗压缩和抗扭转方面的性能都有了提高。青少年时期合理地进行体育锻炼，能促进软骨骨化，促进骨骼生长。经常从事体育锻炼可使肌纤维变粗，肌肉横截面积加大，因而使肌肉变得粗壮、结实、发达，肌肉力量增强。

体育锻炼不仅可以使肌肉的形态结构发生改变，而且可以使肌肉的化学成分也发生变化，提高肌肉的收缩能力。通过体育锻炼还可以提高整个神经系统肌肉的控制力，提升肌肉的反应速度和运动动作的准确性、协调性，使肌肉之间互相协同配合的能力大大提高。

二、体育锻炼对心血管系统的影响

心血管系统由心脏、动脉、静脉和毛细血管组成。血液由心脏射出，在神经系统调节下，心脏有节律地收缩，推动血液不断地经动脉、毛细血管和静脉返回心脏，周而复始，循环不止。

经常从事体育锻炼，对心血管的形态结构和机能都会产生不同程度的影响。体育锻炼时，由于肌肉的紧张活动加速了全身的血液循环，从而提高了人体的有氧工作能力，心脏的工作量增加，心肌的血液供应和新陈代谢加强。为了适应运动的需要，心脏可增大，即通常所说的功能性增大或称为“运动员心脏”。这是由于心肌纤维增粗、心壁增厚，使心脏具有更大的收缩力，是机体适应机能需要的反应。

通过体育锻炼，不仅可使心脏收缩力量增大，还能增加心脏的容量。心脏在收缩前，由于心脏容量增加，充血量增多，心肌纤维伸展较长，心肌收缩有力，从而使心脏的每搏输出量和每分钟输出量增加。心脏增强表现为在安静时脉搏频率低，一般活动时脉搏频率升高少，而紧张活动时脉搏频率升高多，活动结束后脉搏频率能较快恢复到安静状态等。这些反应都充分显示出心脏的良好储备能力。坚持体育锻炼还能影响血管壁的结构，改变血管在器官内的分布，有利于器官供血机能的提高。

三、体育锻炼对呼吸系统的影响

呼吸系统包括传送气体的呼吸道和实现气体交换的肺泡两个部分。呼吸道分上、下两部分：上呼吸道由鼻、咽喉组成；下呼吸道由气管及其分支的各级支气管组成。与外界气体交换主要在肺泡中进行。人体肺泡总数达 6 亿 ~ 7 亿个，总面积为 70 ~ 100 平方米。胸腔的节律性扩大和缩小称为呼吸运动，是通过呼吸肌的收缩活动实现的。

长期从事体育锻炼后，呼吸器官的构造和机能都会发生良好的变化。长期从事锻炼的人，骨性胸廓和呼吸肌得到发展，呼吸肌的机能得到提高。因此，胸围加大，呼吸深度加深，安静时的呼吸频率降低。由于膈肌的收缩和放松能力提高，肺活量也增大。随着锻炼水平的提高，肺的通气量也相应增大。经常锻炼的人肺通气量，成年男子为 100 ~ 110 升，女子约为 80 升，最大吸氧量可达 6 升左右，而不经常锻炼的人只有 2 ~ 3 升，这说明器官组织对氧的利用率提高了。

经常锻炼的人呼吸与运动的协调配合很好。在定量工作时，呼吸肌就能表现出节省化现象，能够较长时间保持工作能力不下降，并且具有很强的机能储备力，能够适应和满足较强的运动对呼吸系统的要求。

四、体育锻炼对消化系统的影响

消化系统可以把食物转化为身体所需要的营养物质，以满足身体生长、维持生命和运动的需要。消化系统由消化管和消化腺组成。消化管包括口腔、咽、食管、胃、小肠、大肠、肛门；消化腺包括大消化腺和小消化腺。大消化腺有唾液腺、肝、胰；小消化腺分布于消化管各段的管壁内，它们能分泌消化液，排入消化管道内进行消化。

经常参加体育锻炼的人，由于肌肉活动的需要，胃、肠势必要加强消化功能。在这种情况下，消化腺分泌的消化液就更多，消化管道的蠕动就更强，胃肠的血液循环便能得到改善。由于发生了这些改变，促使食物的消化和营养物质的吸收进行得更加充分和顺利。另外，由于运动时呼吸加深，使膈肌大幅度地上下移动和腹肌大量活动，这对胃肠产生按摩作用，对增强胃肠的消化功能有良好的影响，使人的食欲旺盛，消化能力提高，有利于增强体质。

但是，如果体育运动与进餐时间安排不当，在刚进餐后就进行激烈运动，或是在激烈运动后马上进餐，都会对消化系统有不良的影响。这是因为剧烈运动时交感神经高度兴奋，引起腹腔内器官的血管收缩；肌肉中的血管舒张，血液重新分配，大量血液流入肌肉，保证剧烈运动时肌肉工作的需要；腹腔器官的血管收缩供给消化器官的血液减少，因而消化腺的分泌减少；同时，副交感神经的活动受到抑制，兴奋性降低，胃肠运动也受到抑制，消化能力下降。为了解决运动与消化的矛盾，在运动和进餐之间要有一定的时间间隔。运动结束后，应休息，使心、肺的活动基本平静下来，胃肠做了适当的准备后再进餐。在饱餐后，胃中充满食物，胃肠需要大量血液，若马上运动，则不但对消化不利，甚至还会引起腹痛和呕吐。因此，饭后不应立即从事剧烈运动。

五、体育锻炼对神经系统的影响

神经系统由中枢神经系统和遍布全身的周围神经系统两部分组成。中枢神经系统包括脑和脊髓，分别位于颅腔和椎管内，是神经组织最集中、构造最复杂的部位，是控制人体各种生理机能的中枢。周围神经系统包括各种神经和神经节，其中与脑相连的称为脑神经，与脊髓相连的称为脊神经，支配内脏器官的称为植物性神经。各类神经通过其神经末梢与其他器官系统相联系：一方面，神经系统控制和调节各器官、系统的活动，使人体成为统一的整体；另一方面，通过神经系统的分析与综合，使人体对环境变化的刺激做出相应的反应，达到机体与环境的统一。

体育锻炼对神经系统的影响很大。体育锻炼能使中枢神经系统及其主导的部分大脑皮层的兴奋性增强，从而改善神经系统的均衡性和灵活性，提高大脑皮层的分析综合能力，以保证机体对外界不断变化的环境有更强的适应能力。经常参加体育活动，可使全身的骨骼、肌肉在神经系统的指挥下，动作灵活、准确，反应快。

坚持体育锻炼能提高中枢神经细胞的兴奋性，在工作和学习上表现为精力充沛、心情愉快、记忆力增强、注意力集中。坚持体育锻炼又能使大脑皮层细胞的抑制过程增强，入睡快且深，不易失眠。经常参加体育活动，可明显地提高内脏自主神经功能及活动，使新陈代谢旺盛、食欲增强等。由于坚持体育活动，能够作用于神经系统，因而提高了神经系统活动的调节功能，使机体不因气候的异常变化而出现各种疾病。

任务四　体育锻炼与心理健康

学习目标

1. 熟悉大学生心理健康标准。
2. 了解体育锻炼对心理健康的影响。

随着社会的高速发展，生活节奏的日益加快，竞争的不断加剧，人际关系也变得越来越复杂，工业化、都市化、人口密集化等现代城市的特征，都可能给人们造成沉重的心理压力，从而有可能引发各种各样的心理卫生方面的问题，甚至导致各种心理障碍。

心理卫生是指预防和治疗心理疾病，促进和提高人们的心理水平，增进人们的心理健康，也就是通常所讲的精神卫生。这是当代卫生工作中一个新的、重要的方面，应当引起大学生的高度重视（图 2-4）。

图 2-4　心理健康指导

人不仅是一个生物体，而且是有复杂的心理活动并生活在一定的社会环境中的生物体。健康是生理健康与心理健康的统一，二者是相互联系、密不可分的。当生理产生疾病时，其心理也必然受到影响，会情绪低落、烦躁不安、容易发怒，从而导致心理不适。那些长期心情抑郁、精神负担重、焦虑的人容易产生身体不适。从广义上讲，心理健康是指高效而满意的持续的心理状态；从狭义上讲，心理健康是指人的基本心理活动过程的内容完整、协调一致，即知、情、意、行、人格完整协调，能适应社会。

2023 年 4 月 20 日，教育部等十七部门印发的《全面加强和改进新时代学生心理健康工作专项行动计划（2023—2025 年）》中提出了“坚持健康第一。把健康作为学生全面发展的前提和基础，遵循学生成长成才规律，把解决学生心理问题与解决学生成才发展的实际问题相结合，把心理健康工作质量作为衡量教育发展水平、办学治校能力和人才培养质量的重要指标，促进学生身心健康”的基本原则。

一、大学生心理健康标准

著名心理学家马斯洛曾经列举了正常心理的 10 条标准，即：①充分的安全感；②充分了解自己，并对自己的能力做出适当的评价；③生活的目标切合实际；④与现实环境保持接触；⑤能保持人格的完整与和谐；⑥具有从经验中学习的能力；⑦能保持良好的人际关系；⑧适度的情绪表达及控制；⑨在不违背集体的要求下能有个性发展；⑩在不违背社会规范的情况下，对个人的基本要求能做到恰如其分的满足。马斯洛的健康心理标准包含着身体、精神、社会适应和道德四个方面的良好状态。

我国心理学家参照国际心理健康的标准，结合我国青年学生的现状，对青年学生的心理健康标准作了如下概括：①具有较强的独立生活能力；②能够进行独立思考、分析、判断；③能从心理上自我接纳；④勇于面对现实，对生活、对自己充满信心；⑤具有较强的自我调节控制能力，能积极主动地适应新环境，调节、平衡各种心理冲突；⑥人际关系良好；⑦学习方法得当；⑧能应付一定的挫折。

根据国内外的研究与实践，人的心理健康水平大致可划分为三个等级：

（1）一般常态心理。表现为心情经常愉快满意，适应能力强，善于与他人相处，能较好地完成同龄人发展水平应做的活动，具有承受挫折、调节情绪的能力。

（2）轻度失调心理。不具有同龄人应有的愉快满意心境，与他人相处略感困难，独立应对生活和工作有些吃力。若能主动调节或请专业人士帮助，可以恢复常态。

（3）严重病态心理。表现为明显的适应失调，长期处于焦虑、痛苦等消极情绪中难以自拔，严重影响正常的生活和工作。如不及时矫治，发展下去会成为精神病患者。

二、体育锻炼对心理健康的影响

心理健康教育不是一个抽象的概念，它具体地表现在学校教育的各个环节、各个方面之中。心理健康教育和体育锻炼是健康教育的两个方面，两者是相辅相成的。体育锻炼既是身体运动，又是心理活动和社会活动，不仅有利于身体健康，而且对人的心理健康和社会适应能力具有积极的促进作用。体育锻炼是生活的调节器，能帮助人们摆脱困惑，提高生活质量。那么，体育锻炼对人的心理健康会产生怎样的影响呢？

（一）有助于智力的发展和提高

正常的智力是人们正确认识世界的前提，是心理健康的基础，是心理健康的第一标准。体育锻炼对人体智力的发展和提高具有促进作用。一方面，经常参加体育运动可以促进大脑的开发，增强神经系统功能。现代医学研究表明，人的右脑的信息容量、记忆容量和形象思维能力都大大超过左脑，体育运动可以使右脑得到充分的锻炼，提高人的记忆力和抽象思维能力。另一方面，体育运动可以使神经系统的兴奋和抑制过程更加集中，对外界刺激产生的反应更加迅速、准确，还可以提高人的视觉、听觉、感觉、神经传导速度、神经过程的均衡性和灵活性，促进神经系统功能的增强。因而，科学的体育锻炼可以使锻炼者的注意力、判断力、反应力、思维力、想象力和记忆力得到进一步提高，整体能力进一步加强。体育锻炼又是一种展示人的身体运动能力、追求躯体达到极限水平的最重要的方式。它显示了灵与肉的永恒冲突，凝聚了人类的竞争、创新、奋发向上的卓越品质。锻炼还可以调节人的心情、稳定人的情绪、降低人的疲劳，这些因素都对智力发展有积极的促进作用。

（二）有助于情感与情绪的调节和改善

情感与情绪是人对客观现实态度的体验，也是心理健康标准的一个方面。人们不是生活在真空状态中，而是在一个飞速发展和变化的错综复杂的社会中。随着整个生活节奏的加快、工作压力的加大、社会环境的复杂，神经高度紧张的人们经常会产生忧郁、紧张等情绪。

体育运动不但可以转移不愉快的意识、情绪和行为，使人从烦恼和痛苦中摆脱出来，而且不良情绪可以得到及时的宣泄。人的情绪是对客观事物是否符合自己的需要而产生的体验。符合自己的需要就会产生愉快情绪，反之就会产生烦恼和忧郁等情绪。在学校，由于学习任务偏重，加上学生相互间的竞争及对就业的担忧，因而产生和表现出各种不良的精神状态，如焦虑、担忧、固执、浮躁等。而每一个挫折都会在大脑里形成一个强刺激，从而引发一个兴奋灶，使人陷入痛苦和懊丧之中，如果能积极参加体育锻炼就可以转移大脑皮层的兴奋中心。也就是说，人在参加体育运动时往往只注意身体的运动，而把烦恼抛在脑后，起到转移注意力的作用，有益于大脑活动的调节。大学生如果能够持续、稳定地保持乐观和愉快的心境及自信心，就能使自己的生活充满活力，情感世界美好而丰富，并且能依靠自己的勤奋与智慧取得成功，还能从学习、锻炼中获得乐趣，不断激励自己向更高的目标攀登。所以，大学生要充分利用体育锻炼的调节作用，降低或摆脱一些不愉快的精神状态，使生活多一些欢乐、少一些忧愁。

（三）有助于坚强意志品质的培养和形成

意志品质是指一个人的自觉性、果断性、坚韧性、自制能力及勇敢顽强等品质。意志品质既是在克服困难的过程中表现出来的，又是在其中培养起来的。在体育运动中，要不断地克服客观困难（如气候条件、动作的难度或外部障碍等）和主观困难（如胆怯和畏惧的心理、疲劳等），在战胜自我的前提下，越是努力克服各方面的困难，就越能培养良好的意志品质。有的人想运动，但是缺乏毅力，不能克服惰性、不能持之以恒，所以难以取得良好的效果。为此，我们要通过体育锻炼培养自己的坚强意志品质，增强战胜学习和工作中困难的勇气和信心。

（四）有助于减轻疲劳，消除心理障碍

疲劳是一种综合症状，与人的生理和心理因素等有关。在激烈的社会竞争中，当生活压力超出个人能力时，人可能产生悲观失望的情绪，在生理和心理上产生疲劳感，从而导致忧郁、孤独等心理障碍产生，对事物产生逆反心理。此时，通过自己喜欢的运动项目的锻炼，使自身的心理机能、身体素质得到改善，身心得到舒适的感受，减轻疲劳，产生积极的成就感，从而增强自信心，摆脱压抑、悲观等消极情绪，消除心理障碍。当今，体育运动已被公认为一种有效的心理治疗方法。

（五）有助于自我正确观念的确立和人际关系的改善

对自己正确的评价，是指通过各种环境对自我的正确认识。体育运动需要在一定的空间和环境中进行，因此总是与他人发生着交往和联系。当体育运动使他们相聚在运动场上时，彼此通过平等、友好、和谐的练习和比赛产生亲近感。无须用语言，只需一个手势、一个眼神，就可以直接或间接地沟通信息、交流心声、产生默契，尤其是集体项目。因此，这个过程有利于每位直接参与者和间接参与者对自己形成较为客观的自我认识，通过体育运动结识更多的朋友，使每个人都融入集体，为自己成为集体中的一员而心情舒畅，精神振奋。所以，大学生应在轻松的体育锻炼中使心情变得更加开朗，身体表现更加完美，通过体育锻炼促进正确自我观念的树立和人际关系的改善。

任务五　体育锻炼的原则

学习目标

熟悉体育锻炼全面发展、因人而异、循序渐进、持之以恒四个原则。

体育锻炼的原则是对身体锻炼规律的概括，是学生从事体育锻炼时应时刻遵循的。

一、全面发展原则

处于生长发育期的青少年，身体组织器官形体增大、功能日趋成熟，机体对体育锻炼的需要也呈现多样化。因此，青少年在锻炼身体时要选择多种运动项目，既有发展速度、力量的项目，也有发展灵巧、耐力和柔韧性的项目，以使身体的各器官和机能都能得到锻炼，身体全面均衡地发展。

二、因人而异原则

人的个体差异是很大的，对于体育锻炼需要的差异也是很大的。在体育锻炼时应根据自己的健康状况和原有锻炼的基础，选择适合的项目和方法，量力而行，应在体育教师的指导下制订个人的锻炼计划。身体有慢性病的同学，也不要轻易放弃体育课或不参加体育锻炼，应根据病情和体力适当安排体育活动，如散步、打简化太极拳等。

三、循序渐进原则

体育锻炼时应按照机体适应性规律及超量恢复的原理，合理安排锻炼的步骤，运动量由小到大，运动项目由少到多，运动技巧由易到难，运动时间由短到长。如果突然承担很大负荷的锻炼，会导致过度疲劳，如果突然进行高难度动作会发生运动伤害。

四、持之以恒原则

体育锻炼能否达到好的效果，关键在于能否坚持。只有经常而且科学的体育锻炼才会对机体产生促进作用。要使体育活动经常化，直至形成一种习惯，因此青少年的体育锻炼最好能与自己的兴趣爱好相结合，通过直接动机和间接动机的互动把体育锻炼坚持下去。

思政小课堂

全国教育大会强调，“要树立健康第一的教育理念，开齐开足体育课，帮助学生在体育锻炼中享受乐趣、增强体质、健全人格、锤炼意志”。要想大学生能身心健康地发展，高校就要将强身健体、道德培养、个性塑造、意志品质培养融为一体进行素质教育，并且以学生易于接受的寓教于乐的方式，把娱乐性、针对性、教育性、知识性相融合，帮助学生在体育锻炼中享受乐趣，实现全面发展。

项目三　体育锻炼与卫生保健

任务一　体育锻炼的卫生常识

学习目标

1. 知晓体育锻炼的注意事项。
2. 了解如何进行准备活动和放松活动。
3. 熟悉运动负荷与运动时间的概念。
4. 了解女生月经期体育锻炼需注意的问题。

体育锻炼对增强体质具有很好的功效。掌握科学、正确的体育锻炼卫生常识，了解体育锻炼应当注意的有关事项，重视准备活动和放松活动，学会控制运动负荷和运动时间，这些对于保证体育锻炼效果具有重要的意义。

党的二十大报告指出，要“重视心理健康和精神卫生”“健全公共卫生体系”“深入开展健康中国行动和爱国卫生运动，倡导文明健康生活方式”。

一、体育锻炼的注意事项

（一）体育锻炼前的注意事项

体育锻炼前应了解学生的健康状况。学校应该定期组织体检，根据学生健康状况选择合适的锻炼方法，并注意以下八个方面。

（1）如果伤病还没有痊愈，最好不锻炼或少锻炼。

（2）如果是在户外进行锻炼，应注意天气情况，避免在雷雨天、大风天锻炼。

（3）如果身上戴有坚硬的饰物等，应在锻炼前摘除。

（4）检查锻炼的环境，及时清除地面上的异物、垃圾和危险品。

（5）检查健身器材的安全情况，如健身器材是否安装牢固等。

（6）做好必要的准备活动。

（7）穿好运动服。

（8）在锻炼之前适当饮水。

（二）体育锻炼中的注意事项

在较长时间体育锻炼过程中，要注意休息和补水。如果出现明显的身体不适，应及时停止锻炼；如果受伤，一定要先停下来，在原地保持休息状态，并及时向医生、教师、同学或其他人寻求帮助。

（三）体育锻炼后的注意事项

体育锻炼后可以做一些放松活动，如跑步结束后可以慢走一段时间，再做一些伸展练习。体育锻炼后还要及时补充水分，如果有不适症状，应及时向医生、教师、同学或其他人寻求帮助。

二、准备活动

体育锻炼开始前，首先，做10～15分钟的准备活动，如慢跑、徒手操等。充分的准备活动可以让神经、肌肉和关节为接下来的体育锻炼活动做好准备，加快血液流动、升高体温，使机体的柔韧性更好。其次，做好各个部位的伸展运动。伸展运动应从大关节开始至小关节结束，目的是确保主要活动的大肌肉群能够按活动的先后次序获得充分的伸展，使肢体活动更顺利。另外，要注意关节角度的能够承受的极限和肌肉之间的配合。

三、放松活动

体育锻炼结束前，可以做5～10分钟的放松性活动，如慢跑、柔软体操、放松按摩等，也可以做一些静态的伸展运动。放松活动的重要性在于使体温逐渐下降，使紧张的肌肉逐渐放松，预防运动后的肌肉酸痛，促使血液逐渐流回心脏，帮助身体排出废物，促使机体恢复。

四、运动负荷与运动时间

为了达到期望的锻炼效果，身体必须承受超出舒适范围的运动强度和运动量。当身体超负荷运动时，心脏、肺循环系统和细胞都会受到冲击，它们承受并逐渐适应加给它们的负荷。身体被迫适应超负荷运动，变得更加强有力，这样才可以再次适应过量的需求。然而，非高强度的锻炼也可以达到改善身体状况的目的，如降低血液胆固醇含量、改善葡萄糖耐受性等。所以，无论何种程度的体育锻炼，都可以改善身体健康。

（一）运动负荷与运动时间的内涵

运动负荷与运动时间是体育锻炼对机体产生刺激效应的关键因素。运动负荷是指身体完成运动的工作量，由运动强度和运动量构成。运动强度是指单位时间内身体所做的功，与练习的负荷、运动速度、休息间隔和心理压力相关。运动量是指运动刺激的数量，与完成运动的距离、时间、练习的次数等相关。所以，体育锻炼时需尽量采用增加负荷的方式，以达到对机体最大的刺激效应。但是，机体一次能够承受的运动负荷是有限的，可以采用控制休息时间的方式达到累加负荷刺激的效应。运动能力就是在机体不断应激、不断适应中得到提高的，这种提高与运动负荷的增加相对应。

（二）利用心率控制运动负荷

运动负荷的大小可以用心率控制。最佳锻炼心率是指体育锻炼中控制运动负荷的理想值，计算方法如下。

（1）最大心率。最大心率=220–年龄。

（2）最佳锻炼心率范围。最佳锻炼心率范围为最大心率×（60%～80%）。

此外，不同的体育运动项目有各自适宜的最佳锻炼心率范围。

五、女生月经期的体育锻炼

对于月经正常的女生来说，经期进行适量的体育锻炼，不仅无害，还有好处，既可以缓解精神压力、调节情绪、保持心情愉快，还可以促进血液循环，减轻痛经等症状。尽管如此，女生在月经期进行体育锻炼仍需要注意以下三个方面的问题。

（1）在月经期的最初两天要适当减少运动量和运动时间。

（2）月经期间参加体育锻炼时，应尽量选择轻缓柔和的运动，如慢跑、散步等，这些运动不会对身体造成负担；不从事剧烈运动，尤其是震动强烈、腹压过大的运动，如跳跃、举重物、快跑等。

（3）月经期不宜游泳，以免细菌侵入造成子宫炎症。

任务二　运动损伤的处理方法

学习目标

1. 急性损伤的处理方法。
2. 慢性损伤的处理方法。
3. 预防运动损伤的常用措施。

运动损伤的发生与运动能力、动作规范程度、运动环境等因素有关。

运动损伤分为急性损伤和慢性损伤。急性损伤是指瞬间遭到直接暴力或间接暴力的冲击而造成的损伤。慢性损伤是指局部过度负荷，多次微细损伤积累形成的损伤，或是由于急性损伤处理不当转化的陈旧性损伤。

一、急性损伤的处理方法

（1）休息。让伤者以最舒适的姿势休息，并保护其不再受伤。

（2）冰敷。受伤部位没有破裂的损伤被称为闭合性损伤。对于闭合性损伤，一般在受伤 24

小时或 48 小时内采取冰敷的方式处理，每次冰敷的时间为 5 ~ 10 分钟，可以重复 3 ~ 4 次。如果身边没有冰袋，用冷水冲也有一定的作用。在急性损伤发生的初期绝不能热敷，只有等受伤部位红、肿、疼痛感消失后才能热敷。

（3）压迫。休息和冰敷后，可以用弹性绷带固定受伤部位，但绷带不能绑得太紧，以免影响血液流通。

（4）抬高患处。当上述步骤完成后，可以将受伤部位抬至高出心脏的部位，以减轻受伤部位的充血程度。

二、慢性损伤的处理方法

（1）判断损伤的情况，如疼痛、肿胀、不灵活的程度。

（2）减少运动量或暂时休息一段时间。

（3）慢性损伤常常发生在局部而非全身，可以选择适当的替代运动，如选择非损伤部位进行锻炼，以保持身体的整体运动能力。

（4）如果受伤部位有发炎的情况，要向医生求助，在医生的指导下进行有针对性的锻炼。

三、预防运动损伤的常用措施

超负荷的运动和不合理的锻炼方式，通常是运动损伤的致伤条件。预防运动损伤的常用措施有以下六个方面。

（1）加强易伤部位的准备活动和专项辅助活动，如牵拉。

（2）加强易伤部位肌肉、韧带的力量练习。

（3）恰当地安排运动负荷，循序渐进地锻炼。

（4）使用护具和支持带，检查器材和场地。

（5）定期体检，有筛选性地检查身体。

（6）在经常有身体接触和易发生冲撞的运动项目中，尤其要注重预防运动损伤。

任务三　运动疾病的产生原因、处置及预防方法

学习目标

了解运动性过度疲劳、过度紧张、肌肉痉挛、肌肉酸痛、头晕、腹痛、低血糖症、中暑、冻伤的产生原因，处置及预防方法。

参加体育锻炼时，除了注意避免运动损伤外，还应当注意运动性疾病的处置及预防，从而真正达到提高机体功能、避免运动性疾病的目的。

一、运动性过度疲劳

运动性过度疲劳是指在身体过度锻炼产生的疲劳连续累积的基础上，发展起来的一种病理状态。

（一）产生原因

（1）主因是长期进行大运动量锻炼，运动量增加过快，超过身体负荷。

（2）诱因是生活无规律、睡眠少、食量减少、营养不足、情绪不良、脑力及体力负担过重、训练方法单调等。

（二）处置及预防方法

（1）适当减少运动量和锻炼时间。

（2）生活有规律，注意劳逸结合。

（3）改善营养，补充足够的蛋白质、糖类、维生素和矿物质。

（4）物理康复治疗。

（5）在医生指导下进行药物治疗。

二、运动性过度紧张

运动性过度紧张是指一次或多次运动超过机体负担能力而引起的一种病理状态。

（一）产生原因

（1）超过机体负担能力的剧烈运动，是引起运动性过度紧张的主要原因。

（2）因伤病中断锻炼一段时间后体质有所下降，重新锻炼时又突然进行大运动量锻炼或参加竞赛。

（3）患有心血管系统疾病的人参加剧烈运动时，也可能发生运动性过度紧张，甚至猝死的情况。

（二）处置及预防方法

（1）轻者，一般不需要做特殊处理。

（2）对于心脏功能不全者，可采取半卧位休息，救治者用手指掐点或针刺内关穴和足三里穴，如出现昏迷则可掐点人中穴、合谷穴、涌泉穴等急救穴位，还可以让其吸入氧气或浓度较低的氨气。

（3）如果出现呼吸、心跳停止现象，应通过人工呼吸和胸外心脏按压方法予以抢救，并迅速送医院急救。

三、运动性肌肉痉挛

运动性肌肉痉挛即肌肉不自主地强烈收缩，常见部位是小腿腓肠肌等。

（一）产生原因

（1）在寒冷环境中运动时，准备活动不充分，肌肉受到寒冷刺激。

（2）在运动时，肌肉过快地连续收缩，放松时间太短。

（3）运动中大量出汗，体内盐分（电解质）丢失过多，肌肉兴奋性增高。

（4）疲劳与紧张会影响肌肉的正常功能，特别是在肌肉疲劳的情况下，做一些突然紧张用力的动作，容易引起肌肉痉挛。

（二）处置及预防方法

（1）牵引痉挛的肌肉。

（2）用力按压痉挛的肌肉，如图 3-1 所示。

（3）针刺承山穴和涌泉穴。

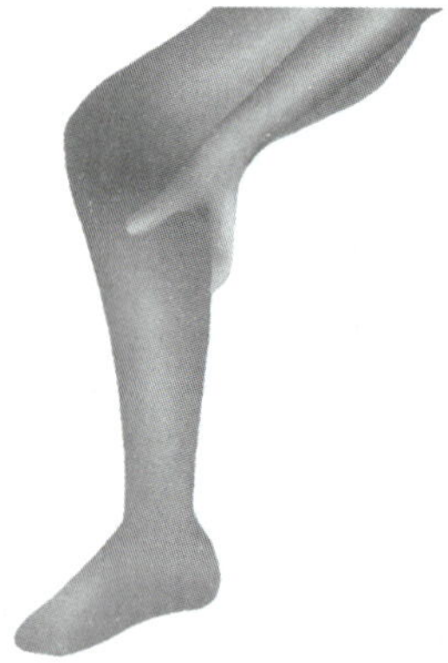

图 3-1 按压痉挛肌肉

四、运动性肌肉酸痛

运动性肌肉酸痛是指初次参加运动或偶尔参加运动的人感到肌肉酸痛的状态。

（一）产生原因

由于心脏功能不强、血液流通不快，人在剧烈运动时肌肉缺氧，分解出的大量乳酸不能及时消除，被大量积存滞留在肌肉中。乳酸会刺激神经末梢化学感受器，使人感到肌肉酸痛。

（二）处置及预防方法

（1）运动完毕要做好拉伸活动，使肌肉的供氧量增多，促进乳酸更快地氧化。

（2）运动后可做自我按摩或适当休息调整后洗热水澡，促进乳酸的消除，减轻疲劳感和酸痛感。

（3）肌肉酸痛一般在适当休息后会逐渐减轻、消失，如果酸痛感严重，可用毛巾局部热敷。

（4）在局部涂擦酒精或松节油，可以活血化瘀、镇静止痛。

五、运动性头晕

运动性头晕是指在运动中或运动后感觉头晕目眩，重者恶心呕吐，甚至晕厥倒地。这是体育锻炼中一种常见的病理生理状态。

（一）产生原因

（1）运动前没有做好准备活动，心肺功能未被充分调动起来，全身的血液循环也不够旺盛，身体运动需要的养料、氧气不能及时充分供给。

（2）运动中呼吸节律差、呼吸表浅，造成体内氧气供不应求。

（3）未掌握运动项目的技术动作要领，或运动场地太硬，使大脑突然受到激烈的震动。

（4）平时体质较差或很少活动，突然参加剧烈运动或竞赛，由于运动量大，身体各器官难以适应。

（5）运动安排不合理、天气太冷、穿衣太少等因素都会使体内热能消耗过多，血糖浓度急剧下降，大脑等器官缺乏血糖供应。

（二）处置及预防方法

（1）运动前充分做好准备活动，使身体各器官能尽快适应剧烈运动的需要。

（2）运动过程中要注意呼吸与动作协调配合，呼吸要深沉有力，以保证为身体各器官供给足够的氧气。

（3）合理安排运动时间和运动量，疲劳后及时休息，天冷时注意保暖，大量运动前适当吃含糖食物，以增加身体能量的供应。

（4）有些疾病本身会出现头晕现象，患有这些疾病的人参加运动时应格外小心。

六、运动性腹痛

运动性腹痛常出现在中长跑或剧烈运动的过程中，常见症状有胃痉挛、腹胀痛、两肋部胀痛等。

（一）产生原因

（1）准备活动不充分。

（2）运动前吃得过饱、饮水过多。

（3）由于心脏功能差，静脉血液回流困难，引起脾脏充血性增大、脾脏被膜张力增加。

（4）患有慢性腹痛疾病，患病器官受到震动、牵拉。

（二）处置及预防方法

（1）减缓运动速度，加深呼吸。

（2）停止运动，休息。

（3）及时就医。

七、运动性低血糖症

正常人空腹血糖值应为 3.9 ~ 6.1 毫摩尔/升。运动性低血糖症是指在运动中或运动后由于血糖过低，导致出现头晕、恶心、呕吐、冷汗等不适现象，严重者可引发休克或死亡。运动性低血糖症常见于长跑、马拉松等项目。

（一）产生原因

长时间剧烈运动，运动负荷过大，能量消耗过多。

（二）处置及预防方法

（1）停止剧烈运动，休息。

（2）喝些糖水，吃少量食物。

（3）如有昏迷现象，可以针刺或用手指掐点人中穴、合谷穴等急救穴，并尽快送医。

（4）训练水平低或患有疾病的人应尽量避免进行长时间的剧烈运动。

八、运动性中暑

运动性中暑是指在高温、湿度过大和通风不良的环境中进行运动，因体内热量散发受到影响而发生的一种急性病。其症状为身体高热、头晕、无力、恶心等。

（一）产生原因

气温过高，湿度过大，通风不良；身体疲劳、患病，缺乏饮水或头部直接受到烈日照射等。

（二）处置及预防方法

（1）轻者迅速离开高温环境，喝些清凉饮料，内服十滴水或藿香正气水。
（2）重者以浓度为 50% 以下的酒精或白酒擦身，口服冷的淡盐水。
（3）冷敷头颈部。
（4）对于昏迷者，可用针刺人中穴、十宣穴急救，并尽快送医。

九、运动性冻伤

运动性冻伤是指在低温环境中运动时，因不注意防寒保暖而引起的冻伤等。

（一）产生原因

气温过低，身体素质差，耐寒能力低，长时间静止不动，身体散热过多等。

（二）处置及预防方法

（1）轻者注意局部清洁和保暖，可进行局部按摩。
（2）重者涂抹冻疮膏、消炎软膏，用纱布包扎患处。

思政小课堂

为了更好地适应未来发展要求，学习卫生保健知识、保健理念、紧急救护的基本知识和操作规范对每个大学生来说，都是十分必要的。高校也应引导学生明确自己是祖国未来的建设者和接班人，帮助其树立现代健康意识，提高健康知识水平，形成有益于个人、集体和社会的健康行为和生活方式。

项目四　学校体育

学校体育是指在各级各类学校中开展的，通过身体活动增强学生体质，并传授身体锻炼的知识、技术和技能，培养其道德和意志品质的，有目的、有计划的教育过程。它是学校教育的组成部分，是培养学生全面发展的一个重要方面。

学校体育的目的是使学生具有良好体质，能够掌握体育锻炼的相关知识和技能，并受用终身。学校体育的主要形式是体育教学和校内体育活动，既没有竞技运动的功利性，也没有大众体育的随意性，而是具有很强的规范性。

任务一　体育课

学习目标

1. 知晓体育课的含义。
2. 熟悉体育课的教学目标。

体育课教学是学校体育工作的重要组成部分。学生对体育基础知识及基本技能的掌握、体育兴趣的培养、终身体育观念的树立等，都是通过体育课教学实现的。

一、教学目标

体育课教学有以下三个目标。

（1）全面增强体质，促进身体健康发展，培养学生从事未来职业所需的身体基本活动能力和对自然环境的适应能力，掌握锻炼身体的基本方法，养成体育锻炼的习惯和意识。

（2）通过体育教学使学生掌握体育的基本原理和基本技能，具有参与体育活动的基本能力；掌握卫生保健知识，具有健康安全地进行工作和生活的能力。

（3）通过体育教学，培养学生的社会责任感及勇敢、进取的精神，同时培养学生公平竞争的意识、文明礼貌的行为规范和乐观、自信的心理，这样有利于学生健康品质和个性的形成。

二、教学类型

体育课一般有以下两种类型。

（1）理论课。系统介绍体育知识，如体育概述、体育教学原理、卫生与健康、裁判法和运动项目的规则。

（2）实践课。以学校运动场（图4-1）为课堂，学习和掌握体育的基本知识、基本技术及锻炼身体的基本方法，提高身体素质和身体基本活动能力。

图 4-1　学校运动场

任务二　课余体育活动

学习目标

知晓课余体育活动的种类。

课余体育活动是体育工作的重要组成部分，是课余文化生活的主要内容。它包括早操、课间操、班级体育锻炼、运动队训练和运动竞赛等。

一、早操

早操也称早锻炼，是在清晨起床后进行的体育锻炼，通常是跑步、做操等项目。通过早锻炼可以驱除大脑因睡眠形成的困倦，振奋精神，愉快地开始一天的学习生活，同时对促进机体新陈代谢、提高工作能力，增进健康、增强体质，都有显著的作用。

二、课间操

课间操也称课间活动，是利用每天上午学校第二节课后的时间进行的体育活动。通过课间操，学生能获得积极的休息，消除在上课过程中产生的疲劳，使学生以充沛的精力投入下一节课的学习。课间操的内容主要是做操、游戏、跳绳等具有韵律节奏、轻松愉快、运动负荷不大的项目。

三、班级体育锻炼

班级体育锻炼是学校课余体育工作的重要组织形式，对于促进学生身体发展、增强体质、巩固和提高体育课上所学的知识技能、普及群众性体育活动、提高运动技术水平、培养学生自觉锻炼身体的习惯，以及丰富和活跃学生课余文化生活都有重要作用。班级体育锻炼的主要内容包括以下两个方面。

（1）复习、巩固和提高体育课上所学的体育基础知识、技能和技术。

（2）根据学校的传统项目及季节、环境和学校场地器材等条件，开展多种多样的体育活动。

四、运动队训练

在课余体育活动中，运动队训练是贯彻“普及与提高相结合”方针的一项重要措施。在认真做好学校体育活动的基础上，抓好运动队的训练，对增强学生体质、培养体育骨干、进一步指导和推动学校课余体育活动的开展等具有积极的作用。同时，它还可以扩大交往，丰富学生课余文化生活，形成良好的道德风尚。

五、运动竞赛

运动竞赛是学校课余体育活动的一种重要组织形式，包括校级运动会和篮球、足球、乒乓球等单项运动竞赛。通过运动竞赛，可以振奋学生的精神，调动学生锻炼身体的自觉性，提高运动技术水平；通过运动竞赛，可以检查教学训练工作，总结经验、提高教学水平，使学校体育工作得到广泛深入的开展。

任务三　现代体育课程的发展趋势

学习目标

了解体育课程内容的现代化，体育课程的综合化、多样化，体育课程培养的个性化、本土化，以及竞技运动的教材化。

2021 年 9 月 24 日，教育部、国家体育总局围绕高校高水平运动队招生及其相关工作开展了深入调研。在深入调研论证、广泛听取意见建议的基础上，印发了《关于进一步完善和规范高校高水平运动队考试招生工作的指导意见》，明确指出高校高水平运动队招生工作的定位是“选拔培养德智体美劳全面发展且具有较高体育竞技水平的学生，为奥运会、世界大学生运动会等重大体育比赛和国家竞技体育后备人才培养体系提供人才支撑”。

一、体育课程内容的现代化

体育课程内容的现代化具有以下三个特征。

（一）科学性

突出表现在于教材更新，如增加了部分现代竞技运动项目教材。除实用健身教材、民族传统体育教材和现代生活体育教材外，还完善了部分体育基础理论的教材。重视理论与实践相结合、体育与卫生保健相结合，增加了体育卫生保健知识的课时比例；在教材的选编上体现了教育原则，选择了具有较高教育价值的教材，促进了学生德育、智育、体育等方面的全面发展。

（二）趣味性

体育课程的项目选择、体育课程的具体实施办法等都要充分考虑到趣味性。这就要求学校重视启发性教学，根据学生的具体情况及他们的兴趣喜好，让体育课程的内容和形式活泼、有趣。

（三）实效性

在加强基础知识、基本技能传授和基本能力培养的前提下，体育课程要有实效性，使学生掌握一些现代社会必需、有用和最基本的体育知识技能，为增强学生体质和形成终身体育锻炼习惯打好基础。

二、体育课程的综合化、多样化

体育课程要综合、多样、全面，不偏向某一项目。根据《〈体育与健康〉教学改革指导纲要（试行）》的要求，体育课程应采用理论与实践、提高身体素质练习和运动技术的学习、基本教材与选用教材相互交叉综合分类的方法。课程内容由基本和选修两部分组成，其中基本内容不是直接的运动项目，而是经过改造加工后作为身体锻炼的项目和具体内容。

三、体育课程培养的个性化、本土化

发达国家在现代化体育改革中普遍形成了一种观念，即发展个性。发展个性的体育观念，注重发展学生的特点、强点、闪光点（潜在的创造力），并增加学生选择体育项目的机会，实现教学组织多样化、灵活化、个别化。

同时还要考虑到地域、经济、文化等差异，相应的体育课程的培养也要有所差异，根据具体情况选择，做到本土化。

四、竞技运动的教材化

竞技运动是体育课程内容的主要素材，也是体育教师备课的重点、难点。体育教师要从不同角度对体育课程的素材进行加工改造。

（一）组织方式可根据需要简化

例如，发展学生的腿部力量和灵敏性时采用跳上跳下的项目，不仅可以由学生量力选择高度，而且练习的形式也可以因人而异，个子矮的学生跳不上去，可以爬上去再跳下来；而运动技能好的学生在空中可以加转体或落地前滚翻的动作。因此，练习的技术与形式不要“一刀切”，更不必要求大家都做成一个样子。

（二）比赛规则是为运动员制定的

在体育课程的具体实施过程中，根据学生的兴趣、能力和身心特点，可以灵活运用规则。这样主要是为了理解运动的意义和作用，让学生把所学的技能运用到社会和生活中。因此，要求体育教师要有很强的适应能力和应用能力。

（三）体育课程场地、器材的改革

例如，篮球架改为升降式、足球场设置四个门等。另外，体育器材也可以替代，如跳上跳下项目，如果没有跳箱，可以用楼梯或台阶，也可以自己制作跳箱，就地简化训练。

综上所述，现代教学应以强身健体为育人目标，以学生的学习和锻炼为中心，侧重培养学生的体育意识，使学生养成体育锻炼的习惯，提高他们自我锻炼的能力，增强体育教学的科学性、趣味性和实效性。体育课程应该是体育教学与身体锻炼的有机结合，不仅要重视以掌握运动技能为目的的“练”，更要重视以身体锻炼为目的的“练”，全面提高体育课程的教学效果。

思政小课堂

高校体育课程是学校体育的最后一站，也是大学生由学校体育向终身体育转变的关键期，如何让学生掌握伴随一生的运动技能，养成终身体育锻炼的习惯，成长为具有强健体魄、健全人格、社会责任、家国情怀的新时代大学生，是高校体育改革的初心和使命。

体育实践篇

项目五　田径运动

任务一　竞走运动

学习目标

1. 了解竞走运动的姿势和步长。
2. 熟悉竞走中髋部动作、摆臂动作、膝关节动作、脚步动作的要点。

一、竞走姿势

竞走运动

在进行竞走运动时，保持正确的身体姿势是十分重要的。

一般来说，正确的竞走姿势要求运动员在迈步过程中要始终保持身体正直和放松，后背始终平直，迈步时骨盆不能向前或向后倾斜（图 5–1），身体的纵轴与地面相垂直。运动员头部的位置要自然，并要看下方的路面。

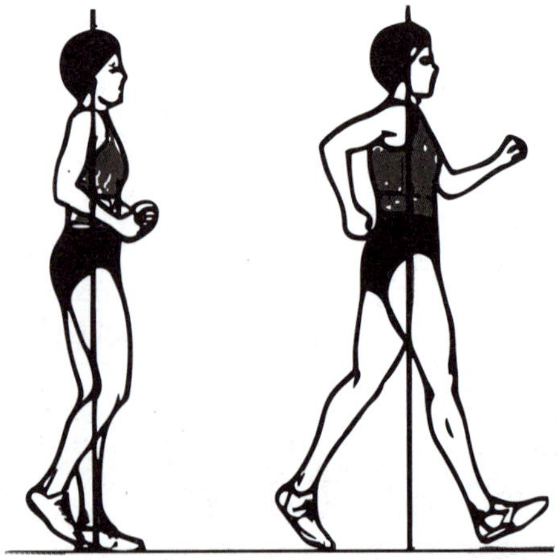

图 5–1　竞走姿势

二、竞走步长

竞走运动中的步长与髋部动作有着密切的关系。正确的髋部动作可以使步长增加（图 5-2），同时也能保证放脚姿势的正确性，使脚沿着一条直线顺利前行。将脚尖指向身体的正前方是正确的放脚姿势。

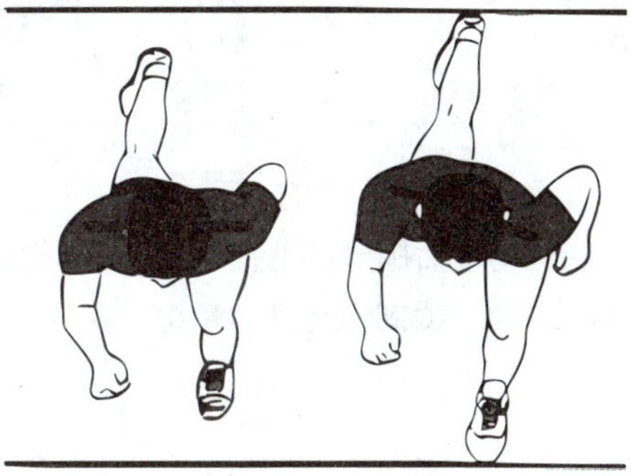

图 5-2　竞走步长

运动员一般以髋部带动腿和脚，通过控制髋部动作调节腿部动作幅度，从而控制步长。以这种方式运用髋部，会使脚的着地点几乎在一条直线上。如果运动员刻意模仿这种放脚姿势，却采用错误的髋部动作，则身体往往会处于一种紧张状态。

三、髋部动作

髋部动作在竞走运动中非常重要，因此一定要保持髋部动作的正确性。正确的髋部动作是通过向前转髋（身体的横轴平行于地面），使后腿被推离地面，并促使膝关节和脚加速向前运动。在之后的摆臂动作阶段，膝关节向前赶上运动的髋部位置。当脚接触地面时，脚后跟略超过膝关节。

四、摆臂动作

在竞走运动中，运动员的行进伴随着一定的摆臂动作，虽然不同的运动员在竞走中的摆臂动作会有差异，但是仍然有着一定的标准。一般来说，在竞走运动中，运动员肘部弯曲的角度必须固定在 45° ~ 90°，肌肉应在整个摆臂过程中处于放松状态，摆臂的方向不是从左到右，而是前后方向。这种屈臂摆动不仅使转动半径得以缩短，还加快了摆动速度，对竞走有辅助作用。

在摆臂动作中，手臂有着固定的移动路线，一般是从臀后腰带水平的位置沿着弧线摆向胸骨位置，两手不应在身体中线的位置交叉，整个臂的摆动幅度小且放松。两个肩胛骨间不应紧张，摆臂结束时不应耸肩。手掌应处于适当放松的状态，手腕应伸直，但不应下垂或上下甩动。握拳方式可由运动员自由选择，前提是不对竞走效果产生影响，可以结合自身的具体情况确定。

五、膝关节动作

在竞走运动中，膝关节的动作有着自己的特点。一般来说，在脚跟接触地面的瞬间直至支撑腿达到垂直部位时，膝关节必须是伸直的（图 5-3）。在恢复摆动时，膝关节弯曲，由于转动半径缩短，摆动的速度加快。由此可以看出，摆动的速度和效果受到后腿弯曲度的直接影响。

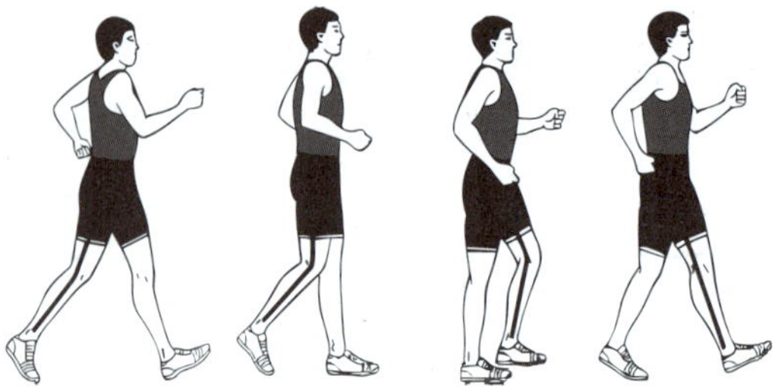

图 5-3　膝关节动作

在竞走运动的实践中，不同运动员后腿开始弯曲的时机选择有所不同。后腿弯曲的最佳时机，一般应根据运动员膝关节的结构、柔韧性与其力量综合决定。

六、脚部动作

在竞走运动中，正确的脚部动作是脚跟先着地，脚尖翘起，而不是整个脚掌着地。一旦脚与地面接触，人体就开始向前运动，在腿完全支撑人体重量之前，脚尖不可着地。脚尖离地的时间与胫外侧肌的力量有直接的关系。在蹬离地面之前，将产生一个由腓肠肌引起的使脚转向垂直的推动力。摆动腿的脚向前靠近，但不是擦地而过。正确的脚部动作不仅能使身体重心的转移更加流畅，而且有助于缓解身体重量给膝关节带来的压力。

任务二　跑类运动

学习目标

1. 了解短跑中起跑、途中跑、终点冲刺的动作要领。
2. 了解中长跑中起跑、加速跑、途中跑、弯道跑、终点跑的动作要领。

一、短跑

短跑

（一）起跑

起跑包括起跑前的准备姿势和起跑动作，要求反应快、起动有力，使身体由静止状态获得向前冲力，以获得初速度。因此，起跑技术对全程速度和成绩影响很大。

按照田径规则，短跑的起跑必须采用蹲踞式起跑，包括“各就位”“预备”“鸣枪（跑）”三个阶段。

1. 各就位

当听到“各就位”的口令后，运动员走到起跑线前，身体下蹲，两手在起跑线前撑地，两脚前后分开约一脚半的距离，左右距离大约为 10 厘米，后膝跪地，两臂伸直，两手相距与肩同宽或稍宽于肩。四指并拢与拇指呈“八”字形张开、虎口向前，头微低、颈放松，肩约与起跑线平齐，背微弓，两眼看前下方 40 ~ 50 厘米处，注意听“预备”的口令（图 5-4）。

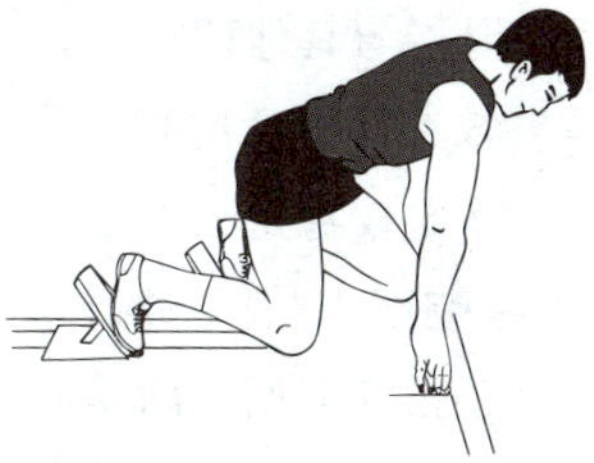

图 5-4　各就位

2. 预备

当听到“预备”的口令后，两脚用力后蹬，后膝抬起，臂部提起稍高于肩，背微隆起，重心前移，两肩稍超过起跑线。这时体重落在两臂和前腿上。前后腿的大小腿的夹角分别约为 90° 和 120°，注意力高度集中地听枪声。

3. 鸣枪（跑）

当听到枪声后，两手迅速推离地面，屈肘前后有力摆动，同时两腿快而有力地蹬地，后腿以膝部领先，迅速向前上方摆动。前腿充分蹬直，使髋、膝、踝关节成一条直线，上体保持较大前倾。后腿前摆至最大程度后，大腿积极下压，用前脚掌在身体重心投影后下方落地。刚开始跑时，步幅不宜过大，上体要逐渐抬起。

（二）途中跑

途中跑是短跑的主要阶段，要求跑得放松，腿部动作幅度大，步子频率高，前脚掌积极而富有弹性地落地，用踝、膝积极缓冲过渡到后蹬。后蹬时，腿应迅速有力地向前上方摆动，积极地带动髋关节前送，迅速伸展膝、踝关节，最后用脚趾蹬离地面，后蹬角约为 50°。两臂的摆动有助于维持身体平衡、加快步频和加大步幅。摆臂时两手半握拳，肘关节自然弯曲成 90°，以肩为轴有力地前后摆动。跑动中面对前方，目视终点，颈部放松，躯干保持垂直或稍前倾。

总之，途中跑要求动作轻松有力、协调自然，步幅要大、频率要快，重心平稳，跑成直线。呼吸要做到短而快，不可憋气。

（三）终点冲刺

终点冲刺是短跑的最后阶段，冲刺距离一般为 15 ~ 20 米。技术要点和途中跑基本相同，但要加强两腿蹬地的力量和两臂的摆动，上体可适当前倾，距离终点最后一步时，上体要迅速前倾，用胸或肩撞终点线。

二、中长跑

（一）起跑

中长跑一般采用“半蹲式”起跑或“站立式”起跑。

中长跑

1. “半蹲式”起跑

运动员走到起跑线前，有力的那只脚在前站在起跑线后沿，另一脚向后站立，两脚前后距离约一个脚掌。前腿的异侧臂支撑地面，支撑地面的手将拇指与其他四指分开呈“人”字形撑在起跑线后沿，另一臂放在体侧。这时的体重主要落在支撑臂与前腿上。这种姿势比较稳定，不容易因重心不稳而造成犯规。听到发令员枪响声或“跑”的口令后，两腿迅速并行蹬伸，后面的腿积极屈膝前摆，两臂则配合两腿的蹬摆动作进行屈臂前后摆动，整个身体向前俯冲，完成准备动作，为起跑后加速跑获得初速（图 5–5）。

图 5-5 “半蹲式”起跑

2. “站立式”起跑

两脚前后开立，有力的脚在前，脚尖紧靠起跑线后沿，前脚跟和后脚尖之间的距离约为一个脚掌长，两脚左右间距约为半个脚掌长（15 ~ 20 厘米）。体重大部分落在前脚掌上，后脚用脚尖支撑站立。两腿弯曲，上体前倾，头部稍抬，眼睛看前面 7 ~ 8 米处，身体保持稳定姿势，集中注意力听枪声。这时两臂的姿势有两种：一种是前腿的异侧臂在前，同侧臂在体侧；另一种是两臂在体前自然下垂。听到枪声或“跑”的口令时，两脚用力蹬地，后腿蹬地后迅速前摆，前腿充分蹬直，两臂配合两腿动作做快而有力的摆动，使身体迅速向前冲出（图 5–6）。

图 5-6 “站立式”起跑

（二）加速跑

在加速跑的过程中，上体的前倾幅度稍大，摆腿、摆臂和后蹬的动作都应迅速而积极。加速跑的距离主要根据项目、个人特点与比赛情况而定。一般 800 米的加速跑要到下弯道才结束；1 500 米的加速跑要到直道末才结束，然后进入匀速而有节奏的途中跑。

（三）途中跑

途中跑是中长跑的主要阶段，因此掌握途中跑的技术是极其重要的。途中跑的技术要点有以下三个方面。

1. 上体姿势

上体自然挺直，前倾 5°左右，跑的距离越长，上体前倾角度越小。胸要微微向前挺出，腹部微微后收，头部自然与上体形成一条直线，颈部肌肉放松，眼平视，尽量避免上体左右转动或扭动。后蹬时髋前送，以提高后蹬效果。

2. 摆臂

臂的摆动应和上体及腿部动作协调一致。正确的摆臂能维持身体平衡，并有助于腿的后蹬。

中长跑时，两臂稍离开躯干，肘关节自然弯曲，半握拳。两肩下沉，肩带放松，两臂以肩为轴前后自然摆动。前摆稍向内，后摆稍向外，摆幅要适当，前不露肘、后不露手。摆臂幅度应随跑速变化而变化，感到疲劳时，可改为低臂摆动，以减小疲劳程度。

3. 腿部动作

当身体重心移过支撑点以后，支撑腿就进入了后蹬阶段。当摆动腿通过身体垂直部位继续向前摆动时，支撑腿的各关节要迅速伸直。首先以伸展膝关节开始，在摆动腿积极前摆的配合下向前送髋，腰稍向前挺，此时膝关节、踝关节也积极蹬直，这样能够适当地减少后蹬的角度，使人体获得与运动方向一致的更大水平分力，并更快地向前移动。在后蹬结束时，后蹬腿完全伸直，上体、臀部与后蹬腿几乎成一条直线，摆动腿使小腿与蹬地腿成平衡状态。

后蹬腿蹬离地面后，人体进入腾空状态，其任务是最大限度地放松蹬地腿的肌肉，并省力地将大腿向前上方摆出。当后蹬腿的大腿向前上方摆动时，膝关节的有关肌肉群放松，小腿在惯性下与大腿自然折叠。当大腿摆至与地面垂直时，骨盆向摆动腿一侧下降，摆动腿的膝关节低于支撑腿的膝关节。这样摆动腿一侧的膝关节比较放松，便于肌肉用力与放松的交替控制。

当大腿膝盖摆到最高位置后开始下压时，膝关节也随之自然伸直，同时用前脚掌做“扒地式”着地。当脚与地面接触之后，膝关节和踝关节弯曲，脚跟适度下沉，脚着地点更靠近重心投影点，落在重心投影点前一脚左右的地方。跑时可由脚掌外侧着地过渡到全脚掌着地，也可直接用全脚掌着地，脚着地动作要柔和而有弹性，两脚应沿着直线落地。

（四）弯道跑

中长跑一半以上的距离是在弯道上进行的，为了克服沿弯道跑进时产生的离心力，在跑进时身体需适当向左倾斜，跑速越快，向左倾斜的程度越大。摆臂时，右臂向前摆的幅度稍大，前摆时稍向内扣，左臂后摆的幅度稍大。摆动腿前摆时，右膝前摆并稍向内扣，左膝前摆并稍向外展。脚着地时，右腿用前脚掌内侧着地，左腿用前脚掌外侧着地。弯道跑时，应沿着跑道的内沿跑，以免多跑距离。超越对手最好不要在弯道上进行。

（五）终点跑

终点跑是在到达终点前的一段加速跑，其动作要求基本上和短跑相同。这时，运动员虽已处于疲劳状态，但可依靠顽强意志冲向终点。跑的动作应该是快速而用力地摆臂，加强腿的后蹬与前摆。终点跑距离的长短，应根据个人余力、场上情况和战术要求而定。一般情况下，800 米跑可在最后 200 ~ 250 米处开始加速并逐渐过渡到冲刺跑，1 500 米跑可在最后 300 ~ 400 米处逐步加速。

中长跑锻炼时对技术有一个特别要求，就是要掌握好跑时的呼吸节奏，运用正确的呼吸方法。正确的呼吸方法应该是口与鼻共同进行的，通常采用微张口与鼻同时吸气，用口呼气的呼吸方法。在寒冷的季节里，吸气时为了避免冷空气直接从口腔进入体内，可采用卷起舌尖抵住上腭的口腔吸气方法来减少吸入冷空气。呼吸的节奏应和跑步的节奏相配合，通常在慢速跑时，可采用三步一呼、三步一吸的方式；跑速加快时，可采用两步一呼、两步一吸的方式。

任务三　跳类运动

学习目标

1. 了解跳远中助跑、起跳、腾空、落地的动作要领。
2. 了解跳高中助跑、起跳、过杆和落地的动作要领。

一、跳远

（一）助跑

助跑的目的是获得最大的水平速度。跳远助跑时，步幅要稍小些，频率较快，身体重心较高，节奏性要强。助跑时应沿直线逐渐加速，跑到起跳板时应达到最高速度，为踏跳做充分准备。

男子助跑距离一般为 35 ~ 45 米，女子助跑距离一般为 30 ~ 35 米。

（二）起跳

运动员在快速助跑的情况下，通过有力的助跑获得必要的垂直速度，并尽量在保持水平速度的前提下，使身体腾起。在跳远中，水平速度大于垂直速度，腾起角度小于 45°。起跳是跳远运动的关键。

起跳前，以摆动腿为支撑，起跳腿快速折叠前摆，上体正直或稍后仰。在起跳脚着地的刹那，助跑水平速度的惯性和身体重力的作用产生很大的压力，迫使起跳腿的髋、膝、踝关节产生很快的弯曲缓冲，使全脚掌迅速滚动，身体前移。两臂积极向上摆动至与肩齐平时突然停止。大腿积极向前上方摆动至水平位置，小腿自然下垂，完成起跳动作。

（三）腾空

起跳腾空后，身体要保持平衡稳定，并做好落地的准备。上体正直，摆动腿屈膝前摆，大腿高抬并保持水平姿势，起跳腿自然放松地留在后面，呈腾空姿势。腾空姿势有蹲踞式、挺身式和走步式三种。

1. 蹲踞式

腾空后，迅速将踏跳腿提至前方与摆动腿并拢，双腿屈膝向胸前靠近，同时上体稍向前倾。快要落地时两腿向前伸出，同时两臂向后摆。当脚跟触及沙面时，两膝很低地弯曲，两臂从后向前摆动，身体重心前移，保证落地后的稳定性（图 5–7）。

图 5-7　蹲踞式

2. 挺身式

腾空后，摆动腿自然下落，小腿向前、向下、向后弧形摆动，使髋关节伸展，两臂向下、向后上方摆动。这时，留在身体后面的起跳腿与向后摆的摆动腿靠拢，臀部前移，胸、腰稍向前挺，形成挺身展体的姿势。落地前两臂由后上方向前、向下、向后摆动，收腹举腿，上体前倾准备落地（图 5-8）。

（a）

（b）

图 5-8　挺身式

3. 走步式

走步式跳远就是在腾空阶段完成走步的动作，与上述两种空中姿势相比，其难度较大。当起跳动作完成后，身体腾空，处在身体前方的摆动腿应以髋为轴，用大腿带动小腿向下、向后方摆动，同时处在身体后方的起跳腿则以髋关节为轴，大腿向上抬摆，并且屈膝带动小腿前伸，完成两条腿在空中的交换动作。两臂也要配合两腿的换步绕环，起到维持身体平衡的作用（图 5-9）。

图 5-9　走步式

（四）落地

1. 前倒落地

当脚跟落地后，前脚掌下压，屈膝并向前跪，使身体移过支撑点后继续向前移动，身体向前扑下。

2. 侧倒落地

当脚跟落地时，一条腿紧张支撑，另一条腿放松，身体向放松腿的一侧倒下。

二、跳高

（一）助跑

背越式跳高的助跑路线分为前后两段：前段跑直线，后段跑弧线（最后 3 ~ 4 步）。用远离横杆的腿起跳。起跳点的位置一般距离近侧跳高架的立柱 1 米、距离横杆垂直向下投影点 50 ~ 80 厘米处。助跑的距离一般为 6 ~ 8 步或 10 ~ 12 步。起跑点和起跳点的连线与横杆夹角约为 70°，弧线半径约 5 米。

助跑前段应快速跑，跑法和普通加速跑相似；后段由于跑弧线，所以身体向圆心倾斜，随着跑速加快，倾斜度加大，前脚掌沿弧线落地。它的特点是身体重心高、步频快，小腿伸得不远，落地更为积极。这样做便于保持较大的水平速度，有利于做起跳动作，增加起跳的效果。由于是弧线助跑，起跳时身体侧对横杆，因此转体较为容易。

全程助跑要求轻松简单，做到自然、快速、准确即可。跑的过程中注意高抬膝关节，最后一步一般比倒数第二步短 10 ~ 20 厘米。

助跑弧线的丈量要先确定起跳点：由起跳点向近侧跳高架方向平行于横杆向前自然走 5 步，再向右转 90° 向前自然走 6 步做一标志，再向前走 7 步画起跑点。由标志点向起跳点画一弧线（半径约为 5 米），即最后 4 步的助跑弧线。

（二）起跳

起跳的目的是把助跑时获得的水平速度转变为垂直速度，使身体腾空。

起跳和助跑的最后几步要衔接紧凑。起跳的动作可细分为起跳、脚着地缓冲和蹬伸 3 个阶段。助跑到倒数第二步结束，摆动腿着地形成支撑后，在摆动腿迅速有力的后蹬推动下，起跑腿迅速以髋关节带动大腿积极向前迈步，起跳脚沿弧线的切线方向踏上起跳点，脚跟外侧先着地并迅速滚动到全脚掌。同时，两臂要配合摆动腿迅速向前上方摆起，重心快跟，上体积极前移，使起跳腿缓冲。此时身体由倾斜转为垂直，身体重心轨迹与足迹重叠，以便为最后用力地蹬伸腾起创造有利条件。当身体重心移至起跳点上方时，起跳腿应迅速而有力地蹬伸，完成起跳动作。

起跳时，起跳腿的髋、膝、踝关节必须充分伸直，这是直立腾起的关键，同时身体应尽量与地面保持垂直。使身体较为水平的动作不是双肩倒向横杆形成的，而是骨盆比肩更迅速地上升的结果。

（三）过杆和落地

起跳时摆动腿屈膝向异侧肩前上方积极摆动，使身体腾空后逐步转为背对横杆的姿势，这时不要急于做过杆动作，而要努力保持身体的上升趋势。当肩和背高于横杆时，两肩迅速向后倒并充分伸展，小腿放松，膝部自然弯曲，身体成反弓形，背部与横杆成交叉状态，反弓仰卧在横杆上方，髋部的伸展动作要延续到臂部超过横杆后。当膝盖后部靠近横杆时，两小腿积极地向上举。含胸收腹，自然下落，以肩背领先落垫。

任务四　投类运动

学习目标

1. 了解推铅球的动作要领。
2. 了解掷标枪的动作要领。

一、推铅球

推铅球

（一）握法和持球

握球时（以右手为例，下同），五指自然分开并弯曲，手腕背屈（图 5–10）；把球放在食指、中指和无名指的指根处，拇指和小指自然地扶在球的两侧。握好球后，把球放在锁骨窝处，贴近颈部，手腕外转，掌心向外，手臂肌肉放松，持球要稳（图 5–11）。

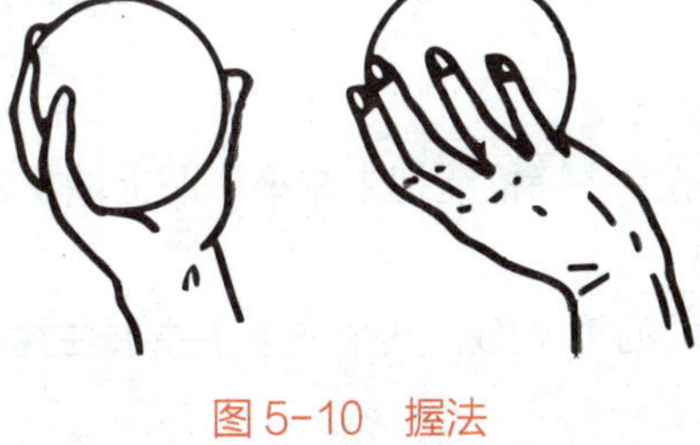

图 5–10　握法

图 5–11　持球

（二）预备姿势

推铅球有侧向滑步投、背向滑步投和旋转投三种方式。下面着重介绍背向滑步投的预备姿势。

1. 高姿势

持球背对投掷方向，右脚尖贴近投掷圈，脚跟正对投掷方向，重心在右脚上。左脚在后，并以脚尖或前脚掌着地，距右脚 20 ~ 30 厘米。上体挺直放松，左臂自然上举或前伸，两眼看前下方 3 ~ 5 米处。这种姿势较为自然放松，能协调地进行滑步动作，有利于提高速度。

2. 低姿势

背对投掷方向，两脚前后开立 50 ~ 60 厘米，右脚跟正对投掷方向，左脚以脚尖或前脚掌着地。左臂自然下垂或前伸，两腿自然弯曲，上体前俯，重心落在右腿上。两眼看前下方 2 ~ 3 米处。这种姿势容易保持平衡。

（三）滑步

滑步的目的是使人在推铅球前有一定的过渡，并为最后发力创造良好的条件。掌握好滑步技术可提高成绩。下面着重介绍背向滑步技术。

可做 1 ~ 2 次预摆。当摆动腿向后上方摆出时，上体自然前俯，左臂自然地伸于胸前。然后收回左腿，同时弯曲右腿，当左腿回收到接近右腿时，身体重心略向后移，紧接着左腿向投掷方向拉出，右腿用力蹬伸，当脚蹬离地面后，迅速拉收小腿，右脚向内转扣，并用前脚掌着地，落在投掷圈中心附近与投掷方向约成 130° 角的地方。这时左脚要积极下落，以前脚掌内侧迅速地落在直径线左侧靠近抵制板处。两脚着地的时间越短越好，以利于动作连贯，并能迅速地过渡到最后用力阶段。

（四）最后用力和维持身体平衡

投掷方法的不同，导致最后用力及维持身体平衡的方法有所不同。下面就背向滑步技术最后用力后的身体平衡做一介绍。

最后用力是从左脚着地的一刹那开始的。在滑步拉收右腿的过程中，右膝和右脚向投掷方向转动，右脚着地后还要不停地蹬转，并推动右髋向投掷方向转动。上体也逐渐向上抬起。在右侧身体的不断前送中快速地向左转体，挺胸抬头，左臂摆至身体左侧制动，两脚积极蹬伸，同时右臂将铅球积极推出，在铅球快离手时，手腕和手指迅速向外拨球。投球的角度一般为 38° ~ 42°。当球离手后，立即将右腿换到前面，屈膝降低重心，以维持身体平衡。

二、掷标枪

掷标枪

（一）标枪的握法和持枪

1. 握枪（以右手投掷为例）

（1）现代式握法。将标枪斜握在掌心，拇指与中指握住标枪绳把末端第一圈上端。食指自然地贴在标枪上，无名指与小指也自然握住绳把（图 5–12）。

（2）普通式握法。用拇指和食指握住标枪绳把末端的第一圈，其余三个手指握住绳把（图 5–13）。

图 5-12 现代式握法

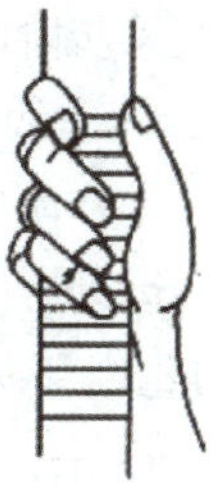
图 5-13 普通式握法

2. 持枪

正确的持枪技术有利于持枪助跑者发挥速度，有利于引枪及控制标枪的位置和角度，并保持肩部和持枪臂的放松。有多种持枪方式，如肩上持枪法、腰间持枪法等。

（1）肩上持枪。把标枪举在肩上，用弯曲的投掷臂和手腕控制标枪，使标枪的尖部略低于尾部，整支标枪稍高于头部。这种持枪方式，手腕比较放松，便于引枪。

（2）腰间持枪。握枪后，将标枪置于腰侧，助跑时枪尖在后、枪尾在前，持枪助跑时仍像正常跑动那样前后摆臂，进入投掷步时再引枪，将枪尖对准投掷方向。用这种方式引枪，需翻手腕将枪尖对准前方，因此难度较大，但优点是助跑时肩、臂动作自然放松，便于加快速度。

（二）助跑

助跑的目的如同推铅球的滑步、掷铁饼的旋转一样，是让器械获得预先速度，并控制好标枪的位置，为引枪和超越器械创造良好的条件。

助跑由两个部分组成：第一段是预跑，也就是持枪跑；第二段是掷标枪特有的环节——投掷步。

1. 预跑

助跑路程一般为 25 ~ 35 米。一般将第一标志线到第二标志线间的 15 ~ 20 米作为预跑路程，通常跑 8 ~ 14 步（图 5-14）。

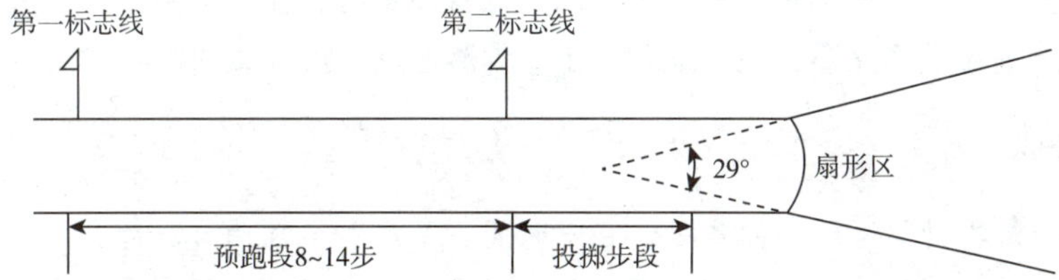

图 5-14 预跑路程

预跑时，投掷臂持枪，上体稍前倾，用前脚掌着地，高抬大腿并有力地蹬伸，动作要轻快而富有弹性，并且助跑的节奏性要强。持枪臂和另一臂要与两腿动作协调配合，两眼平视，头部自然抬起。

预跑应是逐渐加速的，步长要稳定，以利于完成投掷步和最后用力为前提。对初学者来说，预跑阶段的速度不宜太快，随着技术熟练程度的提高，可逐步提高助跑的速度。

2. 投掷步

掷标枪的投掷步不同于普通跑步，在投掷步中还包含一个特殊的交叉步，为此，有人把掷标枪的投掷步叫作交叉步阶段。

投掷步是从第二标志线到投掷弧这段距离内的助跑，实际上是从预跑加速过渡到最后用力，直至标枪出手的动作阶段。投掷步的任务是通过特殊的助跑技术，使下肢动作加快，让运动员在快速跑向前的运动中完成引枪，并且完成超越器械，为最后用力和出手创造良好条件。

投掷步有两种形式：一种是跳跃式的投掷步，另一种是跑步式的投掷步。投掷步通常跑4~6步，男子需9~15米，女子需8~13米。

（1）跳跃式的投掷步。这种形式的腾空时间较长，两腿蹬伸的力量大，有利于引枪动作和超越器械的完成，动作也比较轻快自如。但做这种跳跃式的投掷步时，要防止跳得过高，以免重心起伏过大，影响动作的直线性和连贯性。

（2）跑步式的投掷步。这种形式近似平常跑步，特别是向前速度较快，身体后倾。此方式不利于完成超越器械的动作。

（三）最后用力

投掷步的第三步右脚落地后，髋部向前随惯性继续运动，身体继续向前，在身体重心越过右脚支撑点上方后（左脚还未着地），右腿积极蹬地用力。左脚着地时，左腿做出有力的制动动作，可加快上体向前的运动速度。右腿继续蹬地，推动右髋加速向投掷方向运动，使髋轴超过肩轴，并带动肩轴向投掷方向转动。与此同时，投掷臂快速向上翻转，使上体转为面对投掷方向，形成“满弓”姿势。此时，投掷臂处于身后，与肩同高，与躯干几乎成直角，标枪处在肩上后方，掌心向上，枪尖向前。

形成“满弓”姿势后，胸部继续向前，将投掷臂最大限度地留在身后，右肩部的肌肉最大限度地伸展。由于向前的惯性作用，左腿被迫屈膝，随即迅速有力地充分蹬伸，同时胸部和右肩带动投掷臂向前做爆发性“鞭打”动作。

（四）维持身体平衡

标枪出手后，保持身体平衡是全过程的结束动作。为防止因人体越过投掷弧而造成犯规，标枪出手后，右腿应及时向前跨出一大步，以降低身体重心，保持平衡。为了保证最后用力时运动员可大胆向前做动作又不犯规，最后一步左脚落地点至投掷弧的距离应在2米以上。

思政小课堂

田径运动是各种体育运动的基础，它以时间、高度和远度为标准计算成绩，一个项目往往需要经过反复训练才能被掌握。高校积极开展田径运动，对提高学生身体素质、培养学生团结合作和奋发拼搏精神、促进高校体育运动发展和丰富校园文化、选拔优秀体育人才等具有非常重要的意义。

项目六　大球类运动

任务一　篮球

学习目标

1. 熟悉篮球的运动概述。
2. 掌握篮球的基本技术。
3. 了解篮球的基本战术。

一、篮球运动概述

篮球运动既是一项综合的活动性游戏，又是一项现代竞技体育运动项目。作为一项游戏，它是全民健身的重要手段，可以愉悦身心，锻炼身体；作为现代竞技体育项目，它可以显示生命的活力，激励人们树立顽强的意志和战胜困难的信心，同时又是团结协作等优良品质的综合体现。

现代篮球运动起源于美国马萨诸塞州斯普林菲尔德市，由体育教师詹姆斯·奈史密斯于1891 年发明。奈史密斯从工人和儿童用球向“竹筐”投准的游戏中得到启发，将两只竹篮分别钉在健身房内两端看台的栏杆上，竹篮口水平向上，距离地面约 3 米，以足球为比赛工具向篮内投掷，入篮得 1 分，按得分多少决定胜负。因这项游戏最初使用的是竹篮和球，故取名为“篮球”。

1892 年，篮球运动首先从美国传入墨西哥，并很快在墨西哥各地展开。这样，墨西哥成为除美国外，第一个开展篮球运动的国家。随后，篮球运动先后传入法国、英国、中国、巴西、捷克斯洛伐克、澳大利亚、黎巴嫩等国家，在世界范围内得到了普及和发展，以致发展为今天风靡全球的体育项目之一。

二、篮球基本技术

篮球技术是对篮球比赛中运动员为了进攻与防守所采用的专门动作方法的总称。篮球技术主要由接球、传球、运球、投篮等动作技术组成。

传接球

(一) 传接球

1. 传球技术分析

传球技术是由持球方法、传球方法、球的飞行路线和球的落点四个部分组成。其中，传球方法是关键，它直接影响球的飞行路线和落点，如图 6-1 所示。

图 6-1　胸前传球

（1）持球方法。传球出手的过程是一个功能性过程，即球受外力作用后，以一定的速度、方向、角度和旋转方式离手，完成既定的飞行轨迹，到达传球队员所要求落到的位置上。因此，采用正确的持球方法，就是为球所受的外力选择正确的力点，以有利于出手前对球的控制和达到不同的传球距离、方式的要求。持球方法有双手持球和单手持球两种，方式的选择要依据运用的需要。

（2）传球方法。传球方法，是指传球出手的瞬间，手腕、手指对球的飞行方向、速度、路线和落点的控制，即手腕翻转、前屈和手指弹拨的用力方法，如图 6-2 所示。

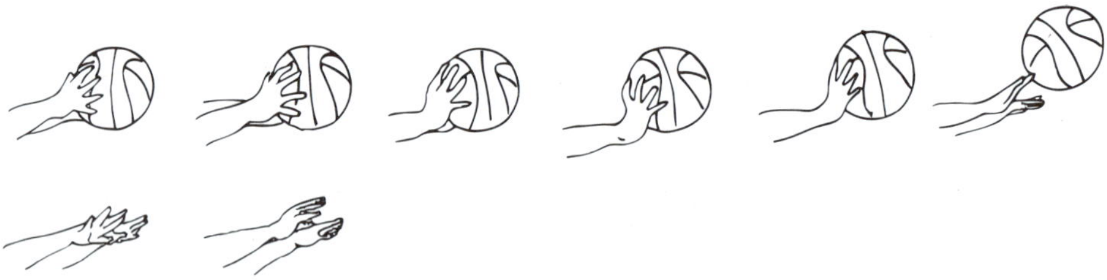

图 6-2　传球用力方法

（3）球的飞行路线。球的飞行路线有直线、弧线和折线三种。

（4）球的落点。由于传球要有针对性，所以球的落点是指传出的球与接球同伴相遇的方位。传球时，要根据接球同伴的位置、移动速度和意图及其防守队员的情况做出决定，要考虑到传球的高低、远近、快慢、用力等情况。

2. 接球技术分析

（1）接球的概念。接球就是指获得传球的动作，良好的接球技巧能够弥补传球的不足。

（2）接球技术分析。由伸臂迎球和缓冲握球等动作组成。接球时，要伸臂迎球，手指自然分开成球状。双手迎球时，手形要外大里小，以防止漏球。指端触球的瞬间，手臂要顺势后引，曲肘缓冲来球的惯性后持球。有对手靠近或贴身防守时，要先卡位置堵住防守者后再要球，以防止被破坏或抢断。控制球后要随时保持能投、能突、能传的“三威胁”攻击姿势，并尽快衔接下一个动作，如图 6–3 所示。

图 6-3　接球

（3）接球的主要方法及要点。

①双手接球。两臂伸出迎球，双手十指自然分开成半球状，手指指端触球瞬间，双臂随球缓冲来球的力量后自然持球于胸腹之间，保持好“三威胁”的姿势。

②单手接球。五指自然分开成弧形并伸出手臂迎球，手指指端触球的瞬间顺势缓冲控球。同时，借助另一只手的辅助形成双手持球的“三威胁”姿势。

运球

（二）运球

1. 身体姿势

运球时应保持两脚前后自然开立，两膝微屈，上体稍前倾。头抬起，眼睛平视。非运球手臂屈肘平抬，以保护球。脚步动作的幅度和下肢关节的屈度随运球速度和高度的不同而有所变化，如图 6–4 所示。

图 6-4　运球时的身体姿势

2. 手臂动作

运球时，五指张开，用手指和指根以上部位及手掌的外缘触球，掌心不触球。低运球时，主要以腕关节为轴，用手腕、手指的力量运球；身前高运球和变向高运球时，主要以肘关节为轴，用前臂和腕、指的力量运球；体侧或侧后的提拉式高运球主要以肩关节为轴，用上臂、前臂、腕、指的力量运球。拍按球时，手应随球上下迎送，尽量延长控制球的时间，这样有利于保护球和根据场上情况改变动作。

拍按球的部位是由运球的方向和速度决定的。拍按球的部位不同，运球的入射角和球反弹的反射角也不同。原地运球时，拍按球的上方；向前运球时，拍按球的后上方。

3. 球的落点

运球时应控制球的落点，使球完全保持在自己能控制的范围内，以便随时利用自己的上体、臂、腿来保护球，而且要便于运用技术。例如，运球向前推进无防守时，球的落点应控制在身体的侧前方，并根据推进速度保持适当距离；在对手紧逼防守时，应使球远离对手，采用侧对防守的运球方法，将球的落点控制在身体的侧后方，以便更好地保护球和及时抓住机会变换运球方法突破防守。

投篮

（三）投篮

投篮技术动作包括两个方面：一是投篮时的身体姿势，二是持球手法。原地投篮时，要两脚前后自然开立，两膝微屈，上体稍前倾，重心落在两脚之间。这样既便于投篮集中用力，也有利于变换其他动作。在移动中接球跳投、运球急停跳投或行进间投篮时，跨步接球与起跳动作既要连贯衔接，又要迅速制动，使身体重心尽快移到支撑面的中心点上，以保证垂直起跳。只要身体姿势正确就能保证身体重心移动与投篮出手的方向一致，就能保持身体平衡。控制身体平衡是保证出球方向准确的基本条件。

1. 瞄准点

（1）直接命中的瞄准点，通常是指瞄准篮圈距自己最近的点。这种方法瞄准的是实体目标，在场上任何位置投空心篮都适用。也有主张以篮圈中心为瞄准目标，这个目标与球的落点一致，利于用力。

（2）碰板投篮的瞄准点，是指投篮时将球投向篮板上使球反弹入篮的点。投篮队员位于与篮板成 15° ~ 45° 角的区域内，采用碰板投篮效果较好，尤以接近 30° 角的区域最适宜。碰板投篮的瞄准点，应根据投篮的角度、距离和弧度合理选择。一般规律是角度越小、距离越远、弧度越高，碰板点离篮圈越远、越高；反之，则越近越低。

2. 出手动作

投篮时全身协调用力要有一定的顺序，整个动作要协调连贯、轻松柔和，掌握好节奏。例如，原地单手肩上投篮时，随着下肢蹬伸和腰腹伸展，投篮臂向前上方抬肘伸臂，将力量集中到手腕和手指上，由手腕前屈和手指拨球的动作使球通过食指、中指的指端柔和地飞出。球出手后，全身随球跟送，手臂自然伸直。通常距离越近，身体其他部分用力越小，多以手腕和手指用力为主；投篮距离越远，身体协调用力越大，对手腕、手指调节力量的能力要求也越高。

投是由起跳和出手两个动作有机组成的，在空中需要以腰腹力量控制身体平衡，其出手动作较原地投篮难度更大，对全身协调用力及动作的节奏要求更高。

3. 抛物线

抛物线是指投篮出手后，球在空中飞行的弧形轨迹。以中距离投篮为例，可归纳为低、中、高三种，如图 6–5 所示。

（1）低弧线。球的飞行路线较短，力量虽容易控制，但由于飞行路线低平，篮圈暴露在球下的面积很小，不易投中。

（2）中弧线。球飞行弧线的最高点大致与篮板的上沿在一条水平线上，球篮的大部分暴露在球的下面，是一种比较适宜的抛物线。

（3）高弧线。球接近垂直下落，篮圈的面积几乎全部暴露在球的下面，球容易入篮。但球的

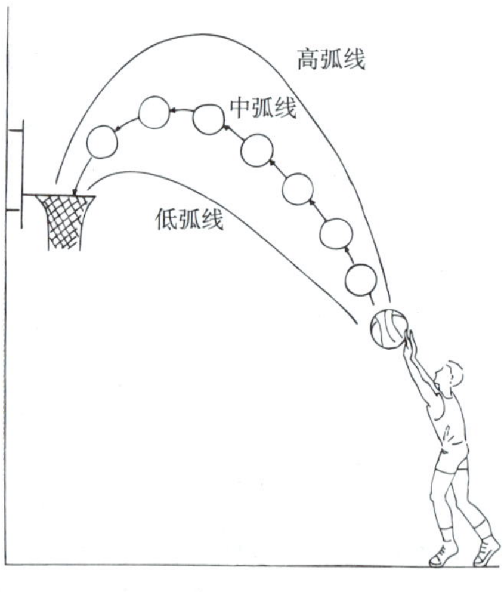

图 6–5　投篮抛物线

飞行路线太长，不易控制，实际上会降低命中率。

（四）篮板球

篮板球

比赛中双方队员在空中争抢投篮未中的球，统称为抢篮板球。进攻一方在空中争抢投篮未中的球，称为进攻篮板球，又叫作前场篮板球；防守一方在空间争抢投篮未中的球，称为防守篮板球，又叫作后场篮板球。

1. 抢篮板球技术分析

（1）抢占位置。抢占有利位置是抢篮板球技术的关键环节。要根据投篮的方向、距离、弧度判断球未中后反弹的落点及观察对手的动向，快速移动抢占有利位置。无论是进攻队员还是防守队员，抢篮板球时都应积极抢占球篮与对手之间的位置，把对手挡在身后。同时，注意球的落点及对手动向，准备起跳抢球，如图 6-6 所示。

图 6-6　抢占位置

（2）起跳。在抢占位置的同时，要做好起跳的准备。两膝微屈，上体稍前倾，两臂稍屈置于体侧，重心落在两脚之间。注意观察判断球反弹的方向和落点并及时起跳，力争在最高点将球抢获。防守队员抢篮板球，一般多采用原地上步、撤步或跨步双脚起跳方法；进攻队员抢篮板球，则多采用助跑单脚起跳或跨一两步双脚起跳方法。

2. 空中抢球动作

在空中抢球时，应该用背或肩挡住对手，双手在头上张开，根据进攻或防守的位置和球的反弹方向，采用双手、单手和点拨球等方法抢球。

（1）双手抢篮板球。跳起时，腰腹用力控制身体平衡，身体充分伸展尽量占据空间面积，两臂用力伸向球落点的方向。当身体和手到达最高点时，双手将球握紧，腰腹用力，迅速收臂将球拉回身前，两肘稍外张注意保护球，如图 6-7 所示。双手抢篮板球的优点是握球牢固，便于结合其他进攻动作，而且简单易学，容易掌握。

图 6-7　双手抢篮板球

（2）单手抢篮板球。起跳后身体和手臂在空中充分伸展，抢球手臂伸向球的落点，当身体达到最高点指端触球时，一手用捻指、屈腕、屈肘动作迅速握住球，将球拉回胸前，另一手迅速护球。单手抢篮板球的优点是抢球点比较高，控制范围大，也较灵活。

（3）点拨球。点拨球的动作与单手抢篮板球相似。当遇到因身材较高大的对手或球的落点离自己较远而不易获球时，可用指端点拨球的侧下方，将球点拨给同伴，或将球挑拨到便于自己接获球的位置。

三、篮球基本战术

篮球战术是指篮球比赛中队员之间有策略、有组织、有意识地协同运用技术进行攻守对抗的布阵行动，以篮球技术为基础，通过具有针对性的布阵，以达到一定战术目的的集体攻守方法。

篮球战术是篮球运动的重要组成部分，是比赛中发挥集体力量和个人作用的手段。篮球战术的目的是把队员组织起来，保证整体实力和各自特长的发挥，制约对方，掌握比赛的主动性，争取比赛的胜利。

（一）战术基础配合

1. 传切配合

（1）概念。传切配合（图 6–8）是指进攻队员之间利用传球和切入技术组成的简单配合。

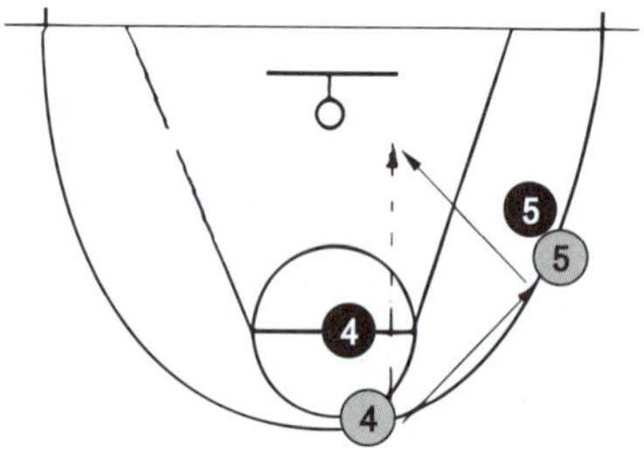

图 6–8　传切配合

（2）要求。

①队员配合的距离要拉开，切入路线要合理。

②切入队员要利用假动作迷惑对手，或趁对手注意球的瞬间，掌握好摆脱时机。切入时紧贴对手，动作快速、准确。

③传球队员的动作要隐蔽，传球要及时。

（3）配合要点。

①切入队员要根据情况掌握切入时机，假动作与速度结合，快速摆脱防守，切入篮下，并注意准备接球。

②传球队员要利用瞄篮、突破、运球或假动作吸引、牵制对手；当切入队员摆脱对手处于有利位置时，应及时、准确地将球传给同伴。

（4）易犯错误。

①切入队员的切入时机掌握不好。

②切入时动作的突发性不够。

③切入队员对切入路线选择不合理。

④切入时没有明显的动作、方向和速度的变化。

⑤持球队员没有做进攻动作牵制防守对手。

⑥持球队员给切入队员的传球不及时、不到位，隐蔽性不强。

2. 突分配合

（1）概念。突分配合（图 6–9）是指持球队员运球突破对手后，遇到对方补防或关门时，及时将球传给进攻时机最好的同伴进行攻击的配合方法。

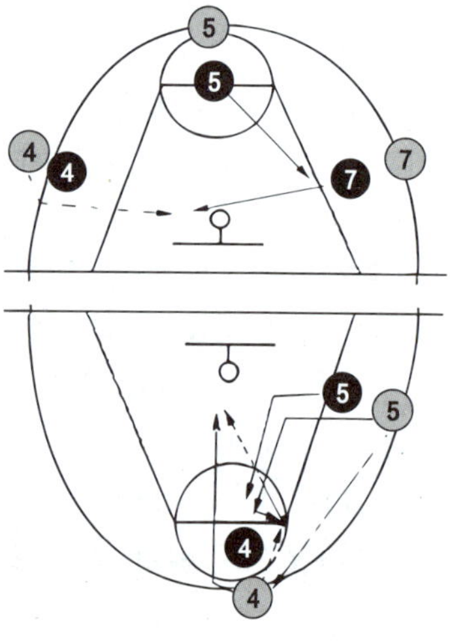

图 6–9　突分配合

（2）要求。

①突破队员突破时要突然、快速，在准备投篮的同时要观察攻守队员位置变化，及时、准确地传球。

②接球队员要把握时机及时摆脱对手，迅速抢占有利位置接球投篮。

（3）配合要点。

①突破队员的突破动作要突然、快速、有力，降低重心，侧肩护球。

②其他进攻队员要把握时机及时摆脱对手，迅速抢占有利位置接球进攻。

3. 策应配合

（1）概念。策应配合是指进攻队员背对或侧对球篮接球，与同伴空切或绕切相结合，借以摆脱防守，创造各种进攻机会的配合方法。在半场范围内靠底线的限制区两侧做策应，通称为内策应；在罚球线附近和罚球线延长线附近做策应，通称为外策应。

（2）要求。

①策应队员突然起动，摆脱对手，占据有利位置，接球后保持合理护球姿势，注意观察，及时传球给进攻机会最好的同伴投篮，或自己进攻。

②外围传球队员根据策应者位置和机会，及时准确地传球给策应队员，做到“人到球到”，传球后迅速摆脱防守切入篮下。

（3）配合要点。

①策应队员应积极抢占有利位置。

②接球后，随时观察场上情况，判断好主攻与助攻的时机。

③在策应时要用转身、跨步、假动作及时调整策应的方向和位置，以便协助同伴摆脱对手。

④配合队员要根据策应者的位置，及时将球传给策应者远离防守人的一侧，做到“人到球到”。

4. 掩护配合

（1）概念。掩护配合是指掩护队员采用合理的行动，用自己的身体挡住同伴防守者的移动路线，使同伴借以摆脱防守，或利用同伴的身体和位置使自己摆脱防守的配合方法。

（2）要求。

①掩护时摆脱队员要用投篮和移动等动作吸引对手的注意力，诱使对手贴近自己，摆脱对手的动作要突然、快速。

②掩护时同伴之间的配合要掌握好时机和节奏。

③组织掩护配合时要创造中投和突破机会，要注意内外线进攻相结合。

（3）掩护的形式和方法。根据掩护者做掩护时站位的不同，分为前掩护、侧掩护、后掩护三种形式；根据掩护者的移动路线、方法和变化，分为反掩护、双掩护、运球掩护、定位掩护、行进间掩护和连续掩护等；从掩护的应用范围角度，分为有球队员为无球队员做掩护、无球队员为有球队员做掩护和无球队员之间的掩护配合。

（4）配合要点。

①掩护要符合规则规定，根据防守者的视野所及范围，保持适当的距离。绝不能用推、拉、顶、撞等动作阻挡对方的行动。

②掩护时要注意同伴之间的配合时机、角度，被掩护的队员要隐蔽行动意图与方向，运用

假动作吸引对手。当同伴到达掩护位置时，摆脱对手的动作要突然、快速，并根据情况采取相应的变化措施。

（二）区域联防

区域联防是指由攻转守时，队员退回后场，每人分工负责防守一定的区域，严密防守进入该区域的球和进攻队员，并与同伴协同防守，用一定的队形把每个防区有机地联系起来所组成的防守战术。

1. 区域联防的阵型及其运用

（1）区域联防的站位队形有“2—1—2”“2—3”“3—2”“1—3—1”等。

（2）各种阵型区域联防的运用。

①“2—1—2”区域联防。这种联防队员位置分布均衡，移动距离近，便于协防配合，易于调整防守队员队形，中区防守力量较强，适用于防守外围突破和篮下进攻威力大的对手，但对防端线两腰和圈顶处的投篮较为困难。

②“2—3”区域联防。这种联防加强了篮下和底线场角的防守，用于对付篮下与底线攻击力强的对手，有利于抢篮。

③“3—2”区域联防。这种联防扩大了外线防守范围，有利于控制对方外中锋的行动和外围两侧的中、远距离投篮，但篮下和两场角是防守弱区，也不利于控制篮板球。

④“1—3—1”区域联防。这种联防加强了罚球区和外围的防守，有利于制约对方中锋和外围中距离投篮，但两底角防守较薄弱，也不利于控制篮板球。

2. 区域联防的运用时机

（1）对方外围中、远距离投篮不准，而内线威胁较大时。

（2）本队个人防守能力较弱或犯规较多时。

（3）为了加强抢防守篮板球而发动快攻时。

（4）对方不善于进攻区域联防或作为一种战术变化时。

3. 区域联防的基本要求

（1）根据区域联防的队形、队员的身高和技术特长，合理分配队员的防守区域。

（2）在分工负责防守区域的基础上，5 名队员必须协同一致，积极随球移动，加强对有球一侧的防守，兼顾远球侧，以防球为主，人球兼顾。

（3）防守持球队员按照人盯人防守的要求，积极防守对手的投篮、传球和运球，严防对手从底线运球突破。

（4）防守离球近的无球队员要抢占有利的防守位置，减少对手在有威胁的区域内接球。

（5）当进攻队员采用频繁穿插移动，改变进攻队形时，防守队员不仅要堵截其移动路线，还要针对进攻队形改变防守队形。

4. 进攻区域联防的要求

（1）争取在对方尚未组织好防守阵形之前发动快攻。

（2）应针对防守阵形采取插空站位的进攻阵形。

（3）通过人和球的快速转移，造成局部区域以多打少的局面。

（4）充分运用传切、策应、溜底线、背插和运球突破等方法，打乱防守阵形，创造投篮机会。

（5）果断进行中、远距离投篮，以扩大防区机会。

（6）组织好篮板球的争夺，保持攻守平衡。

任务二 排球

学习目标

1. 熟悉排球的运动概述。
2. 掌握排球的基本技术。
3. 了解排球的基本战术。

一、排球运动概述

（一）简介

排球运动是指由两支人数相等的球队，在被网隔开的两个均等的场区内，根据规则以身体任何部位将球从网上击入对方场区，而不使其在本方场区内落地的集体性攻防对抗型体育项目。

排球运动是一项全面发展身体素质的运动项目。通过训练能增强人的体力、弹跳力，提高速度、灵敏性和协调性，并能培养人顽强、机智、沉着、果断的良好品质和团队协作的集体主义精神。

（二）起源与发展

排球运动始于1895年，创始人是美国马萨诸塞州霍利沃克城的基督教青年会干事威廉·莫根。世界排球运动发展的历程大致可分为娱乐排球、竞技排球和现代排球三个阶段。

1947年4月，巴黎成立了国际排球联合会，决定每4年举办一次世界排球锦标赛；1964年，在东京举行的第18届奥运会上，排球被列为奥运会比赛项目；1965年，国际排联决定于每4年举行一次世界杯赛。

1905年，排球运动传入我国，历经16人、12人、9人制排球。中华人民共和国成立后，开始推广6人制排球。我国运动员创造了“平拉开扣球”“前飞”“背飞”“快速反击”“快抹”等进攻新技术。1981年，第3届世界杯赛上中国女排七战全胜，一举夺冠。此后，中国女排又分别在1982年世锦赛、1984年奥运会、1985年世界杯赛和1986年世锦赛上蝉联世界冠军，创造了“五连冠”的光辉历史。2016年，在里约热内卢举办的第31届奥运会上，中国女排再次摘得桂冠。

（三）比赛方法

在正式的排球比赛中，球网的高度为男子 2.43 米、女子 2.24 米，比赛场区为长 18 米、宽 9 米的长方形，四周至少有 3 米宽的无障碍区。比赛采用五局三胜制和每球得分制。比赛时双方各上场 6 人，分前后排站位，由获得发球权一方的后排 1 号位队员在端线后宽 9 米的区域内发球。发球方胜一球后，由该队同一发球队员继续发球；接发球队胜一球后，按预先登记的发球顺序，换下一名队员发球。前 4 局中先得 25 分并同时超出对方 2 分的队胜一局。当比分为 24:24 时，比赛继续进行至某队领先 2 分为止，如 28:26；第五局则为先得 15 分并同时超出对方 2 分的队获胜。当比分为 14:14 时，比赛继续进行至某队领先 2 分为止，而且比分无最高限制。局间交换场区，决胜局中某队领先获得 8 分时，两队交换场区，但不休息，队员按照原来的位置继续比赛。第一到第四局，每局都有两次技术暂停，时间为 1 分钟，当领先队达到 8 分或 16 分时自动执行。另外，每局还有两次请求 30 秒的暂停，第五局则无技术暂停，每队只可请求两次 30 秒的暂停。同时，每队每局最多允许请求 6 人次换人。

二、排球基本技术

排球技术是对运动员在比赛规则允许下采用的各种合理的击球动作和配合动作的总称。它是排球运动的基础和重要组成部分。排球技术有两种：一种是有球技术，包括传球、垫球、扣球、发球和拦网；另一种是无球技术，包括准备姿势、移动、起跳及各种掩护动作等。排球技术主要由步法移动和击球手法组成。

（一）准备姿势

一般来讲，按照身体重心的高低，准备姿势可分为半蹲准备姿势、稍蹲准备姿势和低蹲准备姿势 3 种。

准备姿势

1. 半蹲准备姿势

两脚左右开立稍比肩宽，一脚稍前，两脚尖内收，脚跟稍提起。膝关节保持一定的弯曲，其投影在脚尖前面。上体前倾，重心靠前。两臂放松，自然弯曲，双手置于腹前。两眼注视来球，两脚始终保持微动。具体动作如图 6-10 所示。

图 6-10　半蹲准备姿势

2. 稍蹲准备姿势

稍蹲准备姿势比半蹲准备姿势的身体重心稍高，动作方法与其相同。稍蹲准备姿势如图 6-11 所示。

3. 低蹲准备姿势

低蹲准备姿势比半蹲准备姿势的身体重心更低、更靠前，两脚左右、前后的距离更宽一些，膝部弯曲程度更大一些；肩部投影过膝，膝部投影过脚尖，手置于胸腹之间。低蹲准备姿势如图 6–12 所示。

图 6–11 稍蹲准备姿势

图 6–12 低蹲准备姿势

（二）移动

队员从起动到制动的过程称为移动，其主要目的是及时接近球，保持好人与球的位置关系，以便击球。移动由起动、移动步法和制动 3 个环节组成。

1. 起动

起动是在准备姿势的基础上，变换身体重心的位置，破坏准备姿势的平衡，使身体向目标方向移动。在准备姿势的基础上，迅速向前抬腿收腹使上体向前探出，同时后腿迅速向前用力蹬地，使整个身体迅速向前起动。

2. 移动步法

起动后应根据临场战术的需要，灵活地采用各种移动步法移动。

（1）并步与滑步。后腿蹬地前脚向来球方向跨出一步，后腿迅速跟进做好击球准备。连续并步就是滑步。

（2）跨步与跨跳步。后腿用力蹬地，前脚向来球方向跨出一大步，膝部弯曲、上体前倾，身体重心移至前腿上。跨步过程中有跳跃腾空动作即跨跳步。

（3）交叉步。上体稍向右转，左脚从右脚前面向右交叉迈出一步，然后右腿向右跨出一大步，同时身体转向来球方向，保持击球前的姿势。

（4）跑步。跑步时两臂要配合摆动，如球在侧方或后方时应边转身边跑。

3. 制动

在快速移动之后，为了保持稳定的击球姿势和克服身体惯性的冲力，必须运用制动技术。

（1）一步制动法。在移动的最后跨出一大步，同时降低重心，膝和脚尖适当内转，前脚掌横向蹬地，抵住身体重心继续移动的趋势，并用腰腹的力量控制上体，使身体重心的投影落在两脚构成的支撑面内。

（2）两步制动法。两步移动时，以倒数第二步做第一次制动，紧接着跨出最后一步做第二次制动。身体后仰，重心下降，双腿用力蹬地，使身体形成有利于做下一个动作的姿势。

（三）发球

发球是指 1 号队员在发球区抛球后，用一只手将球直接击入对方场区的击球方法。它既是比赛的开始，也是进攻的开始，是排球比赛中一项重要的进攻性技术。

发球

1. 正面上手发球

队员面对球网，两脚前后自然开立，左脚在前，左手托球于身前，用抬臂和手掌平托上送，将球平稳地垂直抛于右肩前上方，并高度适中。在左手抛球的同时，右臂抬起，屈肘后引肘与肩平，上体稍向右转。击球时，利用蹬地、转体和收腹动作带动手臂挥动，在右肩前上方伸直手臂的最高点，以全手掌击球的中下部。击球时，手指自然张开吻合球形，手腕要主动做推压动作使击出的球呈上旋飞行。具体过程如图 6–13 所示。

图 6–13　正面上手发球

2. 正面下手发球

队员面对球网，两脚前后自然开立，左脚在前，两膝微屈，上体稍前倾，重心偏后脚。左手持球于腹前，将球轻轻抛起在体前右侧，离手高约 20 厘米。在抛球的同时，右臂伸直以肩为轴向后摆动，借助右脚蹬地力量，身体重心随着右手向前摆动击球的动作移至前脚，右手在腹前以全手掌、掌根或虎口击球后下方。具体过程如图 6–14 所示。

图 6–14　正面下手发球

（四）垫球

通过手臂或身体其他部位的迎击动作，使来球从垫击面上反弹出去的击球动作，称为垫球。

垫球

垫球在排球比赛中占有重要的地位，主要用于接发球、扣球和拦回球，是组织进攻的基础。

垫球分为正面双手垫球、侧面双手垫球、跨步垫球、背垫球，以及前扑、鱼跃等动作。下面简要介绍 3 种垫球动作要领。

1. 正面双手垫球

正面双手垫球的基本手型有抱拳式、叠掌式和互靠式，但无论采用哪种手型都应该注意要手腕下压、两臂外翻。正面双手垫球按来球力量大小可分为垫轻球、垫中等力量球和垫重球。

（1）垫轻球。采用半蹲准备姿势，当球飞来时，双手成垫球手型，即手腕下压，两臂外翻形成一个平面。当球飞到腹前一臂距离时，两臂夹紧前伸，插到球下，向前上方蹬地抬臂迎击来球，利用腕关节以上 10 厘米左右处的桡骨内侧平面击球的后下部，身体重心随击球动作前移，击球点保持在腹前一臂距离。

（2）垫中等力量球。动作方法与垫轻球相同，由于来球有一定力量，因此击球动作要小，速度要慢，手臂适当放松。

（3）垫重球。要根据来球的高度和角度，采用半蹲或低蹲准备姿势，击球时采用含胸、收腹的动作帮助手腕随球屈肘后撤，适当放松，以缓冲来球力量。在撤臂缓冲的同时，用微小的小臂和手腕动作控制垫球方向和角度。

2. 侧面双手垫球

侧面双手垫球是指在身体两侧用双手垫球的技术动作。以右侧来球为例，当球向右侧飞来时，左脚蹬地，跨右脚，重心右移，两臂夹紧向右伸出，利用向左转腰、提右肩和左肩向下倾斜的动作，配合两臂自右后方向前截住球的飞行路线，用前臂垫球的右下部。接追胸球时应先做后撤步，再做其他动作。

3. 跨步垫球

跨步垫球是指向前或向侧跨出一步垫球的技术动作。以右手为例，迅速向来球方向（向前或向侧）跨出一大步，屈膝深蹲，重心落在跨出的脚上，上体前倾，臀部下降。两臂夹紧伸直，插入球下，击球点较低，离身体较远，利用蹬腿抬臂的力量，垫击球的后下部。击球时保持身体平衡，击球后后脚迅速跟进，还原成准备姿势。

（五）传球

传球是指利用手指手腕的弹击动作将球传至一定目标的击球动作。传球技术主要用于二传，是为进攻创造条件，在比赛中起着组织进攻的作用。

传球技术主要包括正面传球、背后传球、侧面传球和跳起传球。

传球

1. 正面传球

面对出球方向的传球，称为正面传球。正面传球是最基本的传球方法，是其他一切传球技术的基础。

采用稍蹲准备姿势，抬头看球，双手自然抬起，放松置于脸前。当来球接近前额时，开始蹬地、伸膝、伸臂，两手微张经脸前向前上方迎击球，击球点在额前上方约一球距离处。当手触球时，两手自然张开成半球形，手腕稍后仰，两拇指相对成“一”字或“八”字形，如图 6-15 所示。两手间有一定距离，用拇指内侧、食指全部、中指的二三指节接触球的后下部，无名指和小指在球两侧辅助控制传球方向。两肘适当分开，两前臂之间约成 90° 角。传球时主要靠蹬地伸臂和手指手腕力量，以及球的反弹力将球传出。

图 6-15　正面传球

2. 背后传球

向自己后上方传球，称为背后传球。背后传球时击球点应保持在前额上方。其技术要点如下。

（1）上体正直或稍向后仰，身体重心在两脚之间。

（2）双手上举，掌心稍向上，手腕稍后仰。

（3）击球点保持在前额上方，触球时手形与正面传球相同。

（4）利用蹬地、上体后仰、挺胸、展腹、抬臂的动作及手腕、手指的弹力将球向身体后上方送出。

（5）击球时，拇指应适当用力，以控制出球的落点。

3. 侧面传球

侧面传球是在双手击球高度不同、用力不同情况下的传球，一般是在来不及正面传球、背后传球时或战术传球中采用，难度大，不易传准确。其技术要点如下。

（1）迎球动作、手形与正面传球相同。

（2）击球点在身体侧上方。

（3）出球方向一侧的手臂低一些，另一侧的手臂则要高一些。

（4）击球时，蹬地后上体向出球方向倾斜，双臂向传出一侧用力伸展。

4. 跳起传球

跳起在空中进行的各种传球，称为跳起传球，用于网前或网上的传球及二传的组织。其技术要点如下。

（1）掌控好起跳时机，向上垂直跳起。

（2）跳起后身体在空中保持平衡，双臂上摆至面前。

（3）当身体上升到最高点时，靠伸臂的力量和手腕、手指的弹力将球传出。

（4）击球后身体缓冲落地。

（六）扣球

扣球

扣球是指队员跳起，在空中用一只手臂将本方场区上空高于球网上沿的球有力地击入对方场区的击球方法。它是排球技术中攻击性最强的技术，是得分的主要手段。扣球技术主要包括正面扣球、单脚起跳扣球和双脚冲跳扣球等。

1. 正面扣球

扣球助跑前采用稍蹲准备姿势，两臂自然下垂，站在距离球网 3 米左右处，做好向各个方向助跑起跳的准备。助跑时（以右手扣球两步助跑为例）左脚先向前迈出一小步，接着右脚迅速跨出一大步，左脚及时并上，踏在右脚之前，两脚尖稍向内转，准备起跳。在助跑跨出最后一步的同时，两臂绕体侧向后引，在左脚并上踏地制动的过程中，两臂自后积极向前摆动。随着双脚蹬地向上起跳，两臂快速上摆，配合起跳。两腿从弯曲制动的最低点猛地蹬地向上起跳。起跳后，挺胸展腹，上体稍向右转，右臂向后上方抬起，身体成反弓形。挥臂时，以迅速转体收腹动作发力，带动肩、肘、腕各部位成鞭打动作向前上方挥动。击球时，五指微张成勺形，并保持紧张，以全手掌包满球，以掌心为击球中心，击球的后中部。同时，主动用力屈腕向前推压，使扣出的球加速上旋。落地时，前脚掌先着地，同时顺势屈膝、收腹以缓冲下落力量。

2. 单脚起跳扣球

单脚起跳扣球是指助跑后第二只脚不再踏地而是直接向上摆动帮助起跳的扣球方法。

首先，在稍蹲准备姿势基础上，采用一步、两步或多步的助跑，助跑路线与网的夹角宜小不宜大，甚至可以顺网助跑，以免前冲过中线。其次，左脚跨出一大步，上体后倾，在右腿向前上方摆动的同时，左腿迅速起跳，两臂配合向上摆动，帮助起跳。起跳后的空中击球动作与双脚起跳正面扣球动作相同。

3. 双脚冲跳扣球

双脚冲跳扣球是指助跑后向前上方起跳，并且在空中有一段位移，击球动作在空中移动过程中完成的技术动作。双脚冲跳扣球在后排进攻和空间差扣球的情况下运用较多。双脚冲跳扣球的技术要领如下。

（1）助跑第二步稍小，避免身体后仰，减小制动。

（2）双脚向后下方蹬地，使身体产生一个向前上方的冲跳力。

（3）腾空后抬头、挺胸、展腹，形成背弓。

（4）击球时快速收腹、挥臂，并用手腕推压击球的后中部。

（5）落地后迅速控制身体平衡，避免因前冲力过大而导致触网。

（七）拦网

拦网是指队员靠近球网，将手伸向高于球网处阻挡对方来球的行动。它是防守的第一道防线，是反攻的重要环节。

拦网

1. 单人拦网

队员面对球网，两脚左右开立约等于肩宽，距离网 30 ~ 40 厘米。两膝微屈，两臂在胸前自然屈肘。移动可分为并步、交叉步、跑步，向前或斜前。原地起跳时重心降低，两膝弯曲，用力蹬地，使身体垂直起跳。如果是移动后起跳，则制动时双脚尖要转向网，同时利用手臂摆动帮助起跳。拦网时两手从额前平行球网沿网向前上方伸出，两臂平行，尽量上提，尽力过网伸向对方上空。两手接近球时自然张开，手触球时两手要突然紧张，用力屈腕，主动拦住球。

2. 集体拦网

两人或三人协同一致拦截一个进攻点的配合行动，称为集体拦网。其目的在于扩大拦截面，大多数集体拦网是双人拦网。

双人拦网是指两人同时起跳，相互配合的拦网技术。它是在单人拦网基础上组合成的技术，一般为一人原地或并步拦网，另一人采用交叉步移动组织双人拦网。其技术要领如下。

（1）准备姿势与单人拦网相同。

（2）移动时，一人根据对方二传球的情况确定拦网起跳位置，另一人以交叉步或滑步移动，向定位队员靠拢。

（3）起跳时，通常定位队员原地正面起跳，移动队员移动侧向起跳，起跳时间需一致。

（4）起跳后，外侧拦网队员用外侧手向内包球，同时身体向内转，以协助双手将球拦回场内；另一名拦网队员的动作方法同单人拦网。

（5）落地时屈膝缓冲，外侧队员迅速转体，面向场内，并准备下一个动作。

三、排球基本战术

排球战术是指运动员在比赛中根据排球运动的比赛规律、双方的具体情况和临场变化，有效地运用技术及所采取的有预见、有目的、有组织的行为。

（一）阵容配备

阵容配备是指合理地安排场上队员技术力量的组织形式。

（1）“四二”配备。2 名二传、2 名主攻手、2 名副攻手，如图 6–16 所示。这种阵容适合于一般水平球队。

（2）“五一”配备。由 5 名进攻队员和 1 名二传队员组成，如图 6–17 所示。水平较高的球队普遍采用这种阵容。

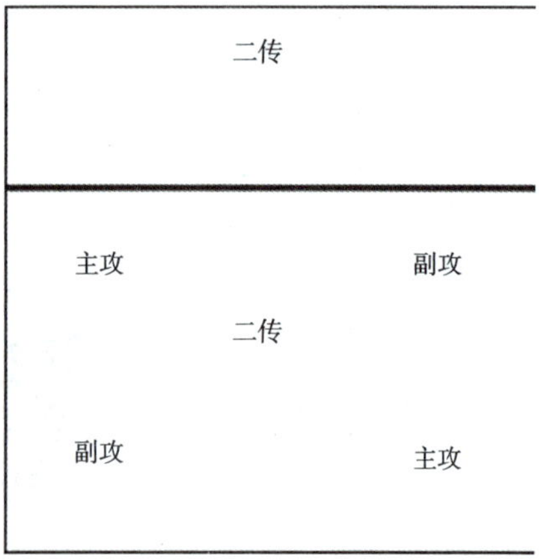

图 6-16 “四二”配备

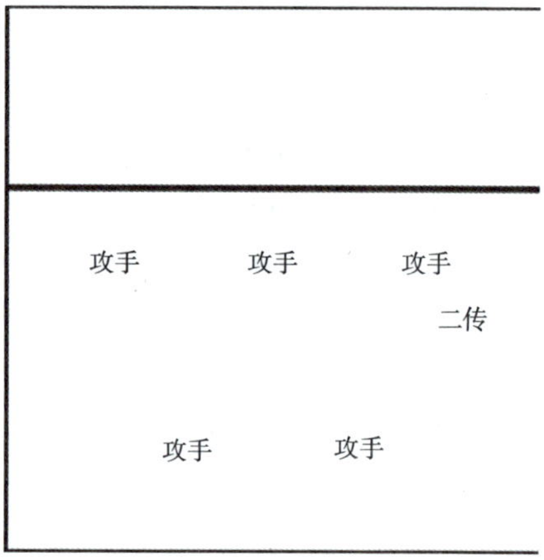

图 6-17 “五一”配备

（3）“三三”配备。由 3 名进攻队员和 3 名二传队员组成，如图 6–18 所示。初学的球队适合采用这种阵容。

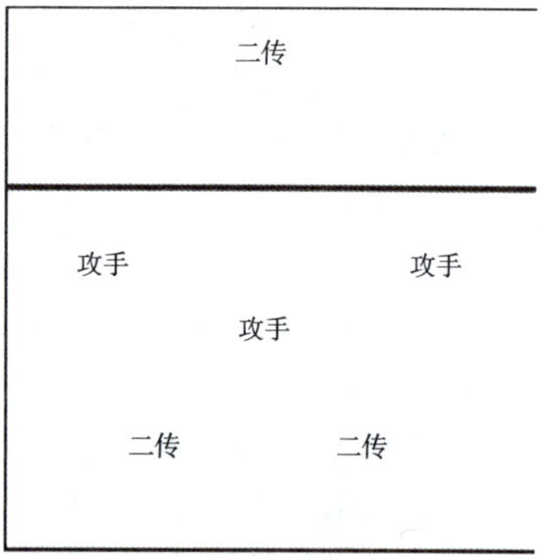

图 6-18 “三三”配备

（二）进攻战术

（1）“中一二”进攻阵形。由前排中间的 3 号队员担任二传，其他队员参与进攻的阵形，如图 6–19 所示。

（2）“边一二”进攻阵形。由前排右边的 2 号队员担任二传，其他队员参与进攻的阵形，如图 6–20 所示。

（3）“插上”进攻阵形。由后排队员插到前排担任二传，其他队员参与进攻的阵形，如图 6–21 所示。

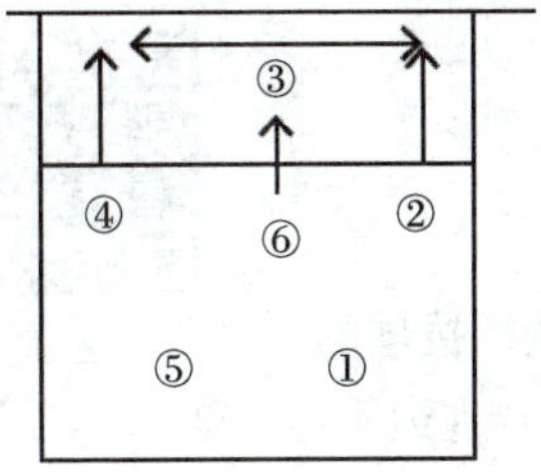

图 6-19　“中一二”进攻阵形

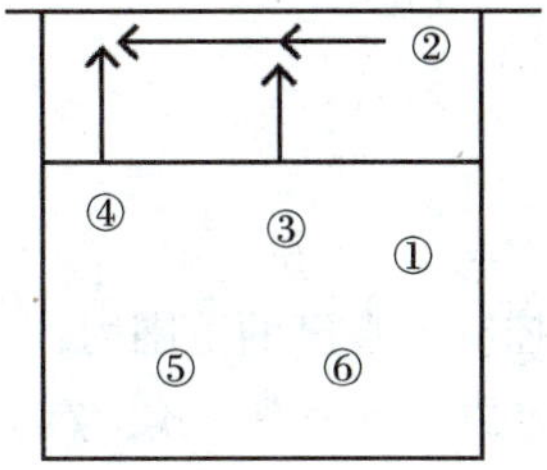

图 6-20　“边一二”进攻阵形

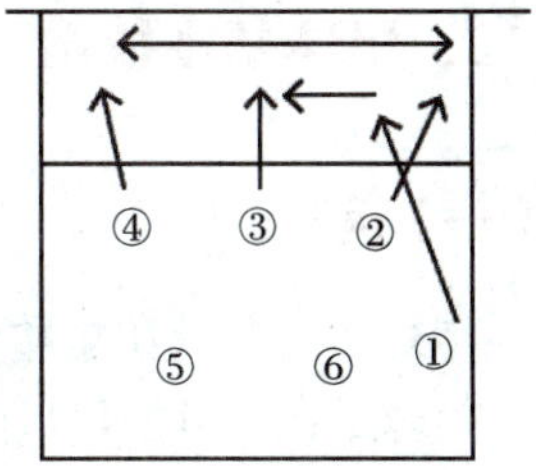

图 6-21　“插上”进攻阵形

（三）防守战术

（1）双人拦网“心跟进”防守战术。固定由 6 号队员跟进保护、防吊球的防守形式，称为“心跟进”防守，如图 6-22 所示。

（2）双人拦网“边跟进”防守战术。由 1 号或 5 号队员跟进作保护的防守形式。前排不拦网的队员要后撤参加防守，与后排 3 名队员要形成面对进攻点的弧形防守区，如图 6-23 所示。

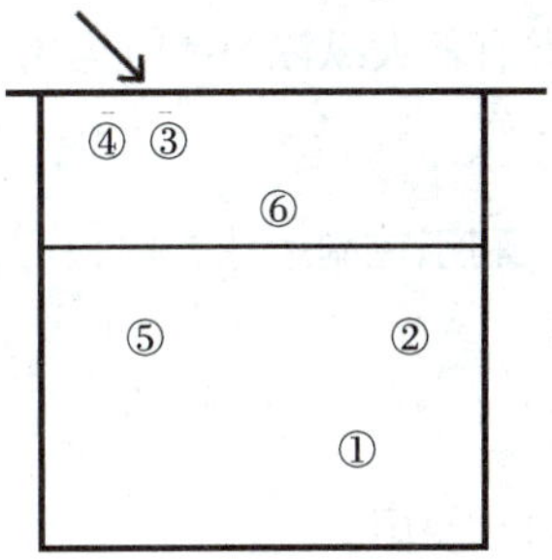

图 6-22　“心跟进”防守战术

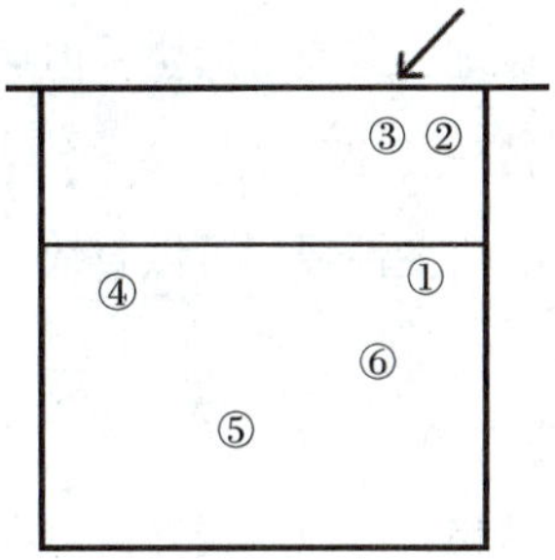

图 6-23　“边跟进”防守战术

任务三　足球

学习目标

1. 熟悉足球的运动概述。
2. 掌握足球的基本技术。
3. 了解足球的基本战术。

一、足球运动概述

足球是世界上公认的第一大运动，据不完全统计，如今世界上经常参加比赛的足球球队约 80 万支，登记注册的足球运动员约 4 000 万人，其中职业运动员约 10 万人；全球有狂热足球迷达 8 亿人，世界杯期间观看人数达 20 亿人；全球从事足球产业的人数达 1 亿人，其影响遍及全球。

二、足球基本技术

（一）运球

运球

运球是指运动员在跑动中将球控制在自己的范围内，用脚连续推拨球的动作。运球是运动员控球与进攻能力的具体表现形式，熟练掌握与合理运用运球技术，对于调控比赛节奏、提高战术、破解密集防守、创造射门机会具有重要作用。

运球技术动作包括支撑脚踏地蹬送、运球脚前摆触球和运球脚踏地支撑三个环节，它们是一个连续的整体。因此，各个环节之间要连贯、协调，特别是要处理好运球脚前摆触球环节，它是掌握和提高运球技术的关键。

1. 脚内侧运球

虽然容易控制球，但速度慢，多用在寻找配合传球或需要身体掩护球时。

2. 脚背正面运球

直线推拨球，速度虽然快，但运球路线单一，常在前方有较大纵深距离时运用。

3. 脚背外侧运球

灵活性、可变性强，可做直线、弧线和向外变向运球，利于控制运球方向，可提高运球速度和保护球。

4. 脚背内侧运球

虽然控球稳，但速度较慢，多在保护性运球或运球变向时使用。

（二）踢球

踢球

踢球是指运动员有目的地用脚的某一部位将球击向预定目标的动作，是足球技术中最重要的技术，主要用于传球和射门。踢球的方法很多，主要有脚内侧踢球、脚背正面踢球、脚背外侧踢球及脚尖和脚后跟踢球。但无论哪种踢球技术，其完整的动作过程都包括助跑、支撑、摆腿、击球和随前动作 5 个环节。它们是统一、连贯、系统、有序的整体，这里为了分析问题方便而人为地进行划分。

1. 脚内侧踢球

触球面积大，可控性强，出球平稳准确。由于踢球腿屈膝向外转，小腿的摆幅和摆速都一定程度的受到限制，因此出球的力量较小。比赛中常用脚内侧踢球进行短传配合和射门。

（1）踢射球时，小腿略呈弧线摆动，蹭踢球的侧面，使球侧旋运行。

（2）踢空中球时，抬大腿、后踢小腿，利用小腿的加速前摆击球。

2. 脚背正面踢球

踢摆动作顺畅，幅度大、速度快，脚触球面积大，出球平稳有力，且性能和路线富于变化，是远距离传球和射门的主要方法。

（1）搓过顶球时，踢球脚背略平，插入球的底部做切踢动作。

（2）转身踢球时，助跑最后一步略跨跳，支撑脚趾和膝关节尽可能转向出球方向，击球的侧前部，并利用腰的扭转协助完成摆踢动作。

（3）削踢弧线球时，踢球的后外侧部位，击球刹那踝关节内旋发力，脚趾勾翘，使球内旋并呈弧线运行。

3. 脚背外侧踢球

预摆动作小，出脚快，能利用膝、踝关节的灵活性改变出球的方向和性质，且隐蔽性强，是传球和射门的主要技术。

（1）踢反弹球时，准确判断球的落点、反弹时间和角度，在球落地的刹那，用小腿加速前摆击球，在球刚反弹离地时击球的后中部。

（2）侧身踢空中球时，身体侧对出球方向并向支撑脚一侧倾斜展腹，抬大腿、屈小腿，带动小腿由后向前急速摆动，击球中部。

（3）跳起踢到勾球时，踢球脚蹬地起跳，另一腿同时上摆，使身体腾空后仰；两腿在空中成剪式交叉，击球后中部；踢球后屈臂屈肘，掌、肘、背、臂依次着地。

（4）搓过顶球的动作与脚内搓球动作基本一致。

（三）接球

接球

接球是指运动员用身体的有效部位将运行中的球有目的地接控在所需位置上的动作。它是运动员获得球的主要手段，是为了更好地衔接下一个技术动作服务的。由于比赛中传球的性质、状态各异，因此应根据情况做不同的接球技术动作。按照动作结构分析，接球技术由判断选位、支撑、触球动作和随球移动四个环节组成。

（1）判断选位。判断来球的路线、速度、性质和落点，及时移动并选择最佳接球位置。

（2）支撑。根据接球的方法和目的确定支撑脚与接球点的方向与距离，保持身体的稳定性。

（3）触球动作。接球的关键是削弱来球的冲力，合理的接球部位与正确的接球动作（如缓冲、迎撤、压推、切挡、拨转、收挺）是达到此目的的有效方法。

（4）随球移动。接球动作完成后，身体重心立即随球移动，紧密衔接下一个动作。所以接球的部位有很多，可分为脚、腿、胸、腹和头部。

1. 脚内侧接球

脚与球接触面大，接球平稳、可靠性强，灵活多变，用途广泛。

（1）接地滚球时，膝、踝关节外旋，脚趾微翘，触球刹那接球部位做相应的引撤或变向接球动作，将球控制在所需的位置上。

（2）接空中球时，接球腿屈膝提起，可根据需要采用引撤或切挡动作，在球落地时马上将球控制住。

（3）接反弹球时，接球腿的小腿与地面形成锐角，向下做压推动作时，膝领先小腿滞留在后面。

2. 脚掌接球

动作简单，控球稳定可靠，适用于接迎地滚球或反弹球。脚掌接反弹球时屈膝抬腿，脚尖微翘，使脚掌与地面形成仰角。球落地瞬间，接球腿有控制地放下，前脚掌下点触压球的中上部。为了便于完成下一个动作，通常在脚掌触压球后连带一个拉引或推送动作，使球处于所需的位置上。

3. 脚背外侧接球

动作幅度小、速度快，灵活性好、隐蔽性强，但动作难度大。接球时常结合假动作和转体动作，适合于接地滚球和反弹球。接地滚球时接球腿屈膝提起，膝、踝关节内翻，以脚背外侧拨球的相应部位，将球控制在所需的位置上。

4. 大腿接球

大腿触球部位面积大且肌肉丰富而有弹性，动作简单，适用于接有一定弧度的高球和略高于膝的低平球。接高球时，踢球腿屈膝抬起，球与大腿接触的刹那从大腿下侧将球接到相应的位置上。接低平球时，接球瞬间收撤大腿。如果来球力量较小，还可采用大腿垫底的方法，即接球瞬间大腿上抬迎球，将球向上垫起。用这种方法接球时，既可在球落地前处理球，也可待球落地后将球控制在脚下。

5. 胸部接球

触球点高、触球面积大，接球稳定，是容易掌握的一种接高球的方法。其中，挺胸式接球，适用于接有一定弧度的高球；收胸式接球，适用于接齐胸的平直球。

（四）头顶球

头顶球是指运动员有目的的用前额将球击向目标的动作。运用头顶球技术可以传球、射门和抢断球，利用鱼跃头顶球技术可以扩大运动员对球的控制范围。

头顶球

1. 额正面顶球

触球部位平坦，动作发力顺畅，触球平稳有力，易控制出球方向。

（1）原地顶球时，身体正对、眼睛注视来球，腿开立，微屈膝。球临近时，身体后仰，展腹挺胸，臂张开，颌下收，身体自下而上蹬地、收腹、摆体。当头摆至身体垂直部分时，用前额正面顶击球的后中部。

（2）跑动跳起头顶球时，一般用单脚起跳。选好起跳点，掌握起跳时机，起跳脚用力蹬地跳起，展腹挺胸，形成背弓，眼睛注视来球。跳至最高点时，迅速收腹摆体，下颚紧收，前额积极迎顶发力，击球后屈膝缓冲着地。

（3）鱼跃头顶球时，对于离身体较远的低空球，在来不及移动到位而必须抢点击球时（射门、救险等）可用此方法。要准确判断来球的路线，掌握好起跳时机和击球点，以单、双脚用力蹬地，使身体向前跃出，臂微屈平伸，眼睛注视来球，利用身体向前跃出的冲力，以前额正面顶球。击球后臂屈肘伸手撑地，然后胸、腹、腿依次缓冲着地。

2. 前额侧面头顶球

跑动跳起头顶球，起跳及第一环节动作与前额正面助跑跳起头顶球相同。在起跳上升阶段，上体向出球的反方向撤摆。当身体达到最高点时，上体向出球方向加速摆，颈部扭摆甩头，用前额侧面将球击出，屈膝缓冲着地。

（五）守门员技术

守门员技术是守门员防守球门安全和发动进攻时所采用的动作方法的总称。守门员的技术包括接球，扑球，托、击球，发球等。

守门员技术

1. 接球

接球是守门员的重点技术，是必须掌握的基本动作。

（1）下手接球，适用于接胸部以下的球。身体正对来球，两臂前伸迎球，掌心向上，小拇指靠拢，手指触球的瞬间屈臂、屈胸、压胸，将球抱于胸前。下手接球的姿势有跪掌式、直腿式和站立式。

（2）上手接球，适用于接胸部以上的球。接球时身体正对来球，两臂充分伸展迎球，拇指相对呈“八”字形。手指触球瞬间，手指、手腕适当用力，缓冲来球并将其接住，顺势转腕屈肘，下引将球抱于胸前。

2. 扑球

扑球是守门员技术的难点，当守门员重心无法移动位置时，可以利用倒立加速使重心向球侧移动并将球接住。

（1）倒地侧扑球。身体没有腾空动作，重心移动距离较近，适合扑接两侧的近体球和出击扑接脚下球。

（2）跃起扑侧面高球。身体有明显的腾空动作，重心轨迹呈抛物线状，位移较远，适合扑两侧远球。

3. 托、击球

（1）托球。通常用于接近球门的防守，对那些力量大、角度刁，靠近球门横梁和立柱的球多采用单臂托球的方法，触球的手腕后仰，掌发力，将球向侧面或向上托出。

（2）击球。通常用于出击时的防守，在争抢高球无把握的情况下，利用单、双拳将球击出。单拳击球动作灵活、摆幅大，击球有力；双拳击球则接触面积大，出球准确性高。

4. 发球

发球是守门员组织发动进攻的技术手段。发动进攻的基本要求是能快则快，以快为主，保证稳妥。

（1）单手肩上掷球。充分利用后腿蹬地、持球手臂后引、转体挥臂和甩腕的力量将球掷出。其中一个是肩上后撤引球，另一个是侧下后摆引球。

（2）侧身勾手掷球。持球臂屈肘后引，身体侧转，腰部扭紧。掷球时后脚发力蹬地，迅速转体，持球臂顺势由后经体侧向上呈弧线抡摆，至肩上方时甩腕发球，将球掷向目标。

（3）踢发球。这是守门员常用的发球技术，包括踢空中球、反弹球和定位球 3 种。踢发球的力量大、距离远，方法灵活多变，适合各种发球的需要。

三、足球基本战术

足球战术是指在比赛中为了达到预定目的，根据主客观实际所采用的个人行动和集体配合方法的总称。

比赛阵形是指比赛场上队员的位置排列、攻守力量搭配和职责分工的形式。阵形的序列一般是从后卫向前锋开始算起，守门员不予计算。例如，“四三三”阵形指从后至前 3 条线，包括后卫线 4 名队员、前卫线 3 名队员、前锋线 3 名队员。

（一）“四三三”阵形

“四三三”阵形是由“四二四”阵形变化而来的，它是把一名前锋回撤到中场，加强了中场的攻防力量。

1. 守门员

守门员的主要职责是守住球门，对各种性质的进攻、传球和射门进行有效的处理，排除球门前的危险，控制球门区和罚球区，策应和指挥整条后防线。一旦后卫被突破形成一对一局面，就应迅速判断主动出击，封堵射门角度，甚至扑接脚下球。接球后迅速发动快攻或有效的手掷球进攻。

2. 后卫

（1）边后卫主要防守边路区域，盯住对手，缩小其活动范围。一旦被突破，就要积极追抢或与中卫夹击抢截。当对方进攻中路时，应适当内收协防中卫；当对方异侧进攻时，应向中路收缩，人球兼顾，保持站位，防止对方转移进攻。抢断球后应迅速组织进攻，助攻中场或插上充当边锋。

（2）中卫主要防守门前危险区域，封堵拦截对方中路的突破和射门。双中卫采用前后站位，一个突前做盯人中卫，另一个后托保护做自由中卫，截断封堵对方传入防线后的球或补抢运球突破的对手，居后指挥整条防线；或中双卫平行站立，根据对方进攻的情况，灵活交换盯人，或托后保护同时协防边区空当。断球后，转移边路后长传进攻，支援前卫和边后卫。脚球进攻时，也可到门前挣顶攻门。

3. 前卫

（1）边前卫。通常左右两名边前卫、一名中前卫，形成“一”字形或三角形站立，控制中场。边前卫进攻时接应后卫线传球。针对本方边锋、对方后卫和拖后中卫的特点组织进攻，为前锋突破射门创造机会，也可适机插入罚球区进攻。防守时就地抢截，封堵对手传球，协防中场，围抢持球队员，并与施后前卫组成罚球区前的防守屏障。

（2）中前卫是组织核心。防守时，封锁对方中路通道，盯住从中场插上的对方前卫或中卫，弥补本方中后卫布边留下的空当。进攻时，其又是中场接应、组织和指挥者，通过传球和发动进攻掌握比赛的节奏和方向，并能适时支援前锋，自己突破射门或远射。

4. 前锋

（1）边锋。左右两边锋主要从边路组织进攻，突破防线射门或传中。传中质量非常重要，包抄异侧传中球抢点射门。丢球后要立即反抢，阻止对方传球和边路进攻，协助中场和边路防守。

（2）中锋是锋线的尖刀和得分手。进攻时，中锋向前压迫对方为拖后中卫进攻创造机会。由攻转守与其他前锋合作，破坏对手发动的进攻。应注意不要单独抢，选择正确的抢球时机。

（二）“四四二”阵形

“四四二”阵形是由“四三三”阵形撤回一名前锋到中场的变化而来的，它增强了中场力量，增强了前场进攻变化。

（1）守门员的职责同“四三三”阵形。

（2）后卫的职责基本同“四三三”阵形，但要求边后卫具备插上助攻的意识和跑动性更强。

（3）前卫。四名前卫通常呈菱形站位，分为左前卫、右前卫、拖后前卫和突前前卫。两名边前卫的活动范围应更大，进攻时起到边锋作用，防守与拖后前卫和边后卫协防行动，稳固中场和边路的防守。

（4）前锋。两名前锋主要活动在对方中卫和边后卫之间，进攻时全力进入接长传的位置，通过拉插、传切蹬配合从中路突破对方防线，并射门得分，干扰牵制对方后卫线的进攻。

（三）“三五二”阵形

“三五二”阵形是典型的争夺中场阵形，该阵形增强了攻防力量的机动性，能最大限度地发挥整体实力。

（1）守门员的职责同“四三三”阵形。

（2）后卫。三名后卫的职责扩大，防守整个罚球区前沿区域并兼顾边路，拖后前卫是防守组织核心，左右两名中卫应盯住对方两名攻击手，做边路区域防守并支援中场。

（3）前卫。五名前卫在中场组织攻防。

（4）前锋。两名前锋的职责同“四四二”阵形。

思政小课堂

由于大球类运动的训练过程具有长期性、系统性及复杂性等特点，其训练内容包括技术训练、战术训练与身体素质训练等，因此在训练过程中，大学生必须用顽强的意志力面对训练所带来的压力及训练中的困难与挑战。高校开设大球类运动课程，可以很好地培养大学生奋发图强、不畏艰难的品质，对其全面发展有着重要意义。

项目七　小球类运动

任务一　乒乓球

学习目标

1. 熟悉乒乓球运动概述。
2. 知晓乒乓球运动规则。
3. 掌握乒乓球运动技术。
4. 了解乒乓球运动战术。

一、乒乓球运动概述

乒乓球最早起源于英国，是由网球派生而来的。当时乒乓球有着各种各样的名称，球台大小和球网的高低均无统一规定，记分采用 10 分制、20 分制、50 分制或 100 分制。发球的方法也无严格限制，可以把球先击到本方台面再落到对方台面；也可将球直接发到对方台面规定的地方或任何地方。1890 年左右，开始使用赛璐珞球。由于当时普遍使用的羔皮纸球拍击到球和球落在球台上常发出“乒乓”的声音，于是人们就将这项运动称为“乒乓球”。

20 世纪初，乒乓球运动逐渐在世界各国开展起来。1926 年 1 月，在德国柏林举行第一次国际乒乓球邀请赛时，召开了一次由德国、英国、奥地利和匈牙利乒乓球协会代表参加的座谈会，会议决定成立国际乒乓球联合会。1926 年 12 月，国际乒乓球联合会在英国伦敦成立，并将随后举行的欧洲乒乓球锦标赛确定为第一届世界乒乓球锦标赛。目前，世界性的乒乓球大赛有世界乒乓球锦标赛（简称“世乒赛”）和乒乓球世界杯等。

我国乒乓球运动是从 1916 年开展起来的。1952 年，我国加入国际乒乓球联合会。1953 年，我国参加了第二十届世乒赛。1959 年，在第二十五届世乒赛上，我国优秀运动员容国团第一次夺得世乒赛男子单打冠军。1961 年，我国主办了第二十六届世乒赛。在这届比赛中，我国运动员分别夺得男子团体和男子、女子单打三项冠军。从此，我国乒乓球运动水平走到了世界前列。经过几代人的努力，我国乒乓球运动的技术水平得到进一步提高，逐步形成了“快、准、狠、变、转”的独特近台快攻打法，并在国际大赛中屡建奇功，特别是在第三十六届世乒赛上，我国运动员夺得全部比赛的 7 项金牌，创造了世界乒乓球史上的奇迹，为祖国赢得了荣誉，也为世界乒乓球运动的发展做出了贡献。此后，中国乒乓球运动始终高水平发展。

二、乒乓球运动规则

（一）基本定义

（1）击球：用握在手中的球拍或执拍手手腕以下部分触球。

（2）拦击：对方击球后，球尚未触及本方台区，本方运动员即行击球。

（3）阻挡：对方击球后，处于比赛状态的球尚未触及本方台区，也未越过台面或其端线，即触及本方运动员或其穿戴的任何物品。

（二）合法发球

（1）发球时，球应放在不执拍的手掌上，手掌张开并伸平，球应是静止的，在发球的端线之后和比赛台面的水平面之上。

（2）发球员须用手把球几乎垂直地向上抛起，不得使球旋转，并使球在离开手掌之后上升不少于 16 厘米。

（3）当球从抛起的最高点降落时，发球员方可击球，使球首先触及本方台区，然后越过或绕过球网装置，再触及接发球员的台区。在双打中，球应先后触及发球员和接发球员的右半区。

（4）从抛球前静止的最后一瞬间，到击球时，球和球拍应在比赛台面的水平之上。

（5）运动员发球时，有责任让裁判员或副裁判员看清他是否按照合法发球的规定发球。

（6）无论是第一次还是其他任何情况，只要发球员明显没有按照合法发球的规定发球，他将被判失 1 分，无须警告。

（7）在运动员发球时，没有击中处于比赛状态的球即失 1 分。

（三）判失 1 分

回合中出现重发球以外的下列情况，应判失 1 分。

（1）未能合法发球。

（2）未能合法还击。

（3）拦击或阻挡。

（4）连续两次击球。

（5）用不符合规定的拍面击球。

（6）运动员或其穿戴的任何物品移动了比赛台面。

（7）不执拍手触及比赛台面。

（8）运动员或其穿戴的任何物品触及球网装置。

（9）在双打中，除发球和接发球外，运动员未能按正确的次序击球。

（10）实行轮换发球法时，发球方发出和还击的球，被接发球方连续 13 次合法还击。

（四）胜一局、胜一场

一局比赛：在一局比赛中，先得 11 分的一方为胜方。10 分平后，先多得 2 分的一方为胜方。

一场比赛：一场比赛由奇数局组成。所有比赛均采用 7 局 4 胜制。

（五）发球、接发球和方位的次序

开赛前，用抽签等公平选择方式决定某一方先发球和双方方位。开赛产生 2 分后换另一方发球，以此类推，直到一局结束。如果双方的比分都达到 10 分，开始按每得 1 分就换发球方一次的方法，直到该局分出胜负为止。

一局中，站在某方位的单打或双打运动员，在下一局应与对方交换方位，在决胜局中，当一方先得到 5 分时，即应与对方交换方位。

（六）间歇

除一方运动员提出要求，单项比赛应连续进行。

在单项比赛的局与局之间，有不超过 1 分钟的休息时间，在单项比赛的每局比赛中，每得 6 分后，或决胜局交换方位时，可在短暂的时间内擦汗。一名运动员或一对双打运动员可在一场单项比赛中要求一次暂停，时间不超过 1 分钟。在单项比赛中，暂停应由运动员或指定的场外指导者提出；在团体比赛中，应由运动员或队长提出。

如果一名运动员或一对运动员与其指导者或教练员对是否暂停有不同意见，在单项比赛中决定权属于这名或这对运动员，在团体比赛中决定权属于指导者或教练员。

只有在球未处于比赛状态时才能请求暂停，应用双手做出表示。在得到某方合理的暂停请求后，裁判员应暂停比赛并出示白牌，然后将白牌放在要求暂停一方运动员的台区。当提出暂停的一方运动员准备继续比赛或 1 分钟暂停时间已到时，白牌应被拿走并且立即恢复比赛。如果比赛双方运动员或是他们的代表同时提出暂停要求，应在双方运动员准备恢复比赛或暂停时间满一分钟时继续比赛。

如果赛区内有人受伤，应立即中断比赛，让其接受医疗救护并且清理血迹。未经裁判长允许，运动员在单项比赛中应留在赛区内或赛区附近，在局间规定休息和暂停间歇时间内，运动员应在裁判员的监督下，留在赛区周围 3 米以内的地方。

三、乒乓球运动技术

（一）握拍法

1. 直拍握拍法

（1）直拍快攻式握拍法。如图 7–1 所示，用食指第二指节和拇指第一指节扣拍，拇指与食指间距离适中；其他三指自然弯曲，中指第一指节贴于拍的背面。

（2）直拍弧圈球式握拍法。如图 7–2 所示，拇指紧贴在拍柄的左侧，食指扣住拍柄，形成一个小环状紧握拍柄。其他三指自然伸直，中指第一指节顶住球拍的背面中间。

（3）直拍削球式握拍法。如图 7–3 所示，大拇指弯曲紧贴在拍柄的左侧，并用力压拍。其他四指自然分开，托住拍的后面。正手削球时，前臂旋后使球拍后仰；反手削球时，拍后四指灵活地把球拍抖起，使拍柄向下。

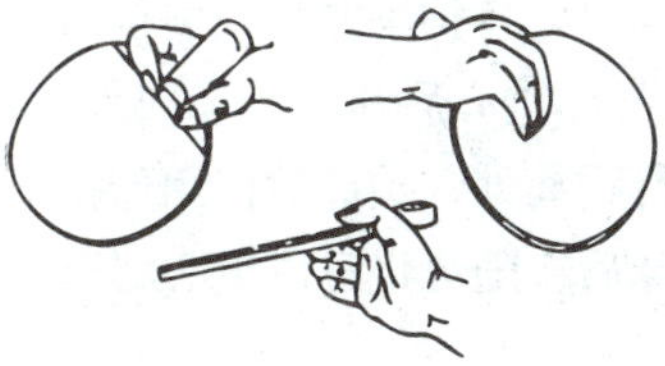

图 7-1 直拍快攻式握拍法

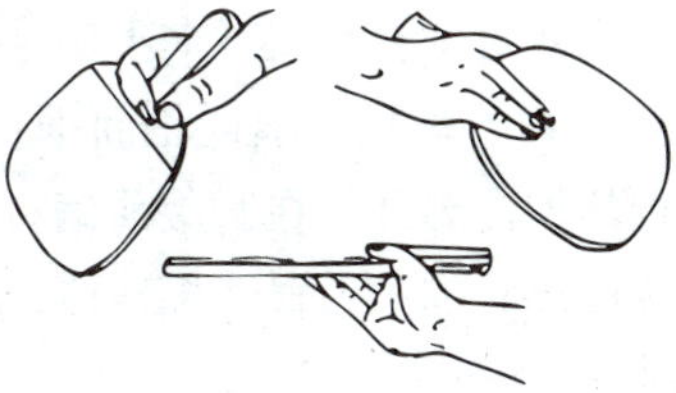

图 7-2 直拍弧圈球式握拍法

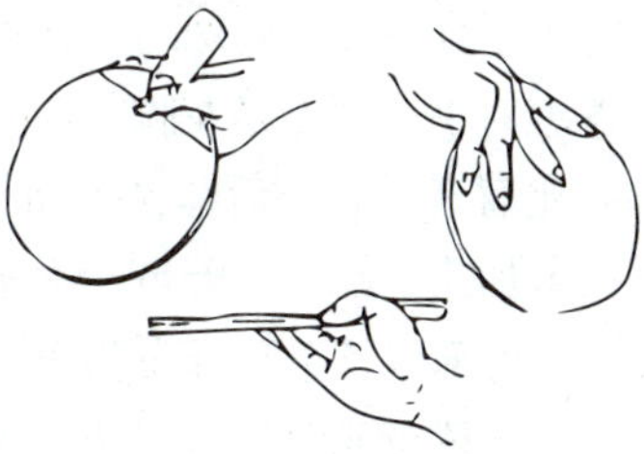

图 7-3 直拍削球式握拍法

2. 横拍握拍法

采用横拍握拍法能在正反手位用球拍的两面回击对方来球，其优点是拍柄延伸距离长，正、反手的防守横截面较大；容易在发力进攻与防守时衔接紧密。其主要缺点是攻直线球时动作明显，很容易被识破；另外，挥拍时的摆速较慢，处理台内短球的难度较大。如图 7-4 所示，虎口贴住拍肩，中指、无名指和小指自然地握住拍柄，拇指在球拍的正面轻贴于中指旁边，食指自然伸直斜贴在球拍的背面。

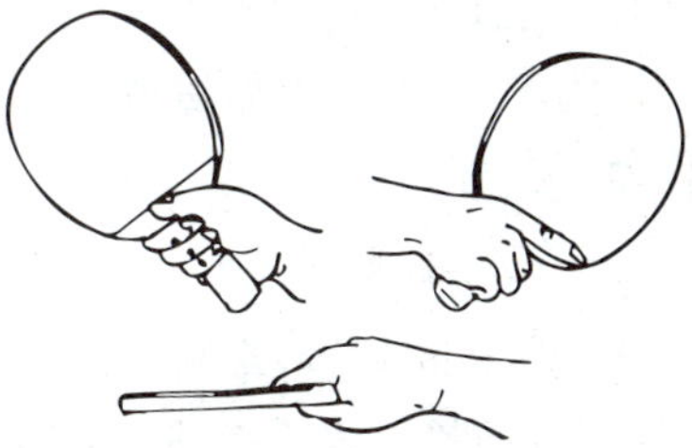

图 7-4 横拍握拍法

（二）发球

发球

1. 正手平击发球

正手平击发球是初学者需掌握的最基本的发球方法。球速应适中，略带上旋。站在近台中间偏左处，抛球同时向右侧上方引拍，上臂带动前臂向前平行挥动，拍形稍前倾，在球的下降期击球的中上部向前方发力，使球的第一落点在球台的中段附近。

2. 正手发右侧上旋急长球

正手发右侧上旋急长球的球速快，落点长，角度大，冲力强。球的飞行弧线低且向左偏斜，具有较强的右侧上旋。如图 7-5 所示，左脚稍前，身体略微向右转，当球向上抛起的同时，执拍手随即向右后上方引拍，拍形稍前倾，腰向右转。当球下降至网高时，以肘关节为轴，上臂带动前臂由右后方向左前方挥动，触球瞬间运用手腕的弹击力量，再变化拍面发斜、直两线，提高隐蔽性，这时重心由右脚向左脚移动。

图 7-5 正手发右侧上旋急长球

3. 正手发下旋加转球与不转球

正手发下旋加转球与不转球的球速较慢，前冲力小，主要用相似的发球动作制造旋转变化来迷惑对手。动作是左脚在前，右肩侧对球台，持球向上抛球。同时，持拍手臂将拍引至后上方略比肩高，肘部后移，带动手腕旋内，球拍呈横向拍面垂直，身体重心后移。当球回落时，肘关节加速运动，前臂带动手腕猛然加力旋外，在胸腹前偏右一臂距离处，拍形后仰用球拍下部靠左的部位，触球部位为正后位底部，加大力臂摩擦球体，击球后，随势将身体重心移至前脚。“切”球越薄，发球旋转变化越大。

4. 反手平击发球

反手平击发球的出球性质与正手平击发球的相类似，但整个技术动作与之差异非常大。发球时，右脚在前，左脚在后，身体稍向左转。左手掌心托球，置于身体左侧，右手持拍于体前。

抛球后，球拍开始后撤，待球将回时，小臂从身体左后方，向前挥击球的中上部，整个过程为“抛—拉—打”。

5. 反手发急球

比赛中为能很好牵制对方，可偶尔使用反手急球。可反手发急球再突然使用正手，作为主要战术的配合。左手把球向上抛起，同时右臂外旋，让拍面稍前倾，上臂自然靠近身体左侧，向左后方引拍。球从高点下降至低于网高时，击球左侧中上部，触球的瞬间前臂要加速向右前上方横摆，手腕控制球拍应加力摩擦球，腰部配合向右转动。

（三）接发球

1. 站位与判断

（1）选择站位。根据对方的站位情况选择自己的正确站位，应充分考虑该站位是否能有效顾及对方来球的任何一落点。一般来讲，如果对方站在球台左半台，本方也应站在球台的左半台；若对方站在球台的右半台，本方也应相应调整至球台的中间偏右位置。为了有利于照顾球台的各个部位，有利于前后移动接长短球，站位离球台 30 ~ 40 厘米为宜。

（2）判断来球性能。

①方向的判断：主要依据对方发球时的挥拍击球方向和挥臂方向两个因素来进行判断。对方所发来的球通常分为斜线球和直线球。发斜线球时拍面向侧方偏斜，手臂向斜前方挥出；发直线球时，拍面与手臂向前挥出。

②旋转的判断：在判断旋转性质时，可以从以下几个方面进行考虑。

a. 板形：一般情况下，发上旋球时，板形偏竖直，发下旋球时板形比较平、斜。

b. 出手：发上旋球和不转球时一般出手比较快；下旋球的出手相对要慢一些。

c. 动作轨迹：发上旋和不转球时，球与球拍接触的一瞬间，手腕摆动的幅度一般不是很大，并时常与假动作配合；在发侧下旋和下旋球时，手腕摆动相对大一点，动作也比较固定。

d. 弧线：上旋球和不转球的运行一般较快，发短球时容易出台，弧线低平；下旋球运行比较平稳，弧线略高，短球不容易出台。

2. 接发球方法

（1）接下旋球：用搓球的方法回接。

（2）接下旋长球：用搓球、削球、提拉球回接，搓或削时多向前用力。

（3）接上旋转：正反手攻球或推挡回接，拍面适当前倾，击球的中上部，调节好向前的力量。

（4）接近网短球：用快搓、快点或台内突击回接，主要靠手腕和前臂的力量。

（5）接转与不接转：在判断不准的情况下可轻轻地托一板或撇一板，但要注意弧线和落点。

（6）接左（右）侧下旋球：一般采用搓、削回击较为稳健。回接时拍面角度要稍后抑，稍向上用力。拍面所朝方向（来球方向）向左（右）偏斜以抵消来球的左（右）侧旋。如用推、攻回接，除注意拍面角度和所朝方向（来球方向）外，还要加大向上摩擦球的力量。

（7）接左（右）侧上旋球：一般采用推、攻回击为宜。回接时拍面角度稍前倾，加大向前下方的用力。当来球带左侧旋时，可让拍面朝左（来球方向）偏斜，以抵消来球旋转；当来球带右侧旋时，可让拍面朝右偏斜，以抵消来球旋转。

（8）接高抛发球：如球着台后拐弯的程度大，应向拐弯方向提前引拍。

（9）接急球：接带有上旋的左方急球，一般用反手推挡或反手快拨还击，也可采用侧身回接，接带有上旋的右方急球，可用正手快攻、快攻借力回接。

（10）接不同性能球拍的发球：长胶、生胶、防弧胶的发球基本属不转球，用相应的方法回接。

（四）挡球和推挡球

挡球和推挡球

1. 挡球

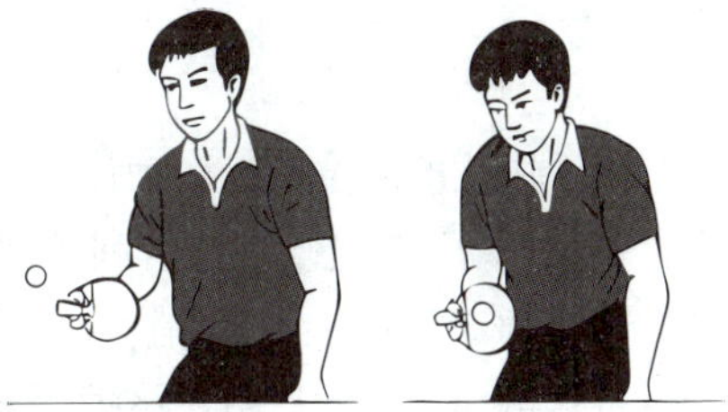

图 7-6　挡球

挡球的球速慢，力量较轻，动作简单，易掌握。对方攻击时，挡球还可以作为防御的一种手段。如图 7-6 所示，身体离球台大约 50 厘米。击球之前，前臂与台面应平行伸向来球。拍触球时，前臂和手腕要稍向前移动，主要是借助对方来球的反弹力把球挡回。在上升期，击球的中部，拍形与台面接近垂直。击球之后，快速收回球拍，快速还原成击球前的准备姿势。

2. 加力推

图 7-7　加力推

加力推的回球力量要重，球速快，击球点较高；要充分发挥手臂前推力量，压制对方攻势，这样有利于争取主动权。如图 7-7 所示，站位在球台中间或偏左，身体离台约 50 厘米。两脚平站或右脚稍前，两膝微屈，收腹含胸，身体向前或略向左转；右上臂和肘关节靠近身体右侧，前臂外旋并向上提起，引拍至身前或偏左，与球网同高或略高，拍面稍前倾。来球飞越球网时，上臂、前臂和手腕向前，挥拍迎球，同时，腰、髋向左转动，在来球的上升后期或高点期，以前倾的拍形推击球的中上部。球拍击球瞬间，上臂、前臂和手腕向前上方发力推压，腰、髋亦协助用力。击球后，手和臂顺势向前下方挥动，并迅速还原成准备姿势。

3. 减力挡

减力挡的回球弧线低、落点低、力量轻。回接对方的大力扣杀或加力推时能减弱回球的力量。动作站位与挡球相同。击球前身体重心略升高，稍屈前臂，球拍保持合适的前倾角度；触球瞬间，有意识地做手臂和手腕后收的动作；在削弱来球反弹力的同时，借来球的力量将球挡过去，以增加回球速度。

4. 快推

快推要借力还击，回球速度要快，力量要轻。在发挥出速度优势的同时，快推能起到助攻作用。站位在球台中间或偏左，身体离台约 40 厘米。两脚平站或右脚略后，两膝微屈，收腹含胸，身体向前或略向左转。右上臂和肘关节靠近身体右侧。手自然弯曲，引拍至身前或偏左，同时前臂外旋，使拍面稍前倾。来球从台面弹起后，前臂和手腕向前，挥拍迎球，在来球的上升期，以稍前倾的拍形推击球的中上部。球拍击球瞬间，前臂和手腕自然向前或向前兼略向上发力，并主要借用来球的反弹之力将球快速击回。击球后，手和臂顺势向前挥动，并迅速还原成准备姿势。动作过程中，身体的重心要放在双脚上。

（五）攻球

攻球

1. 正手快攻

正手快攻的站位较近、动作小、球速快，借球反弹力进行还击，能缩短对方的准备回击时间，争取主动，为进攻创造有利条件，也可直接得分。如图 7-8 所示，站位在球台中间或偏左，身体离台约 50 厘米。左脚稍前，身体重心放在右脚上，两膝微屈，收腹含胸，身体稍向右转；右臂自然弯曲，前臂后引，将拍引至身体右侧，略偏后，同时前臂内旋，使拍面稍前倾，来球从台面弹起后，在上臂的带动下，以前臂和手腕为主向左前方或左前上方挥拍迎球，同时，腰、髋带动上体向左转动，在来球的上升期，以前倾拍形迎击球的中上部。球拍击球瞬间，以前臂和手腕为主向左前方或左前上方发力击球，腰部亦协助用力。击球后，手和臂顺势向左前方或左前上方挥动，并迅速还原成准备姿势。动作过程中，身体重心从左脚移到右脚上。

图 7-8　正手快攻

2. 反手快攻

反手快攻站位近，动作小，球速快，借来球的反弹力进行还击。反手快攻打上旋球时，右脚稍前，同时身体左转，右肩前顶略下沉，肘关节靠近身体，上臂与前臂夹角约为 130°。向左侧方引拍，使拍略高于来球，以上臂带动前臂由左后方向右前方挥动，手腕配合外旋，在来球的上升后期或高点期击球的中部或中上部。反手攻打下旋球时，拍形垂直或略后仰，以肘关节为轴，以前臂发力为主在来球的下降前期击球的中部或中下部。球拍多摩擦球，制造一定的上旋。

3. 正手扣杀

正手扣杀的动作大、力量重、球速快，攻击性强；在还击半高球时，就可以充分发挥击球的力量。如图 7-9 所示，站位在球台中间或偏左，多半在近台位置；左脚稍向前，两脚距离比其他攻球姿势稍宽，身体重心放在右脚上，两膝微屈，收腹含胸，腰、髋及上体稍向右转；右臂自然弯曲，前臂后引，将拍引至身体右侧偏后，同时前臂内旋，使拍稍前倾。来球从台面弹起后，腰、髋带动身体及上臂向左转动，与此同时，上臂积极发力带动前臂和手腕向左前方挥拍迎球，在来球的高点期，以前倾拍形猛击球的中上部。球拍击球瞬间，以上臂和前臂为主向左前方发力击球，腰、髋亦积极协助用力。击球后，手和臂顺势向左前方挥动，并迅速还原成准备姿势。若来球下旋，则拍形不要过分前倾，应击球的中部，并适当增加向上的力量。

图 7-9　正手扣杀

4. 反手扣杀

反手扣杀动作幅度大、力量重、球速快、攻击性强，是还击半高球的一种有效的手段。扣杀时，直握拍选手的上臂应靠近身体，右脚稍前，同时前臂做旋外动作，拍形稍垂直，拍触球瞬间身体重心上提，食指压拍，拇指放松，使拍形稍前倾，在来球的高点期击球的左侧中上部，前臂快速向右前方发力。

5. 正手拉攻

正手拉攻站位稍远，动作较慢，球速不是很快，应靠主动发力击球。这是还击下旋球的有效方法，在攻削球时也能为扣杀创造有利条件。如图 7-10 所示，选手站位在球台中间或偏左外，身体离球台 50 ~ 60 厘米。左脚稍前，身体重心放在右脚上，两膝微屈，收腹含胸，身体稍向右转；右臂自然弯曲，前臂后引并下沉，将拍引至身体右后下方，同时前臂外旋，使拍面稍后仰。待来球弹起到高点时期，在上臂带动下，以前臂为主向左上前方挥拍迎球，在来球的下降期，后仰拍形迎击球的中下部。球拍击球瞬间，以前臂为主向左前上方发力摩擦击球，使球上旋。

图 7-10　正手拉攻

（六）弧球

弧球

1. 前冲弧圈球

前冲弧圈球出手快，球速快，弧线低，上旋强，着台后前冲力大，是一种把力量和旋转结合得较好的进攻性技术。

正手拉前冲弧圈球：如图 7–11 所示，基本姿势同拉加转弧圈球，但身体重心稍提高。引拍时球拍与球同高或稍许低于来球，上臂带动前臂向右腰部侧后方展开，拍形前倾于高点期或上升后期，摩擦球的中上部，由右向左转腰带动上臂、前臂、手腕，由后向左前方发力，配合略向上摩擦，重心前移至左脚。

图 7–11　正手拉前冲弧圈球

反手拉前冲弧圈球：两脚分开，右脚略前，重心置于左脚，上体略左转，手臂自然弯曲，肘关节略近身，手腕内收，引拍时前臂外旋拉向左后方，拍形前倾。球弹起至高点期或上升后期时，触球中上部，腰由左向右前上方转动，上臂带动前臂，以前臂为主加速向前略向上摩擦。拍撞球后，手腕向前加力摩擦，重心由左脚转至右脚。

2. 加转弧圈球

加转弧圈球飞行弧线较高，球速较慢，上旋力非常强；球着台后下滑速度较快，击出的球第一弧线较高，第二弧线较低，是对付下旋球非常有效的技术。

正手拉加转弧圈球：如图 7–12 所示，两脚分开，两膝内收微屈，重心置于右脚内侧，左脚在前，略提脚后跟，身体略右转，手腕外展，向后拉。引拍至右后方，当来球跳至高点期或下降前期时，触球中上部或中部，腰髋带动上臂、前臂由后向前挥动，击球瞬间立即向前上方发力，右脚掌内侧用力蹬地，稍伸膝，前臂要迅速旋内收缩，协同摩擦，重心由右脚转向左脚。

图 7–12　正手拉加转弧圈球

反手拉加转弧圈球：站于球台偏左部位，距台约 60 厘米。两脚基本平站，身体重心落双脚，双膝微屈，腹内收，腰、上身略向左转，前臂置腹前自然弯曲。引拍至腹部左侧下方，肘关节略向前，屈手腕，拍下垂，拍形稍前倾，于球下降前期触球中上部，触球瞬间脚用力蹬地，伸膝、转腹，腰髋带动上、前臂向前上方发力，协同摩擦，重心由左脚转至右脚。

（七）搓球

搓球

1. 快搓

快搓回球速度快、弧线低，且有一定的下旋力。

正手快搓：右脚稍前移，身体靠近球台。来球在身体左侧时，可运用反手搓球。击球时，上臂迅速前伸，前臂跟随向前，拍形稍后仰，利用上臂前送力量，在球上升期击球中下部。

在用正手搓身体右侧球时，身体稍向右转，手臂向前右上方引拍，然后前臂和手腕向前下方用力，在上升期击球中下部，用角度来抵消球的右侧旋力。还可以用侧身攻球、反手攻球或削球接右侧上旋球，但应注意拍面稍向右偏斜，其他动作要领与接左侧上旋球相同。

当对方发来右侧下旋球时，可用搓球或削球回接。接球时，拍面应略向右偏斜，其他动作要领与接左侧下旋球相同。正手位回接右侧下旋球时，可用抽球回接的方法，但最好是用拉抽的方法。接球时，拍面略向右偏斜，并适当加大提拉的力量，这样才能提高准确性。

2. 慢搓

正手慢搓：如图 7-13 所示，左脚稍前、身体稍向右转。击球前手臂向右上方引拍。然后前臂带动手腕向左前下方用力搓球，在球的下降后期击球的中下部。直拍选手的反手搓要以食指和中指用力为主，拇指应配合发力。横拍要将拇指和食指的协调发力充分结合起来。

图 7-13　正手慢搓

反手慢搓：右脚稍前，身体离台约 50 厘米，持拍手臂向左上引拍，击球时前臂和手腕向前下方用力。同时配合内旋转腕动作，拍形后仰，在球下降期后段击球的中下部。击球后前臂顺势前送。横拍搓球，拍形略竖一些，击球后向右下方挥拍。

（八）削球

1. 远削

远削动作较大，球速较慢，弧线长，击球点低，以旋转变化为主，也能制造落点变化。一般用于在远台回接旋转强烈的弧圈球，是削球运动员最基本的入门技术。

正手远削：站位离台 1 米以外，左脚稍前，两膝微屈，身体略向右转，重心下降移至右脚。前臂向右后上方引拍，拍形后仰，在来球的下降后期击球的中下部。上臂带动前臂向左前下方挥动，身体重心移至左脚，随势挥拍前送的动作稍大，然后迅速还原。

反手远削：与正手远削基本相同，但是方向相反。

2. 近削

近削站位较近，动作较小，击球点高，回球速度要快，配合落点变化可调动对方，以伺机反攻或直接获得得分。主要在对手拉球旋转不强或攻球力量不大的情况下使用。

正手近削：与远削相同处不再复述。与远削动作不同之处是近削要以向上引拍为主，拍形近似垂直或稍后仰，整个动作以向下为主，略带向前向左，在来球的上升后期或高点期触球的中下部，其动作速度比远削要快。

反手近削：与正手近削基本相同，但是方向相反，引拍动作应适当加快。

四、乒乓球运动战术

（一）发球抢攻战术

发球抢攻战术是一种先发制人的战术，以攻为主的选手常以此作为重要的得分手段。常用的发球抢攻战术有以下 5 种。

（1）反手发右侧上、下旋球后抢攻。

（2）反手发急上、下旋球后抢攻。

（3）正手或侧身发转与不转球后抢攻。

（4）正手发右侧上旋球后抢攻。

（5）下蹲式正、反手发左、右侧上、下旋球后抢攻。

（二）对攻战术

对攻战术是在对攻型打法互相对垒时常用的一项重要战术。常用的对攻战术有以下 5 种。

（1）紧压反手，结合变线，伺机抢攻。

（2）调右压左，伺机抢攻。

（3）连续压中路及正手，伺机抢攻。

（4）利用轻重力量变化，伺机抢攻。

（5）近台打（拉）回头和远台对攻。

（三）拉攻战术

拉攻战术是以拉攻为主打法对付削球类打法的主要战术。其常用战术有以下 5 种。

（1）以拉反手为主，侧身突击斜线后，进行扣杀或加力拉冲。

（2）拉两角，突击（或拉冲）中路或直线后，扣杀或拉冲两角。

（3）拉中路，突击（或拉冲）两角后，扣杀或拉冲空当。

（4）拉正手伺机突击（或拉冲）后，连续扣杀或拉冲。

（5）长拉短吊，伺机突击或拉冲。

（四）搓攻战术

搓攻战术是进攻型选手的一项辅助战术，而削球类选手则以此作为反攻的一种重要手段。其常用战术有以下三种。

（1）以快搓短球为主，伺机进攻。

（2）搓转与不转球至不同落点，伺机进攻。

（3）以稳搓防守为主，伺机进攻。

（五）削中反攻战术

削中反攻战术是削球类打法赖以得分的主要战术。其常用战术有以下四种。

（1）以削加转球至对方左角为主，配合削不转球至对方右角来进行反攻。

（2）连削对方正手，突变反手，迫使对方用搓回接，伺机用反手或正手反攻。

（3）连续削加转球至不同落点，伺机削不转球后进行反攻。

（4）中近台逼角反攻。

（六）接发球战术

接发球战术是与发球抢攻战术相抗衡的一种战术，其目的在于破坏对方的发球抢攻战术，争取形成相持或主动的局面。其常用战术有以下四种。

（1）用拉球、快拨或推拉回接，争取形成对攻的相持局面，这是比较主动的接发球方法。

（2）用快搓短球回接，使对方难以发力抢攻（拉），力争下一板抢先进攻，但切忌连续搓球，以免造成被动。

（3）用削球或搓球的旋转、落点的变化来控制对方，以造成对方击球失误或形成相持局面。这是削球手常用的接发球方法。

（4）接发球抢攻，这是比较积极的回接方法。

任务二　羽毛球

学习目标

1. 熟悉羽毛球运动概述。
2. 知晓羽毛球运动规则。
3. 掌握羽毛球运动技术。
4. 了解羽毛球运动战术。

一、羽毛球运动概述

现代羽毛球运动始于英国。1877 年，英国制定了第一套羽毛球比赛规则，其中一些内容在今天的羽毛球竞技中仍在使用。1893 年，英国成立了羽毛球协会。1899 年，该协会举办了第一届全英羽毛球锦标赛（简称“全英赛”）。现代羽毛球运动在英国诞生以后，随后又流传到美洲、亚洲、大洋洲各地，最后传到非洲。随着世界上开展这项运动的国家越来越多，1934 年，英国、法国、加拿大、丹麦、新西兰、荷兰、爱尔兰、苏格兰、威尔士等国家和地区联合成立了国际羽毛球联合会，总部设在英国伦敦。1939 年，国际羽毛球联合会通过了《羽毛球竞赛规则》。

羽毛球运动大约是在 1910 年传入我国的，最早出现在上海。中华人民共和国成立后，在天津举行了第一次全国羽毛球比赛。在第一届全国运动会上，羽毛球被列入正式比赛项目。第一届全国运动会后，汤仙虎、侯加昌、陈玉娘等一批优秀的青年羽毛球选手相继回国发展，带来了当时国际先进的羽毛球技术和训练方法。我国的羽毛球教练员、运动员刻苦训练、认真钻研、敢于创新，在技术打法上提倡百花齐放，使我国的羽毛球运动在以快为主、以攻为主的方向上迈出了一大步，在竞技能力上出现了划时代的飞跃。欧洲媒体曾评论中国羽毛球队为世界羽坛的“无冕之王”。20 世纪 90 年代后期，中国羽毛球队在采取了一系列相应措施后，在各种比赛中的挨打局面开始有了转机，中国女子羽毛球队夺回尤伯杯（世界女子羽毛球团体锦标赛冠军）。中国羽毛球队还在 1995 年、1997 年、1999 年 3 次夺得苏迪曼杯（世界羽毛球混合团体锦标赛冠军）。2004 年，中国羽毛球队先后夺取汤姆斯杯和尤伯杯。2005 年 5 月，中国女子羽毛球队第 5 次夺取苏迪曼杯。中国羽毛球队由此成为第一个在一个赛季里独享 3 杯的球队。2011 年世界羽联超级系列赛中国公开赛中，中国队共拿到 4 项冠军。2012 全英赛男单决赛，林丹第 5 次夺冠，中国军团收获 3 项冠军。在 2012 年伦敦奥运会上，中国选手一路过关斩将，包揽了羽毛球项目全部 5 枚金牌。在 2014 年的羽毛球世界锦标赛上，我国选手囊括了除男双外的全部金牌。2015 年苏迪曼杯中，中国羽毛球队在决赛中以 3:0 横扫劲敌日本队成功捧杯。2019 年，中国羽毛球队再获苏迪曼杯。

二、羽毛球运动规则

（一）计分方法

（1）单打计分方法。每场比赛采取三局两胜制。率先得到 21 分的一方赢得当局比赛。如果双方比分打成 20 平，获胜一方需超过对手 2 分才算取胜。如果双方比分打成 29 平，则率先得到第 30 分的一方取胜。

（2）双打计分方法。21 分制比赛开始前，双方通过投掷硬币的方式确定由哪一方来选择是先发球或后发球。任何一方只要将球打“死”在对方的有效位置，或者因为对方出现违例或失误，均可得分。平分后的加分赛：每局双方打到 20 分平后，一方领先 2 分即取得该局的胜利；若双方打成 29 分平后，一方领先 1 分，即算该局取胜。

（二）发球

（1）一旦发球员和接发球员做好准备，任何一方都不得延误发球开始。

（2）发球员和接发球员都应站在斜对角的发球区内，脚不得触及发球区和接发球区的界线。

（3）从发球开始，至发球结束前，发球员和接发球员的两脚，都必须有一部分与场地的地面接触，不得移动。

（4）发球员的球拍应首先击中球托。

（5）发球员的球拍击中球的瞬间，整个球应低于发球员的腰部。腰是指发球员最低肋骨下缘的水平切线。

（6）发球员的球拍击中球的瞬间，球拍杆应指向下方。

（7）发球开始后，发球员必须连续向前挥拍，直至将球发出。

（8）发出的球向上飞行过网，如果未被拦截，球应落在规定的接发球区内（落在界线上或界线内）。

（9）发球员发球时，应击中球。

（三）重发球

（1）发生不能预见或意外的情况，应重发球。

（2）除发球外，球挂在网上或停在网顶，应重发球。

（3）发球时，发球员和接发球员同时违例，应重发球。

（4）发球员在接发球员未做好准备时发球，应重发球。

（5）比赛进行中，球托与球的其他部分完全分离，应重发球。

（6）司线员未看清球的落点，裁判员也不能做出决定时，应重发球。

（7）重发球时，最后一次发球无效，原发球员重发球。

（四）死球

（1）球撞网并挂在网上，或停在网顶。

（2）球撞网或网柱后开始在击球者这一方落向地面。

（3）球触及地面。

（4）“违例”或“重发球”。

（五）羽毛球的违例

（1）发球不合规。

（2）发球员发球时未击中球。

（3）发球时，球过网后挂在网上或停在网顶。

（4）比赛时。

①球落在球场边线外。

②球从网孔或从网下穿过。

③球不过网。

④球碰到屋顶、天花板或四周墙壁。

⑤球碰到运动员的身体或衣服。

⑥球碰到场地外其他人或物体（出于对建筑物结构的考虑，必要时地方羽毛球组织可以制定羽毛球触及建筑物的临时规定，但其国家组织有否决权）。

（5）比赛时，球拍或球的最初接触点不在击球者网这一方（击球者击球后球拍可以随球）。

（6）比赛进行中。

①运动员球拍、身体或衣服触及网或网的支持物。

②运动员的球拍或身体，以任何程度侵入对方场区。

③妨碍对手，如阻挡对方紧靠球网的合规击球。

（7）比赛时，运动员故意分散对方注意力的任何举动，如喊叫、故作姿态等。

（8）比赛时。

①击球时，球夹在或停滞在拍上紧接着又被拖带。

②同一运动员两次挥拍连续击中球两次。

③同一方两名运动员连续各击中球一次。

④球碰球拍继续向后场飞行。

（9）运动员违反比赛连续性的规定。

（10）运动员其他行为不端。

三、羽毛球运动技术

（一）握拍法

握拍法

羽毛球基本的握拍法有两种，即正手握拍法和反手握拍法。

1. 正手握拍法

握拍之前，先用左手拿住球拍，使拍面与地面垂直；再张开右手，使手掌下部靠在球拍的握柄底托部位，虎口对着球拍柄。小指、无名指、中指自然并拢，食指与中指稍稍分开，自然弯曲并贴在握柄上，如图 7–14 所示。

2. 反手握拍法

在正手握拍的基础上，拇指和食指将拍柄稍向外转，拇指顶点放在握柄内侧的宽面上或内侧棱上，中指、无名指和小指并拢握拍，小指根部靠近柄端，使掌心留有空隙。球拍斜侧向身体左侧，拍面稍向后仰，如图 7–15 所示。

图 7–14　正手握拍法

图 7–15　反手握拍法

（二）基本步法

基本步法

1. 上网步法

由中心位置起动，根据来球的距离可采用一步、二步或三步上网击球，但最后一步总是要求右脚在前，重心落在右脚上。

2. 后退步法

由中心位置后退，根据来球的距离，也采用一步、二步或三步后退击球。跨最后一步时右脚在后，重心在右脚上。反手击球时，左脚后退一步，身体需向左转，右脚再向左跨出一步。

3. 两侧移动步法

向右侧移动时，若来球较近，用左脚掌内侧蹬地，右脚同时向右侧转跨一大步；若来球较远，左脚可向右垫一小步再起蹬，右脚同时向右侧转跨一大步。向左侧移动时，若来球较近，右脚掌内侧蹬地，左脚同时向左侧跨一大步；若来球较远，左脚可先向左侧移半步，上体向左转身的同时右脚向左跨出一大步。

（三）发球

发球是羽毛球运动中一项重要的基本技术。发球是组织进攻的开始，高质量的发球会给接发球方造成困难，甚至致使对方接发球失误。发球可分为正手发球和反手发球两种。

发球

1. 正手发球

运动员两脚前后站立，与肩同宽，身体左肩侧对球网，左脚在前，右脚在后，重心在右脚上，眼睛注视对方。右手持拍向右后侧自然举起，肘部放松微屈，左手拇指、食指和中指夹住球，举在胸腹间。发球时，身体重心由右脚移至左脚。

（1）正手发后场高远球：发球时，左手持球，自然弯曲置于胸前，右手持拍向右后上方摆起，身体重心前移，右脚跟提起，身体放松。左手放球使其下落，在右臂向前上方挥动的同时，右脚蹬地，腰腹向正前方转动，使下落的球与拍面在身体右侧前下方的交叉点碰触，球触拍面的中部。击球瞬间，握紧球拍，闪动手腕，向前上方拍打击球，在击球的同时，手臂随击球后的惯性自然往左肩上方挥起，身体重心也由右脚移至左脚。击球后，重心下沉，微屈双膝，随时准备回击对方的来球，如图 7–16 所示。

图 7–16　正手发后场高远球

（2）正手发后场平高球：发球时，站位、准备姿势及引拍的轨迹都与发高远球基本相同，只是在发平高球的瞬间前臂加速带动手腕发力，拍面稍向前上方推进，动作幅度小于发高远球。发球后，应迅速准备回击。

（3）正手发后场平快球：发球时，站位稍靠后些（以防对手迅速回球到本方后场），击球时要充分利用前臂带动手腕的爆发力快速向前方击球，使球从对方肩稍高处越过，迅速插入对方反手后场或空当处。击球后，收拍到胸前，回至中心位置。

（4）正手发网前球：正手发网前球时，站位稍靠前。握拍尽量放松，上臂动作要小，重心在左脚上，右脚跟提起。击球时，由前臂带动手腕使拍面从右向左斜切击球，控制用力，使球刚好贴网而过，落在对方前发球线附近。击球后，还原成准备姿势。

2. 反手发球

反手发球时，运动员两脚前后站立，上体稍前倾，重心在前脚。右手反手握拍将球拍摆在左腰侧前，肘部微屈稍抬高，拍框朝下，拍面稍后仰，握拍手自然放松，左手持球于腹前腰下处，如图 7–17 所示。

图 7–17　反手发球

（1）反手发平球。发球时，球拍的挥动方向与反手发网前球一样，只要在击球的瞬间，手腕抖动，突然发力，拍面要有“反压”动作。

（2）反手发网前球。发球时，小臂带动手腕发力，球拍由后向前推送，拍面呈切削式击球，使球过网后急速下落在对方场区的前发球线附近。

（四）接发球

（1）站位。单打的接发球站位在离前发球线约 1.5 米处，在右发球区发球时要站在靠中线的位置，在左发球区发球时则站在中间稍偏边线位置，主要防备对方发球攻击反手部位。双打接发球时的站位可靠近前发球线，因双打的后发球线距离前发球线比单打短 0.76 米，发高远球易被扣杀。所以，双打接发球应把主要精力放在对付对方发网前球上。

（2）准备姿势。单打接发球时应左脚在前，右脚在后，侧身对网，重心在前脚，后脚脚跟稍提起，双膝微屈，收腹含胸，持拍于右侧前，两眼注视前方。

（3）接球。在接球时，首先要提高后场击球能力。在比赛中，当对方发平快球时，可采用平高球、平推球、劈吊、劈杀还击，以快制快，掌握主动；也可用高远球还击，充分做好再次还击的准备；对方发网前球时，可用平高球、高远球、放网前球、平推球还击，有机会还可以用扑球还击。

后场击球

1. 后场击球

（1）高球。

正手击高球：首先要判断来球的方向和落点，侧身后退，使球处在自己的右肩前上方的位置。左肩对网，重心在右脚上。左臂屈肘，左手自然高举，右手执拍，手臂自然弯曲，将球拍举在右肩上方，两眼注视来球。击球时，右上臂后引，随之肘关节上提至明显高于肩部处，将球拍后引至头部，自然伸腕（拳心朝上），然后在后脚蹬地、转体收腹的协调用力下，以肩为轴，上臂带动前臂快速向前上方甩腕，在手臂伸直的最高点击球。击球后，持拍手臂向左下方挥动并收拍至体前，与此同时，左脚后撤，右脚向前迈出，身体重心由后脚移至前脚上，如图 7-18 所示。正手击高球时也可跳起，按上述要求做好准备动作，然后右脚起跳，随即在空中转体，并完成引拍击球动作。击球动作是在球将从空中最高点落下的瞬间完成的。

图 7-18　正手击高球

头顶击高球：动作要领与正手击高球基本相同，只是击球点偏左肩上方。准备击球时，身体向左倾斜。击球时，上臂带动前臂使球绕过头顶，从左上方向前加速挥动，发挥手腕的爆发力击球。落地时，左脚向左后方摆动幅度大些，如图 7–19 所示。

图 7–19　头顶击高球

反手击高球：当对方将球击到己方左后场区时，用反手击高球。首先判断对方来球的方向和落点，迅速将身体转向左后方，移动步法，最后一步用右脚前交叉跨到左侧底线，背对网，身体重心在右脚上，使球处在身体右上方。击球前，迅速换成反手握拍法，持拍于右胸前，拍面朝上。击球时，以上臂带动前臂，通过自下而上地甩腕，将球击出。在最后用力时，要注意拇指的配合，以及两腿蹬地转体时全身的协调用力。

（2）吊球。

正手吊球：击球准备和前期动作同正手击高球。只是击球时拍面稍向内倾斜，手腕做快速切削下压动作，击球托的后部和侧后部。若吊斜线球时，则球拍切削球托右侧并向左下方发力；若吊直线球时，则拍面正对前方向下切削球托，如图 7–20 所示。

反手吊球：击球准备和前期动作同反手击高球。不同点在于击球时对拍面的掌握和力量的运用。吊直线球时，用球拍反面切削球托的后中部，向对方的右半场网前发力；吊斜线球时，用球拍反面切削球托的左侧，朝对方左半场网前发力。

图 7–20　正手吊球

（3）杀球。

正手扣杀球：准备姿势类似于正手击高球，不同的是最后用力的方向朝下。在右脚起跳后，身体后仰成反弓后收腹用力，靠腰腹带动大臂、大臂带动前臂、前臂带动手腕，形成鞭打状态向下用力，球拍正面击球托的后部，无切击，使球沿直线向前下方快速飞行。击球后立即成原准备姿势，如图 7–21 所示。

图 7-21　正手扣杀球

反手扣杀球：通过准确判断对方来球，迅速移动到合适的击球位置，最后一步右脚向左后侧跨出，背对球网，反手握拍，持拍手屈臂将球拍举至左肩上方准备击球。当球落到右肩上方适当高度时，以肘关节为轴，用左脚蹬力、腰腹力、肩力及大臂带动小臂，手腕、手指快速用力向后击球。击球瞬间握紧球拍，手腕快速用力向前下方扣压。

2. 中场击球

中场击球

（1）抽平球。

正手抽平球：右脚向右侧迈出一小步，上体稍向右侧倾，正手握拍，手臂向右侧上摆，屈肘，左脚跟提起。准备击球时，小臂稍向后摆带有外旋，手腕由稍外展至后伸，将球拍引至后下方。击球时，小臂急速向右前方挥动，并由外旋转为内旋，手腕由后伸至伸直闪腕，手指握紧拍柄高速挥拍击球，由后向右侧稍平地抽压过去。击球后，持拍手顺势向左侧挥摆，左脚向左前方迈一步，准备迎击来球，如图 7–22 所示。

图 7-22　正手抽平球

反手抽平球：右脚向左前跨一步，上体左转，右手反手握拍向左身前收，屈肘并稍上抬，小臂内旋手腕外展，将球拍引向左侧。击球时小臂在向前挥拍的同时外旋，手腕由外展到伸直闪腕，手指握紧拍柄，拇指前顶，迎球挥拍，击球托的底部。击球后球拍顺势盖过去，并随身体的回动收回到右侧前。

（2）半蹲快打。半蹲快打是指在中场区采用半蹲姿势，目的是将肩以上至略高于头部的来球迅速地平击回去。半蹲快打技术主要表现出快速、紧逼对方、主动进攻的特点，多用于双打比赛中。

两脚平行站立或右脚稍前站立于中场，成半蹲姿势，右手持拍上举，击球时通过前臂向前带动手腕抖动产生的爆发式力量击球，拍面稍下压，并要随时跟进，争取在身前较高位置将球平击入对方场区。击球托的后部，击球后，随惯性还原成准备姿势。

（3）挑高球。

正手挑高球：判断来球，快速上网，左脚积极蹬地，右脚跨步向前成弓箭步，侧身对网，重心在右脚。正手握拍，手臂自然向右前方伸出，小臂外旋伸腕。击球时，以肘关节为轴，前臂带动手腕、手指由右下方向前上方或左前上方挥拍击球（挑直线高球时，则球拍向前上方挥动击球；挑对角线高球时，则球拍向左前上方挥动把球击出）。

反手挑高球：判断来球，快速上网，左脚积极蹬地，右脚跨步向前成弓箭步，侧身对网，重心在右脚。反手握拍，手臂向左前方伸出，小臂内旋屈肘、屈腕。击球时，以肘关节为轴，小臂带动手腕、手指由左下方向前上方挥拍把球击出。

前场击球

3. 前场击球

（1）放网前球。

正手放网前球：侧身对右边网前，右脚向右侧前方大跨一步成弓步。正手握拍，球拍向右前上方斜举，准确判断来球路线和落点。击球时，右臂自然后伸，手腕稍后伸，小臂稍外旋，手腕由后伸至稍内收转动，右手轻松握拍，食指和拇指夹住球拍，在手腕和手指的控制下轻击球托底部，将球轻送过网。击球后，还原成下次击球前的准备姿势。

反手放网前球：准备动作与正手放网前球相同，不同的是反手放网前球时，先向左前场转体，右肩对网，反手握拍，反拍迎球。击球时，前臂前伸、外旋，手腕内收至外展，轻击球托底部把球轻送过网，击球后，还原成准备姿势。

（2）搓球。

正手搓球：向前移动靠近网前时，右脚向前跨成弓箭步，重心在右脚上，侧身对网，左手自然后伸，起平衡作用。球拍在手臂的带动下向前伸。在伸拍时前臂开始外旋，手腕稍后伸，用食指和拇指夹住拍，中指、无名指和小指轻握球拍，手指和手腕自然放松。击球时，在手指和手腕的作用力下，用正拍面搓击来球的底部，使球滚过网。挥拍力量和拍面的角度大小视来球时离网的远近而定。

反手搓球：当对方回击网前球时，要快速上网，左脚蹬地，右脚向网前跨弓箭步，侧身背对网，重心在右脚。握拍手臂前伸同时，手腕前屈，握拍手背部高于拍面，反拍迎球。击球时，主要靠前臂的前伸外旋和手腕由内收至展腕的合力，搓球的侧后底部使球侧旋翻滚过网。

（3）勾对角线球。

正手勾球：移动至右网前，球拍随上臂向右前方斜平举，同时前臂稍向外旋，手腕稍后伸，右手握拍将拍柄稍向外捻动，使拇指指腹贴在拍柄的内侧宽面，食指的第二指节贴在拍柄的外侧宽面上，空出掌心。击球时，前臂稍有内旋，并往左拉收，手腕由微伸至内收抖腕，要控制好拍面角度，击球托的右侧下部，使球沿着网的对角飞行至对方网前角落，击球后还原成准备姿势，如图 7–23 所示。

图 7-23　正手勾球

反手勾球：移动至左网前，反手握拍，上臂前伸，将拍子平举。击球时，拍面正对来球，肘部突然下沉，上臂稍外旋，手腕后伸闪腕，拇指与中指向右转动拍柄，其他手指突然握紧拍柄，拨击球托的左侧下部，使球飞越过网至对角处，击球后，球拍往右侧前回收至准备姿势。

（4）推球。

正手推球：移动到位，球拍向右侧平举。推球前，前臂稍外旋，手腕后伸同时球拍也稍往后摆，拍面对准来球。这时，小指与无名指稍松开，使拍柄离开手掌，这样能充分发挥手指的力量。推球时，拍面尽力后仰，手腕由后伸直并且闪腕，食指向前压下，小指、无名指突然握紧拍柄，球拍快速地由右经前向左挥动。推球后，经回动过程回收球拍于胸前。

反手推球：移动至网前左侧，反手握拍，臂侧上举。推球前，臂向左胸前收引，手腕稍外展，松握球拍，拇指顶住拍柄的内侧宽面，推球时，前臂往前伸的同时外旋，手腕由稍外展到伸直抖腕，中指、无名指、小指突然紧握球拍，拇指顶压，向前挥动将球推出，触球托的后部。

（5）扑球。

正手扑球：左脚先蹬地，随后右脚发力蹬跃，使身体向球网右侧腾空跃起，球拍正对来球。同时前臂前伸稍外旋，腕关节后伸，放松握拍。击球时，前臂带动手腕和手指快速抖动发力。如球离网带上沿较近，可采用手腕从右向左将球压下的滑动式扑球方法，避免球拍触网犯规。击球后，要控制身体重心，球拍随惯性回收至准备姿势，如图 7-24 所示。

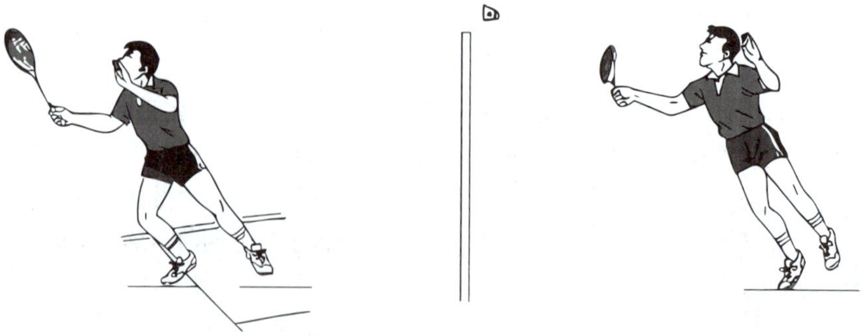

图 7-24 正手扑球

反手扑球：右脚跨至左前蹬跳上网，身体稍右侧前倾，反手握拍上举至左前上方。击球时，手臂伸直并外旋，拇指顶压拍柄上端，假如来球靠近网带上沿，可将手腕外展，由左向右拉切击球，以防触网。击球后，右脚着地，屈膝缓冲，回收球拍于体前。

四、羽毛球运动战术

（一）单打战术

（1）发球战术。根据对手的站位、反击能力，采用多变准确的发球使对方接球困难，从而限制对方的攻势，直接或间接为己方创造进攻的机会。

（2）攻后场战术。针对在后场还击能力差（尤其是左后场区），或急于上网的对手，可重复压后场底线，突击杀、吊或反复后场直线，突出对角线。

（3）吊前击后战术。针对网前技术相对较差或上网步法速度慢的对手，先以吊、放、搓网前球吸引对方到网前，然后用推、杀或平高球突击对方的后场。

（4）打对角线战术。不论是进攻还是防守，均以打对角线为主，造成对方重心不稳，被动失误。

（5）打四方球技术。以快速、准确的击球点，调动对方远离中心位置，疲于前后左右来回奔跑，伺机攻击对方空当的战术。

（二）双打战术

（1）攻人战术。集中力量攻击对方弱者，达到“二打一”的效果，避其所长，攻其所短。

（2）攻中路战术。对方分边站位时，将球尽可能地攻到两人之间的空隙区，造成对方抢球或漏球等错误。如对方前后站位，可将球击向前后两人之间的边线空当。

（3）拉开两底角，伺机反击战术。这是一种通过拉、抽、挑对方后场两底角，诱使对方在移动中进攻，伺机反击，从而后发制人的一种打法。

（4）后杀前封战术。一旦取得主动采取进攻的态势时，站在后边的队员要强杀直线，站在前边的队员要立即移动到对方回直线的位置，重点准备封网扑杀。

任务三　网球

学习目标

1. 熟悉网球运动概述。
2. 知晓网球运动规则。
3. 掌握网球运动技术。
4. 了解网球运动战术。

一、网球运动概述

网球运动属于隔网对抗性球类项目，它是比赛双方在中间隔着一网的场地上用球拍往返击打一个橡胶小球的运动，可以在两个人或四个人之间进行，其目标是把球打过网，使球落地不出界，并要尽量使对手不能再把球击回己方半场。

网球运动是人们普遍喜爱的一项体育运动，它与高尔夫球、保龄球、桌球并称为“世界四大绅士运动”。网球运动有着悠久的历史，其起源与发展可以用 4 句话来概括：孕育在法国，诞生在英国，发展在美国，盛行在全世界。网球运动起源于法国，14 世纪时，法国宫廷中开始兴起一种“掌球游戏”，即在两人中间系一条绳，双方隔绳用掌击球，球用布裹头发制成。后来这种游戏传入英国。16 世纪以后出现了用羊皮制作的球拍，后又改为弹性的弦线球拍，中间用于分界的绳逐渐发展为绳网，场地也比较正规了。到 19 世纪，网球运动在欧美兴盛起来。19 世纪后期，英、美、法等国的商人、传教士和军人将其作为体育娱乐活动传入我国。后来，上海、广州、北京等城市的教会和商会俱乐部中出现了打网球活动，该运动后在教会学校中开展。

中华人民共和国成立后，网球运动在起点低、基础差、交流少的情况下逐渐发展。随后，各大城市相继出现由一些社会团体和网球爱好者自发组成的网球协会和俱乐部组织。20 世纪 80 年代以来，我国网球运动的水平提升较快。1986 年第十届汉城亚洲运动会网球比赛中，我国选手李心意获女子单打冠军。1990 年第十一届北京亚洲运动会网球比赛中，我国运动员获得男子团体冠军、男子单打冠军和男子双打冠军，分别夺取 3 块金牌、3 块银牌和 1 块铜牌。2009 年中国网球公开赛中，我国运动员又获得了女单八强、女双冠军的好成绩。2011 年，在澳大利亚网球公开赛上，我国运动员李娜第一次打进单打决赛并夺得亚军；同年，李娜在法国网球公开赛中夺得女单冠军，成为中国乃至亚洲第一个在四大网球公开赛上夺得单打冠军的运动员。2011 年 10 月 6 日，李娜再创历史，成为中国首位获得 WTA（国际女子网球协会）年终总决赛资格的球员。2013 年，李娜夺得澳大利亚网球公开赛亚军；彭帅与谢淑薇组成的“海峡组合”夺得了温布尔登网球公开赛的女双冠军，并在 2013 年 WTA 年终总决赛上夺冠，成为首对在 WTA 年终总决赛夺冠的亚洲球员。2014 年 1 月，李娜又夺得澳大利亚网球公开赛的冠军。2014 年 6 月，彭帅与谢淑薇夺得法国网球公开赛冠军，这也是两人第二次夺得大满贯头衔。

2018 年雅加达亚运会网球女双决赛，徐一璠、杨钊煊夺得冠军，这是中国队时隔 12 年再夺亚运会女双冠军，也是历史上的第三次登顶。

二、网球运动规则

（一）发球规则

1. 发球前的规定

发球员在发球前应先站在端线后、中点和边线的假定延长线之间的区域里，用手将球向空中任何方向抛起，在球接触地面以前，用球拍击球（仅能用一只手的运动员，可用球拍将球抛起）。球拍与球接触，即算完成球的发送。

2. 发球时的规定

发球员在整个发球动作中，不得通过行走或跑动改变原站位置，两脚只准站在规定位置，不得触及其他区域。

3. 发球员的位置及合规发球

（1）每局开始，先从右区端线后发球，得或失一分后，应换到左区发球。

（2）发出的球应从网上越过，落到对角的对方发球区前的方格内，或其周围的线上。

4. 发球失误

发球失误包括未击中球；发出的球，在落地前触及固定物（球网、中心带和网边白布除外）；违反发球站位规定。发球员第一次发球失误后，应在原发球位置上进行第二次发球。

5. 发球无效

发球无效包括发球触网后，仍然落到发球区内；或对方接球员未做好接球准备。

6. 交换发球

第一局比赛结束，接球员成为发球员，发球员成为接球员。以后每局结束，均依次互相交换发球。

（二）比赛通则

1. 交换场地

（1）双方应在每盘的第 1、第 3、第 5 等单数局结束后或每局结束双方局数之和为单数时，交换场地。

（2）在抢 7 分比赛中，双方分数相加，每 6 分更换一次场地。

2. 失分

发生下列任何一种情况，均判失分。

（1）在球第二次着地前，未能还击过网。

（2）还击的球触及对方场区界线以外的地面、固定物或其他物件。

（3）还击空中球失败。

（4）故意用球拍触球超过一次。

（5）运动员的身体、球拍，在发球期间触及球网。

（6）过网击球。

（7）抛拍击球。

（8）发球双失误。

（9）击球时人的身体触网。

3. 压线球

落在线上的球都算界内球。

4. 休息时间

（1）分与分之间，捡到球后直至发出，最大间隔 25 秒。

（2）单数局结束交换场地时可休息 90 秒。

（3）每盘结束可休息 120 秒。

（4）每盘的第一局结束后，交换场地时不能休息。

（5）在抢 7 分比赛中，双方分数相加为 6 分时，更换场地时不能休息。

（三）双打规则

1. 双打发球次序

每盘第一局开始时，由发球方决定由己方何人首先发球，对方则同样地在第 2 局开始时，决定由队内何人首先发球。第 3 局由第 1 局发球方的另一队员发球。第 4 局由第 2 局发球方的另一队员发球。以后各局均按此次序发球。

2. 双打接球次序

先接球的一方，应在第 1 局开始时，决定由己方何人先接发球，并在这盘单数局继续先接发球。对方同样应在第 2 局开始时，决定由队内何人接发球，并在这盘双数局继续先接发球。他们的同伴应在每局中轮流接发球。

3. 双打还击

接发球后，双方应轮流由队内任何一名队员还击。如运动员在其同队队员击球后，再以球拍触球，则判对方得分。

（四）计分方法

1. 胜 1 分

遇到下列情况时，判对方胜 1 分。

（1）发球员连续 2 次发球失误或出现脚误。

（2）接球员在发来的球没有落地前用球拍击球。

（3）在球第 2 次落地前未能还击过网。

（4）还击球触及对方场区界线以外的地面、固定物或其他物件。

（5）还击空中球失败。

（6）在比赛中，击球员故意用球拍拖带或接住球，或故意用球拍触球超过一次。

（7）“活球”期间，运动员的身体、球拍（无论是否握在手中）或其穿戴的其他物件触及球网、网柱、单打支柱、绳或钢丝绳、中心带、网边白布或对方场区以内的场地地面。

（8）还击尚未过网的空中球（过网击球）。

（9）除握在手中（无论单手还是双手）的球拍外，运动员的身体或穿戴的物体触球。

（10）抛拍击球时。

（11）比赛进行中，运动员故意改变其球拍的形状。

（12）对方发球或回球时出界。（注意：出界的判法为球的第一个落点是否过第二白线。）

2. 胜 1 局

出现下列情况之一时，为胜一局。

（1）每胜 1 球得 1 分，先胜 4 分者胜一局。

（2）双方各得 3 分时为平分。平分后，净胜两分为胜一局。

3. 胜 1 盘

出现下列情况之一时，为胜一盘。

（1）一方先胜 6 局为胜一盘。

（2）双方各胜 5 局时，一方净胜两局为胜一盘。

4. 决胜局计分制

在每盘的局数为 6 平时，有以下两种计分制。

（1）长盘制：一方净胜两局为胜一盘。

（2）短盘制（抢 7）：决胜盘除外，除非赛前另有规定，一般应按以下办法执行。

①先得 7 分者胜该局及该盘（若分数为 6 平时，一方须净胜 2 分）。

②首先，发球员发第 1 分球，对方发第 2、第 3 分球。然后，轮流发 2 分球，直到比赛结束。

③第 1 分球在右区发，第 2 分球在左区发，第 3 分球在右区发。

④每 6 分球和决胜局结束都要交换场地。

5. 赛制

网球比赛实行淘汰制。一场比赛中，除大满贯赛事采用五盘三胜制以外，男子单打比赛均使用三盘两胜制。女子比赛则全部采用三盘两胜制。

三、网球运动技术

握拍法

（一）握拍法

网球的握拍方法基本上分为东方式握拍法、大陆式握拍法、西方式握拍法和双手握拍法 4 种。

1. 东方式握拍法

东方式正手握拍法，亦称“握手式”握拍法，其握法是：拍面与地面垂直，手握拍柄好像与人握手一样。准确地说，用握拍手的虎口对正拍柄右上侧楞，手掌根与拍柄右斜面紧贴，拇指垫握住拍柄的左垂直面，食指稍离，中指压住拍柄右垂直面，五指握紧拍柄。这种握法能增大正手击球的力量，如图 7–25 所示。

东方式反手握拍法。从正手握拍法起势，把手向左转动 1/4 即转动 90°（或拍柄向右转动

1/4 即转动 90°)，使虎口正对拍柄左侧棱面上，即用手掌根压住拍柄的左上斜面，拇指直贴在拍柄的左垂直面上，食指压住拍柄右上斜面，如图 7–26 所示。

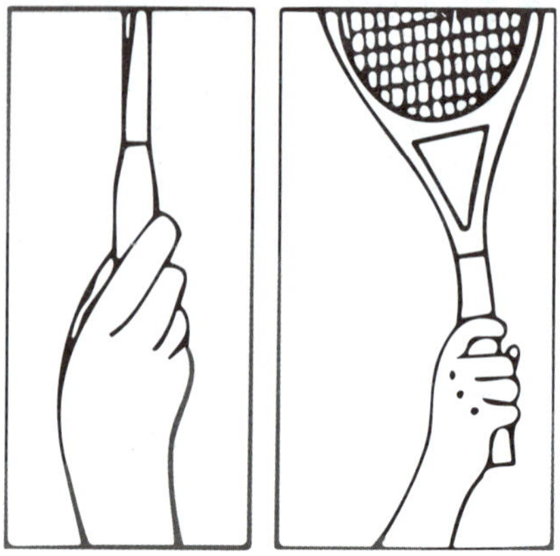

图 7-25　东方式正手握拍法

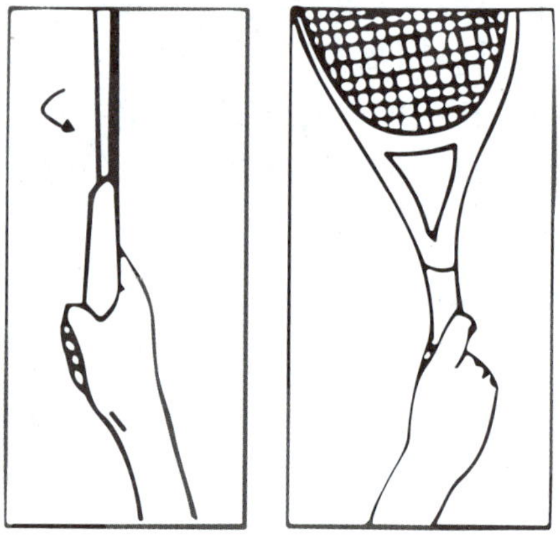

图 7-26　东方式反手握拍法

2. 大陆式握拍法

“V”字形虎口对准拍柄上平面与左上斜面的交界线，手掌根部贴住上平面，拇指直伸围住拍柄，食指下关节紧贴在右上斜面上，如图 7–27 所示。

3. 西方式握拍法

左手持拍，使拍面与地面平行。右手从正上面握拍柄，食指和拇指都不前伸，大把握拍，而且正手、反手击球都使网拍向同一个面，如图 7–28 所示。

4. 双手握拍法

右手采用东方式反手握拍法，握在拍柄的后方，左手采用东方式正手握拍法，握在拍柄的前方，如图 7–29 所示。

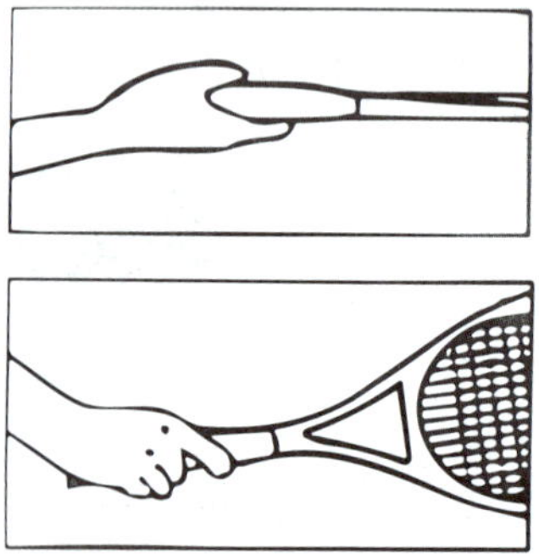

图 7-27　大陆式握拍法

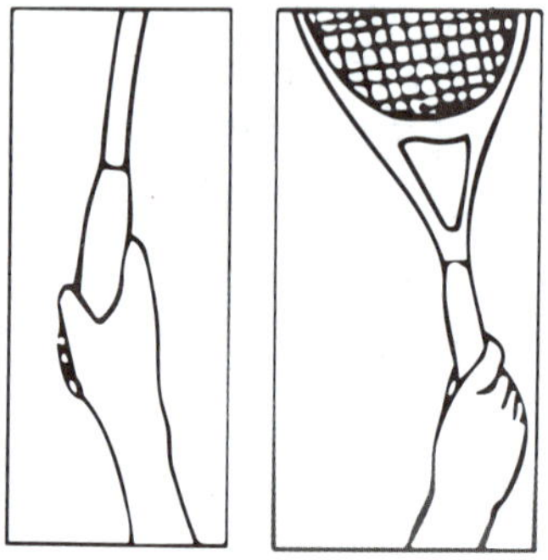

图 7-28　西方式握拍法

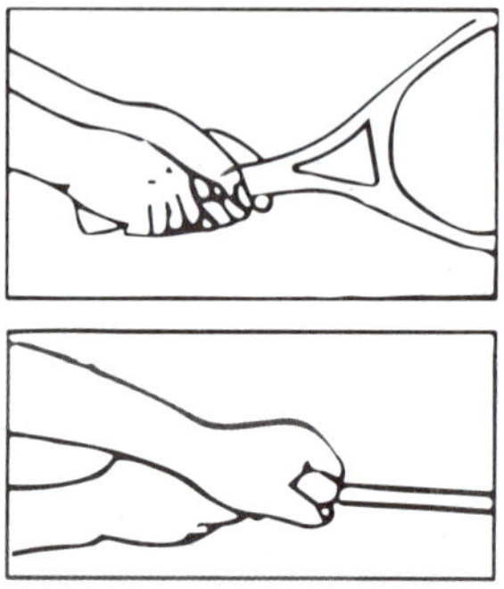

图 7-29　双手握拍法

（二）击球

1. 正手击球

从准备姿势开始（右手持拍为例），以右脚为轴，向右转肩转髋，同时左脚前跨一步使两脚与肩同宽。身体左侧对准球网，重心移到右脚上，转体同时带动球拍直接后引，将拍面引到与身体平行位置。球拍高度齐膝，拍头略

击球

高于手腕，左臂微前伸，注意保持身体平衡。挥拍击球时身体重心移至左脚，并以左脚为轴向左转髋转肩，带动右手臂向前迎击球的中部，击球点在左脚侧前方。球离弦后，球拍随惯性挥至左肩上方，并迅速还原到准备回击下一次来球的状态，如图 7–30 所示。

图 7–30　正手击球

2. 反手击球

单手反手击球：从准备姿势开始，以左脚为轴，向左转肩，同时右脚跨出一步，使两脚与肩同宽，身体右侧对球网，将重心移至左脚上。转肩同时左手转动拍颈使右手成东方式反手握拍，并带动球拍后引与身体平行，击球肘贴近身体，左手轻持拍颈，拍头略低于来球。击球时身体重心移至右脚，左手放开拍颈，以右脚为轴向右转髋转肩，带动右手臂由下向前上挥拍，击球的中部偏下处，击球点在右脚侧前方。击球后球拍随惯性继续挥至右肩上方，并迅速还复成准备姿势，随时回击下一次来球，如图 7–31 所示。

图 7–31　单手反手击球

双手反手击球：当判断来球是飞向反手位置时，移动到位的最后一步应保持右脚在前，身体右侧朝向来球方向。双手握球拍向左后方摆动，右臂伸展较大，左臂弯曲。在迎球的过程中，挥臂与转体动作配合，使球拍由低向高挥动，击球点在右脚侧前方，拍面垂直，触球的中部。击球后双手随势挥至右侧头部高度，身体重心移向右脚。动作完成后，迅速恢复成准备姿势，如图 7–32 所示。

图 7-32　双手反手击球

（三）发球

发球

发球是现代网球运动最重要的技术之一，是网球运动竞赛中唯一由自己掌握、主宰进攻的技术。另外，发球也是体现网球队员技术水平高低的重要指标。发球技术是由发球姿势、抛球及抛球位置、击球、跟进动作组成，如图 7-33 所示。

图 7-33　发球

1. 上旋发球

上旋发球是以上旋为主、侧旋为辅的发球法。发上旋球时把球抛到头后偏左的位置，击球时身体尽量后仰成弓形，利用杠杆的力量形成旋转球，球拍快速从左向右上方挥动，从下向上擦击球的背面，并向右带出，使球产生右侧上旋。

2. 切削发球

切削发球是一种以左侧旋转（略带下旋）为主的发球法，是由球的右上往左下切削发球。该发球方法不但球速快，威胁大，而且容易提高发球的命中率。在发球时把球抛到右侧斜上方，从右侧方至左下方快速挥动球拍，击球部位在球的中部偏右侧，使球产生右侧旋转。

3. 发平击球

发平击球时侧对球网站立，前脚与端线约成 45°，指向右侧网柱，身体重心放在左脚上，左手托住球拍的拍颈，手臂放松，稍微弯曲并保持在胸部的高度。双臂同时稍下放，在其最低点抛球手臂与击球手臂分开，但以不同的速度向上摆动；在眼睛的高度将球抛出，击球臂向后、向下、向上引拍，身体重心移至右腿上；在手臂伸展到最高点时，身体重心又移到左腿上，同时，通过髋关节前移，降低身体重心；左腿支撑身体向前、向上运动。击球时，击球臂的肩膀转向前面，前臂旋内，充分向前、向上伸展击球臂，在最高点击球，击球瞬间，拍面几乎与地面垂直。击球后右前臂继续向外转动，球拍随势挥至身体的左侧，左臂在体前的位置做相反运动。击球后随球上网或站在端线附近准备击球。

（四）接发球

1. 握拍

接发球

接发球时，握拍要松弛，引拍和前挥时也要保持松弛，但球拍接触球的一刹那，要紧紧握住球拍，特别是拇指、无名指和食指要用力抓拍。通过固定手腕保证拍面稳定，即使不能有力还击对手凶猛的来球，也可用牢固的拍面顶住来球，或者以合适的角度控制还击方向。

2. 站位与准备

一般情况下站在单打边线附近、底线后 0.5 ~ 1 米处就可以了，如果偏离单打边线太远，那么就会给自己带来防守上的空虚，同时也不能站得离底线太远或站到场地里面去。针对一发和二发，站位应该有所不同，对方第一次发球时多采用大力发球，因此站位应偏后一些；如果对方是第二次发球，可略向前移，这利于采取攻击性的还击。

3. 引拍

击球时的动作与正常抽击球等击球动作基本相同，只是没有明显的后引，特别是对于快速来球，回球多数采用阻挡式动作，与截击球技术差不多，引拍动作不要过大，主要是控制好拍面角度并握紧球拍以免拍面受震转动。判断来球，迅速移动，向预测击球点起动时，双肩与身体重心同时移动，并向击球方向踏出异侧步，转肩时要使肘部离开身体，持拍臂腋下大约留有一个球的空隙。

4. 击球

向前挥击时，尽量使拍子由高处向下再向上运动，但上下幅度要小。击球点在体前稍侧略高于胸部的位置。

5. 随挥

击球后很少有随挥动作，竖起拍头，将去势停止在较高处。身体重心停在前脚掌上，后脚可以略抬起，一般不要离开地面。

6. 还原

接球后迅速复位，以准备姿势再次迎接对方击过来的球。

（五）截击球

1. 正手截击球

截击球

截击时站在网前 2 ~ 3 米的位置，准备姿势与一般击球姿势基本相同，但球拍要举得高一些，约与眼部同高。截击时，后摆动作要小，击球点保持在身体前方，拍触球的瞬间手腕固定，用力握紧球拍，略微向前推击。截击较近的球时，左脚跨出一小步；截击较远的球时，左脚要跨出一大步，如图 7-34 所示。

图 7-34　正手截击球

2. 反手截击球

准备姿势与正手截击球姿势相同。击球点要比正手截击球靠前一些。因此要及早跨出右脚，重心也要置于右脚。击球时手腕固定，用力紧握球拍，拍面稍前倾，触球的中上部。击球后右臂伸，向前下方压送，如图 7-35 所示。

图 7-35　反手截击球

（六）高压球

高压球与截击球一样，属于上网击球技术，是用来对付对方挑高球的。其动作类似于发球，在头部上空用扣杀动作还击来球，如图 7-36 所示。高压球堪称击球中的一门“重炮”，是迅速得分的锐利武器。采用高压球，合适的步法是前提，击球时不要迟疑。

图 7-36 高压球

（七）挑高球和放短球

挑高球和放短球的目的是使还击的球越过对手头顶落入对方场区。挑高球可以有效地迫使上网的对手后退。

放短球的一方一般是在网前突然回击近网短球，使活动在底线的对手来不及还击。放短球时，要求多用手腕动作，且带有回击。

四、网球运动战术

（一）单打战术

1. 发球战术

发球不受对方支配，可通过力量、速度和准确性达到得分的目的；针对对方弱点，攻其薄弱环节；利用不同的发球方式，随球上网截击；运用相似手法，发不同性能的球，使对方不易预测；利用外界自然条件（如风向、阳光、硬地和草地等）发球，给对方接发球制造困难。

（1）发球站位。发第一区时，尽量接近中点线，发直线球逼住对方反拍；发第二区时，站位可距中点线稍远，便于以更大斜线发对方反拍区，扩大自己正拍防守区域。

（2）第一次发球。多用大力平击发球使对方难以抵挡，造成对方接发球失误，或用切削发球、上旋发球打落点，将球发至对方防守较差的区域。

（3）第二次发球。重点在准确，打落点。多用切削发球或上旋发球。

（4）上网的发球。大力平击发球和上旋发球后上网。但大力平击发球后，对方回球快，而且身体不易掌握平衡，常来不及上网，故利用上旋发球上网的居多。

2. 接发球战术

接发球的一方一般处于被动地位，但处理得当可减少被动性，甚至化被动为主动。

（1）接发球站位。站在对方可能把球发到的角度的分角线上。当对方发向外或向内旋转的球时，要靠近旋转方向一点。此外，应尽量站在底线内 0.5 米左右处，以压制对方上网，便于自己上网。

（2）接发球击球方法。一般采用平击抽球的方式将球回击到对方底线两角；也可运用旋转球拉开对方，使之左右奔跑；或运用切削球打到近网两角，抑或是运用挑高球挑过发球上网者头顶等。

3. 上网战术

发球或接发球后，冲到离网较近的位置，不等对方回击的球落地便进行空中截击或高压击球。

（1）上网时机。多用于第一次发球。发上旋球后，借球在空中飞行时间长、对方难于回击的特点上网截击。若抽击球后上网，则出球要斜、要深、要重，或接近中央地带。

（2）上网站位。尽可能站到大约距离网 2 米处。近网进攻威胁性大，封网角度小，防守控制面积大。此外，站位应在对方可能的击球角度的分角线上。

4. 底线结合上网战术

（1）底线正反拍必须具有进攻性和较大威胁。

（2）用凶狠的抽击球（如上旋球）调动对方，以创造上网时机。

（3）具有较好的预测、判断能力，击球果断、有力，随球上网。

（4）斜、深、重的底线抽击球可使对方陷于被动，便于己方上网做扑杀。

（5）既考虑积极上网，又要提防对方的破网打法。

（6）上网击球主要采用截击球和高压球，此时还要熟练掌握反弹球，以落点为主，应付被动情况，争取第二次截击。

5. 底线战术

以进攻性打法为前提，用力快速、准确，使看起来是防守性的打法具有攻击性。常用的有逼右攻左、逼左攻右，攻击对方弱点或打对方不喜欢应对的球。

（二）双打战术

双打比赛时，一般正拍好的站右边，反拍好的站左边；理想的是一个右手握拍，一个左手握拍。双打有其特定的战术，不能用单打战术代替。

1. 发球战术

（1）发球站位。发球者站在底线后面的中线与边线之间的一半处，比单打站位稍靠边线。因为另一边有同伴防守，也因为这种站位可使发出的斜线球角度更大。

（2）第一发球。大力、凶狠、准确，掌握上网主动权。常用大力上旋球发对方反拍区，压制对方的进攻力量和回击角度，也可用大力平击发球，迫使对方回击高球，以便上网扣杀。

（3）同伴站位。同伴站在离网 2 ~ 3 米，离边线 3 米左右处，把守半边场区，伺机截击或高压击球。

2. 接发球战术

（1）接发球站位。站在对方可能把球发到的角度的分角线上。

（2）回击方法。平击、切削、旋转 3 种方法交替运用，使对方难以预测。球过网要低、角度要斜、落点要深。压制对方上网，利用时机自己上网。

（3）同伴站位。同伴站在发球线附近，比发球者站得稍后一些。随时注意场上变化，攻则进，守则退。

3. 网前比赛战术

当 4 人均上网时，短兵相接，要求运动员反应迅速，动作灵敏，有较高的技术水平。

（1）站位。上网位置在离网 2 ~ 3 米处，两人各站各自半场中间稍靠中线位置。这样站位，便于进退和防守。

（2）同伴之间配合原则。来球在两人之间，由正拍击球者回击；球在两人之间，又是斜线球时，由距离近的运动员迎击；挑高球在两人之间，由正拍击球者进行高压；对方接发球回击过来的是中场球时，由上网运动员争取截击，发球运动员随时准备补漏；情况复杂时，通过呼叫互相照应；上网运动员左右移动时，底线同伴要移动补位。

（3）分析彼此情况，制定战术，以己之长，攻彼之短。比赛中，还要灵活机动地变化战术，出奇制胜。

4. 底线比赛战术

双打，应争取机会上网，一旦被压在底线，只能考虑防守，伺机反攻，或诱使对方失误。可用挑高球，回击短而低的球，或打快速穿过对方中央场区的平直线球，或运用侧旋直线球打对方两侧。

思政小课堂

小球类运动使用的设备比较简单，一般不太受年龄、性别限制，而且对参加者的身体素质要求并不是非常高，但是却比较讲究耐力。因此，大学生经常参加小球类运动，可以增强身体素质，尤其可以改善心血管系统和呼吸系统的功能。高校开展小球类运动课程，有利于培养学生机智、果断、沉着、冷静、进取等优秀品质，以及吃苦耐劳、顽强拼搏的精神。

项目八　传统体育运动

任务一　太极拳

学习目标

1. 熟悉太极拳的动作名称。
2. 了解太极拳的动作说明。

中华人民共和国成立后，开始推行简易太极拳的套路。为了便于在广大群众中推广太极拳，1956 年原国家体育运动委员会（现国家体育总局）在杨式太极拳的基础上，按照由简到繁、循序渐进、易学好记的原则，编成“24 式简化太极拳”。

一、动作名称

练习“24 式简化太极拳”可强健筋骨、调理脏腑、疏通筋络、调节精神，其缓解身心疲劳、增强体质的效果十分明显。

“24 式简化太极拳”的动作名称主要包括以下几组。

第一组：起势，左右野马分鬃，白鹤亮翅。

第二组：左右搂膝拗步，手挥琵琶，左右倒卷肱。

第三组：左揽雀尾，右揽雀尾。

第四组：单鞭，云手，单鞭。

第五组：高探马，右蹬脚，双峰贯耳，转身左蹬脚。

第六组：左下势独立，右下势独立。

第七组：左右穿梭，海底针，闪通臂。

第八组：转身搬拦捶，如封似闭，十字手，收势。

二、动作说明

第一组动作

（一）第一组动作

1. 起势

（1）身体自然直立，两脚开立与肩同宽，脚尖向前，两臂自然下垂，两手放在大腿外侧，眼向前平看。

要点：头颈正直，下颏微向后收，不要故意挺胸或收腹。精神要集中（起势由立正姿势开始，然后左脚向左分开，成开立步）。

（2）两臂慢慢向前平举，两手高与肩平，与肩同宽，手心向下。

（3）上体保持正直，两腿屈膝下蹲；同时两掌轻轻下按，两肘下垂与两膝相对，平看前方。

要点：两肩下沉，两肘松垂，手指自然微屈。屈膝松腰，臀部不可凸出，身体重心落于两腿中间。两臂下落和身体下蹲的动作要协调一致，如图 8-1 所示。

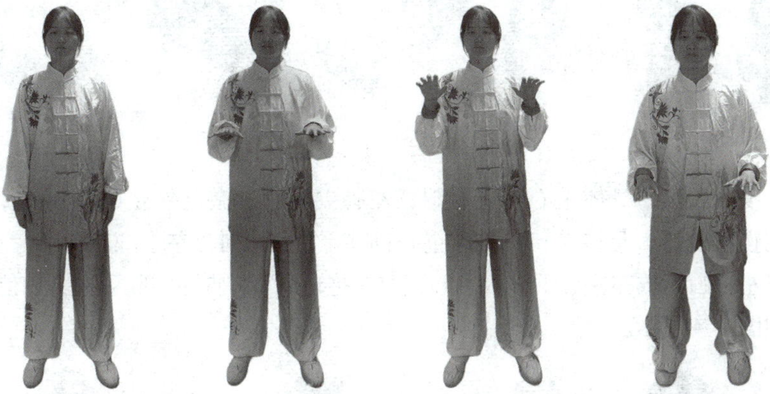

图 8-1　起势

2. 左右野马分鬃

（1）上体微向右转，身体重心移至右腿上，同时右臂收在胸前平屈，手心向下，左手经体前向右下画弧放在右手下，手心向上，两手心相对成抱球状，左脚随即收到右脚内侧，脚尖点地，眼看右手，如图 8-2 所示。

图 8-2　左右野马分鬃（1）

（2）上体微向左转，左脚向左前方迈出，右脚跟后蹬，右腿自然伸直，成左弓步；同时上体继续向左转，左、右手随转体分别慢慢向左上、右下分开，左手高与眼平（手心斜向上），肘微屈，右手落在右胯旁，肘也微屈，手心向下，指尖向前，眼看左手，如图 8–3 所示。

图 8–3　左右野马分鬃（2）

（3）上体慢慢后坐，身体重心移至右腿，左脚尖翘起，微向外撇（2°～60°），随后脚掌慢慢踏实，左腿慢慢前弓，身体左转，身体重心再移至左腿；同时左手翻转向下，左臂收在胸前平屈，右手向左上画弧放在左手下，两手心相对成抱球状；右脚随即收到左脚内侧，脚尖点地；眼看左手，如图 8–4 所示。

图 8–4　左右野马分鬃（3）

（4）右腿向右前方迈出，左腿自然伸直，成右弓步；同时上体右转，左、右手随转体分别慢慢向左下、右上分开，右手高与眼平（手心斜向上），肘微屈；左手落在左胯旁，肘也微屈，手心向下，指尖向前；眼看右手，如图 8–5 所示。

图 8-5　左右野马分鬃（4）

（5）此步骤与（3）同，只是左右相反，如图 8-6 所示。

图 8-6　左右野马分鬃（5）

（6）此步骤与（4）同，只是左右相反，如图 8-7 所示。

图 8-7　左右野马分鬃（6）

要点：上体不可前俯后仰，胸部必须宽松舒展。两臂分开时要保持弧形。身体转动时要以腰为轴。弓步动作与分手的速度要均匀一致。做弓步时，迈出的脚先是脚跟着地，然后脚掌慢慢踏实，脚尖向前，膝盖不要超过脚尖；后腿自然伸直，前、后脚夹角成 $2^{\circ} \sim 60^{\circ}$（需要时后脚脚跟可以后蹬调整）。野马分鬃式的弓步，前、后脚的脚跟要分在中轴线两侧，它们之间的横向距离（以动作行进的中线为纵轴，其两侧的垂直距离）应保持在 10 ~ 30 厘米。

3. 白鹤亮翅

（1）上体微向右转，左手翻掌向下，左臂平屈胸前，右手向左上画弧，手心转向上，与左手成抱球状，眼看左手。

（2）右脚跟进半步，上体后坐，身体重心移至右脚，上体先向右转，面向右前方，眼看右手；然后左脚稍向前移，脚尖点地，成左虚步；同时上体再微向右转，面向前方，两手随转体慢慢向右上、左下分开，右手上提停于右额前，手心向左后方，左手落于左胯前，手心向下，指尖向前；眼平看前方，如图 8-8 所示。

图 8-8　白鹤亮翅

要点：完成姿势时胸部不要挺出，两臂上下都要保持半圆形，左膝要微屈。身体重心后移和右手上提、左手下按要协调一致。

第二 ~ 四组动作

（二）第二组动作

1. 左右搂膝拗步

（1）右手从体前下落，由下向右上方画弧至右肩外侧，肘微屈，手与耳同高，手心斜向上；左手由左下向上、向右下方画弧至右胸前，手心斜向下，同时上体先微向左再向右转；左脚收至右脚内侧，脚尖点地，眼看右手，如图 8-9 所示。

图 8-9　左右搂膝拗步（1）

（2）上体左转，左脚向前（偏左）迈出成左弓步，同时右手屈回由耳侧向前推出，与鼻尖同高，左手向下由左膝前搂过落于左胯旁，指尖向前；眼看右手手指，如图 8-10 所示。

图 8-10　左右搂膝拗步（2）

（3）右腿慢慢屈膝，上体后坐，身体重心移至右腿，左脚尖翘起微向外撇，随后脚掌慢慢踏实，左腿前弓，身体左转，身体重心移至左腿，右脚收到左脚内侧，脚尖点地；同时左手向外翻掌由左后向上画弧至左肩外侧，肘微屈，手与耳同高，手心斜向上；右手随转体向上、向左下画弧落于左胸前，手心斜向上；眼看左手，如图 8-11 所示。

图 8-11　左右搂膝拗步（3）

（4）此步骤与（2）同，只是左右相反，如图 8-12 所示。

图 8-12　左右搂膝拗步（4）

（5）此步骤与（3）同，只是左右相反，如图 8–13 所示。

图 8–13　左右搂膝拗步（5）

（6）此步骤与（2）同，如图 8–14 所示。

图 8–14　左右搂膝拗步（6）

要点：前手推出时，身体不可前俯后仰，要松腰松胯。推掌时要沉肩垂肘、坐腕舒掌，同时须与松腰、弓腿上下协调一致。搂膝拗步成弓步时，两脚跟的横向距离保持 30 厘米左右。

2. 手挥琵琶

左脚跟进半步，上体后坐，身体重心转至右腿上，上体半面向右转，左脚略提起稍向前移，变成左虚步，脚跟着地，脚尖翘起，膝部微屈，同时左手由左下向上挑举，高与鼻尖平，掌心向右，臂微屈；右手收回放在左臂肘部里侧，掌心向左，眼看左手食指，如图 8–15 所示。

要点：身体要平稳自然，沉肩垂肘，胸部放松。左手上起时不要直接向上挑，要由左向上、向前，略带弧形。右脚跟进时，脚掌先着地，再全脚踏实。身体重心后移，左手上起。

图 8-15　手挥琵琶

3. 左右倒卷肱

（1）上体右转，右手翻掌（手心向上）经腹前由下向后上方画弧平举，臂微屈，左手随即翻掌向上；眼的视线随着向右转体先向右看，再转向前方看左手，如图 8-16 所示。

图 8-16　左右倒卷肱（1）

（2）右臂屈肘折向前，右手由耳侧向前推出，手心向前，左臂屈肘后撤，手心向上，撤至左肋外侧；同时左腿轻轻提起向后（偏左）退一步，脚掌先着地，然后全脚慢慢踏实，身体重心移到左腿上，成右虚步，右脚随转体以脚掌为轴扭正；眼看右手，如图 8-17 所示。

图 8-17　左右倒卷肱（2）

（3）上体微向左转，同时左手随转体向后上方画弧平举，手心向上，右手随即翻掌，掌心向上；眼随转体先向左看，再转向前方看右手，如图 8-18 所示。

（4）此步骤与（2）同，只是左右相反，如图 8-19 所示。

图 8-18　左右倒卷肱（3）

图 8-19　左右倒卷肱（4）

（5）此步骤与（3）同，只是左右相反，如图 8-20 所示。

（6）此步骤与（2）同，如图 8-21 所示。

图 8-20　左右倒卷肱（5）

图 8-21　左右倒卷肱（6）

（7）此步骤与（3）同，如图 8-22 所示。

（8）此步骤与（2）同，只是左右相反，如图 8-23 所示。

图 8-22　左右倒卷肱（7）

图 8-23　左右倒卷肱（8）

要点：前推的手不要伸直，后撤手也不可直向回抽，随转体仍走弧线。前推时，要转腰松胯，两手的速度要一致，避免僵硬。退步时，脚掌先着地，再慢慢全脚踏实，同时，前脚随转体以脚掌为轴扭正。退左脚略向左后斜，退右脚略向右后斜，避免使两脚落在一条直线上。退时，眼神随转体动作先向左右看，然后再转看前手；最后，退右脚时，脚尖外撇的角度略大，便于接做“左揽雀尾”的动作。

（三）第三组动作

1. 左揽雀尾

（1）上体微向右转，同时右手随转体向后上方画弧平举，手心向上，左手放松，手心向下；眼看左手，如图 8-24 所示。

（2）身体继续向右转，左手自然下落逐渐翻掌经腹前画弧至右肋前，手心向上；右臂屈肘，手心转向下，收至右胸前，两手相对成抱球状；同时身体重心落在右腿上，左脚收到右脚内侧，脚尖点地；眼看右手，如图 8-25 所示。

图 8-24　左揽雀尾（1）

图 8-25　左揽雀尾（2）

（3）上体微向左转，左脚向左前方迈出，上体继续向左转，右腿自然蹬直，左腿屈膝，成左弓步；同时左臂平屈成弓形，用前臂外侧和手背向左前方推出，高与肩平，手心向后；右手向右下落放于右胯旁，手心向下，指尖向前；眼看左前臂，如图 8-26 所示。

图 8-26　左揽雀尾（3）

要点：左前臂推出时，两臂前后均保持弧形。分手、松腰、弓腿三者必须协调一致。揽雀尾弓步时，两脚跟横向距离不超过 10 厘米。

（4）身体微向右转，左手随即前伸翻掌向下，右手翻掌向上，经腹前向上、向前伸至左前臂下方；然后两手下捋，即上体向右转，两手经腹前向右后上方画弧，直至右手手心向上，高与肩齐，左臂平屈于胸前，手心向后，同时身体重心移至右腿；眼看右手，如图 8–27 所示。

图 8-27　左揽雀尾（4）

要点：下捋肘，上体不可能前倾，臀部不要凸出。两臂下捋须随腰旋转，仍走弧线。左脚全掌着地。

（5）上体微向左转，右臂屈肘折回，右手附于左手腕里侧（相距约 5 厘米），上体继续向左转，双手同时向前慢慢推出，左掌心向后，右掌心向前，左前臂要保持半圆，同时身体重心逐渐前移成左弓步，眼看左手腕部，如图 8–28 所示。

图 8-28　左揽雀尾（5）

要点：向前推时，上体要正直。推的动作要与松腰、弓腿相一致。

（6）左手翻掌，手心向下，右手经左腕上方向前、向右伸出，高与左手齐，手心向下，两手左右分开，宽与肩同，然后右腿屈膝，上体慢慢后坐，身体重心移至右腿上，左脚尖翘起，同时两手屈肘回收至腹前，手心均向前下方，眼向前平视，如图 8–29 所示。

图 8-29　左揽雀尾（6）

（7）身体重心慢慢前移，同时两手向前、向上推出，掌心向前，左腿前弓成左弓步，眼平视前方，如图 8-30 所示。

图 8-30　左揽雀尾（7）

2. 右揽雀尾

（1）上体后坐并向右转，身体重心移至右腿，左脚尖里扣；右手向右平行画弧至右侧，然后由右下经腹前向左上画弧至左肋前，手心向上；左臂平屈胸前，左手掌向下与右手成抱球状，同时身体重心再移至左腿上，右脚收至左脚内侧，脚尖点地；眼看左手，如图 8-31 所示。

图 8-31　右揽雀尾（1）

（2）此步骤同“左揽雀尾（3）”，只是左右相反，如图 8–32 所示。

图 8–32　右揽雀尾（2）

（3）此步骤同“左揽雀尾（4）”，只是左右相反，如图 8–33 所示。

图 8–33　右揽雀尾（3）

（4）此步骤同“左揽雀尾（5）”，只是左右相反，如图 8–34 所示。

图 8–34　右揽雀尾（4）

（5）此步骤同“左揽雀尾（6）”，只是左右相反，如图 8-35 所示。

图 8-35 右揽雀尾（5）

（6）此步骤同“左揽雀尾（7）”，只是左右相反，如图 8-36 所示。

图 8-36 右揽雀尾（6）

要点：均与“左揽雀尾”相同，只是左右相反。

（四）第四组动作

1. 单鞭

（1）上体后坐，身体重心逐渐移至左脚，右脚尖里扣，同时上体左转，两手（左高右低）向左弧形运转，直至左臂平举，伸于身体左侧，手心向左，右手经腹前运至左肋前，手心向后上方；眼看左手，如图 8-37 所示。

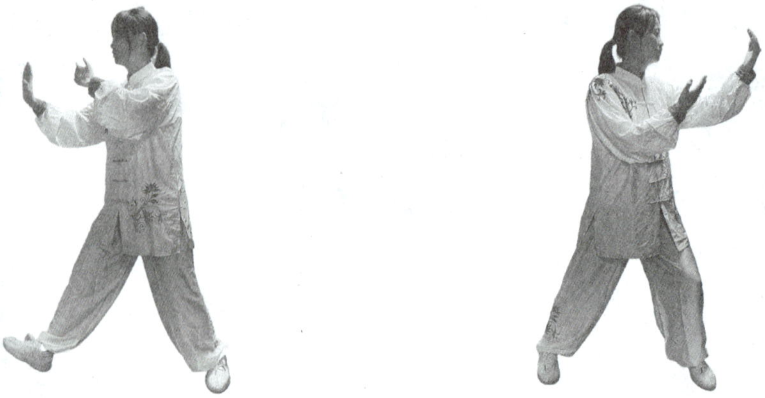

图 8-37 单鞭（1）

（2）身体重心再渐渐移至右腿，上体右转，左脚向右脚靠拢，脚尖点地，同时右手向右上方画弧（手心由里转向外），至右侧方时变勾手，臂与肩平；左手向下经腹前向右上画弧停于右肩前，手心向里；眼看左手，如图 8-38 所示。

图 8-38 单鞭（2）

（3）上体微向左转，左脚向左前侧方迈出，右脚跟后蹬，成左弓步；在身体重心移向左腿的同时，左掌随上体的继续左转慢慢翻转向前推出，手心向前，手指与眼齐平，臂微屈；眼看左手，如图 8-39 所示。

图 8-39 单鞭（3）

要点：上体保持正直，松腰。完成式时，右臂肘部稍下垂，左肘与左膝上下相对，两肩下沉。左手向外翻掌前推时，要随转体边翻边推出，不要翻掌太快或最后突然翻掌。全部过渡动作，上下要协调一致。如面向南起势，单鞭的方向（左脚尖）应向东偏北（约为 15°）。

2. 云手

（1）身体重心移至右腿，身体渐向右转，左脚尖里扣；左手经腹前向右上画弧至右肩前，手心斜向后，同时右手变掌，手心向右前；眼看右手，如图 8–40 所示。

图 8–40　云手（1）

（2）上体慢慢左转，身体重心随之逐渐左移；左手由脸前向左侧运转，手心渐渐向左方；右手由右下经腹前向左上画弧，至左肩前，手心斜向后；同时右脚靠近左脚，成小开立步（两脚距离约 10 ~ 20 厘米）；眼看左手，如图 8–41 所示。

图 8–41　云手（2）

（3）上体再向右转，同时左手经腹前向右上画弧至右肩前，手心斜向后；右手向右侧运转，手心翻转向右；随之左腿向左横跨一步；眼看左手，如图 8–42 所示。

图 8-42　云手（3）

（4）此步骤同（2），眼看左手，如图 8-43 所示。

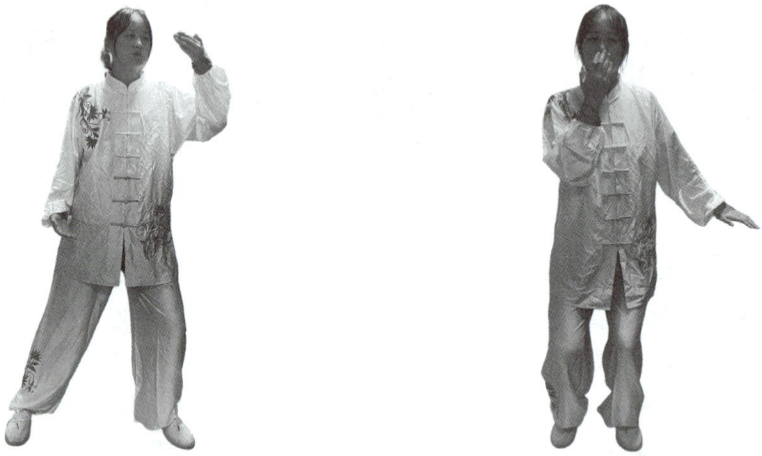

图 8-43　云手（4）

（5）此步骤同（3），眼看右手，如图 8-44 所示。

图 8-44　云手（5）

(6)此步骤同(2),如图 8-45 所示。

图 8-45 云手(6)

要点:身体转动要以腰脊为轴,松腰、松胯,不可忽高忽低。两臂随腰的转动而运转,要自然圆活,速度要缓慢均匀。下肢移动时,身体重心要稳定,两脚掌先着地再踏实,脚尖向前。眼的视线随左右手而移动;第三个“云手”,沿脚最后跟步时,脚尖微向里扣,便于接“单鞭”动作。

3. 单鞭

(1)上体向右转,右手随之向右运转,至右侧方时变成勾手;左手经腹前向右上画弧至右肩前,手心向内,身体重心落在右腿上,左脚尖点地,眼看右手,如图 8-46 所示。

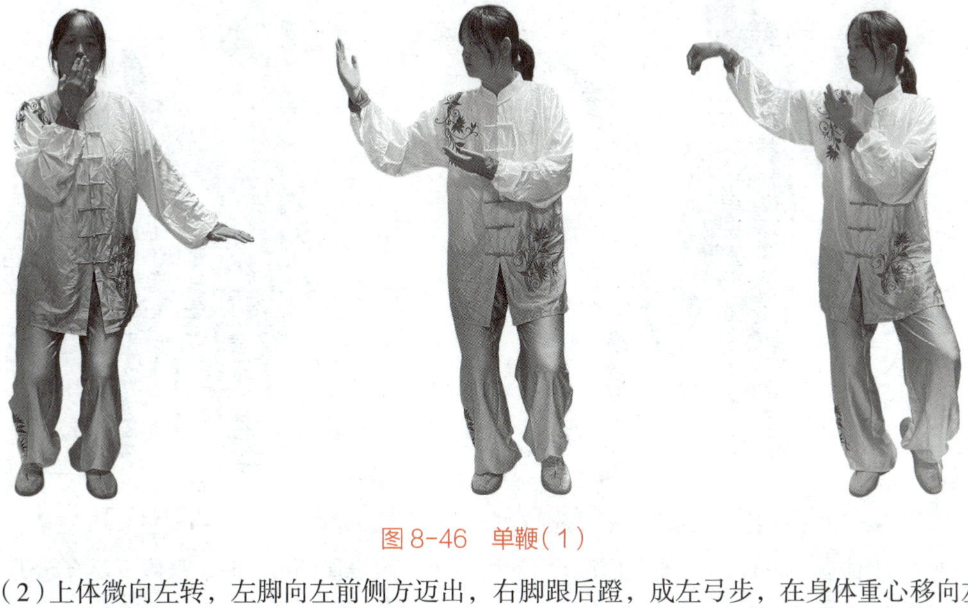

图 8-46 单鞭(1)

(2)上体微向左转,左脚向左前侧方迈出,右脚跟后蹬,成左弓步,在身体重心移向左腿的同时,上体继续左转,左掌慢慢翻转向前推出,成“单鞭”势,如图 8-47 所示。

要点:与前面的“单鞭”势相同。

图 8-47　单鞭（2）

（五）第五组动作

第五组动作

1. 高探马

（1）左脚跟进半步，身体重心逐渐后移至右腿上，右勾手变成掌，两手心翻转向上，两肘微屈，同时身体微向右转，左脚跟渐渐离地，眼看左前方，如图 8–48 所示。

（2）上体微向左转，面向前方，右掌经右耳旁向前推出，手心向前，手指与眼同高，左手收至左侧腰前，手心向上，同时左脚微向前移，脚尖点地，成左虚步，眼看右手，如图 8–49 所示。

图 8–48　高探马（1）

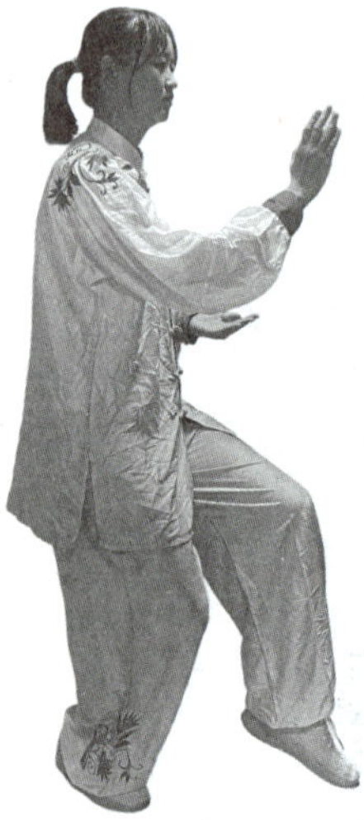

图 8–49　高探马（2）

要点：上体自然正直，双肩要下沉，右肘微下垂。跟步移换重心时，身体不要有起伏。

2. 右蹬脚

（1）左手手心向上，前伸至右手腕背面，两手相互交叉，随时向两侧分开并向下画弧，手心斜向上，同时左脚提起向左前侧方进步（脚尖略外撇），身体重心前移，右腿自然蹬直，成左弓步，眼看前方，如图 8-50 所示。

图 8-50　右蹬脚（1）

（2）两手由外圈向里圈画弧，两手交叉合抱于胸前，右手在外，手心均向内，同时右脚向左脚靠拢，脚尖点地；眼平视右前方，如图 8-51 所示。

（3）两臂左右画弧分开平举，肘部微屈，手心均向外，同时右腿屈膝提起，右腿向右前方慢慢蹬出，眼看右手，如图 8-52 所示。

图 8-51　右蹬脚（2）

图 8-52　右蹬脚（3）

要点：身体要稳定，不可前俯后仰。两手分开时，腕部与肩齐平。蹬脚时，左腿微屈，右脚尖回勾，劲使在脚跟。分手和蹬脚须协调一致。右臂和右腿上下相对。如面向南起势，蹬脚方向应为正东偏南（约 30°）。

3. 双峰贯耳

（1）右腿收回，屈膝平抬，左手由后向上、向前下落至体前，两手掌心均翻转向上，两手同时向下画弧分落于右膝盖两侧，眼看前方，如图 8-53 所示。

图 8-53 双峰贯耳(1)

(2)右脚向右前方落下，身体重心渐渐前移，成右弓步，面向右前方；同时两手下落，慢慢变拳，分别从两侧向上、向前画弧至面部前方，成钳形，两拳相对，高与耳齐，拳眼都斜向内下(两拳间距离约 10 ~ 20 厘米)，眼看右拳，如图 8-54 所示。

图 8-54 双峰贯耳(2)

要点：完成势时，头颈正直，松腰松胯，两拳松握，沉肩垂肘，两臂均保持弧形。双峰贯耳的弓步和身体方向与右蹬脚方向相同。

4. 转身左蹬脚

(1)左腿屈膝后坐，身体重心移至左腿，上体左转，右脚尖里扣，同时两拳变掌，由上向左右画弧分开平举，手心向前，眼看左手，如图 8-55 所示。

图 8-55 转身左蹬脚(1)

（2）身体重心再移至右腿，左脚收到右脚内侧，脚尖点地；同时两手由外圈向里圈画弧合抱于胸前，左手在外，两手心均向内；眼平视左方，如图 8–56 所示。

图 8-56　转身左蹬脚（2）

（3）两臂左右画弧分开平举，肘部微屈，手心均向外；同时左腿屈膝提起，左脚向左前方慢慢蹬出；眼看左手，如图 8–57 所示。

要点：与“右蹬脚”相同，只是左右相反。左蹬脚方向与右蹬脚成 180°（正西偏北，约 30°）。

图 8-57　转身左蹬脚（3）

（六）第六组动作

第六组动作

1. 左下势独立

（1）左腿收回平屈，上体右转；右掌变成勾手，左掌向上，向右画弧下落，立于右肩前，掌心斜向后，眼看右手，如图 8–58 所示。

图 8-58　左下势独立（1）

（2）沿腿慢慢屈膝下蹲，左腿由内向左侧（偏后）伸出，成左仆步，左手下落（掌心向外）向左下顺左腿外侧向前穿出，眼看左手，如图 8-59 所示。

图 8-59　左下势独立（2）

要点：右腿全蹲时，上体不可过于前倾。左腿伸直，左脚尖须向里扣，两脚脚掌全部着地。左脚尖与右脚跟踏在中轴线上。

（3）身体重心前移，左脚跟为轴，脚尖尽量向外撇，左腿前弓，右腿后蹬，右脚尖里扣，上体微向左转并向前起身；同时左臂继续向前伸出（立掌），掌心向右，右勾手下落，勾尖向后；眼看左手，如图 8-60 所示。

图 8-60　左下势独立（3）

（4）右腿慢慢提起平屈，成左独立式，同时右勾手变掌，并由后下方顺右腿外侧向前弧行摆出，屈臂立于右腿上方，肘与膝相对，手心向左，左手落于左胯旁，手心向下，指尖向前，眼看右手，如图 8–61 所示。

图 8–61　左下势独立（4）

2. 右下势独立

（1）右脚下落于左脚前，脚掌着地，然后左脚前掌为轴转动脚跟，身体随之左转；同时左手向后平举变成勾手，右掌随着转体向左侧画弧，立于左肩前，掌心斜向后，眼看左手，如图 8–62 所示。

图 8–62　右下势独立（1）

（2）此步骤同“左下势独立（2）”，只是左右相反，如图 8–63 所示。

图 8–63　右下势独立（2）

（3）此步骤同“左下势独立（3）”，只是左右相反，如图 8-64 所示。

（4）此步骤同“左下势独立（4）”，只是左右相反，如图 8-65 所示。

图 8-64　右下势独立（3）

图 8-65　右下势独立（4）

要点：右脚尖触地后必须稍微提起，然后向下仆腿。其他均与“左下势独立”相同，只是左右相反。

（七）第七组动作

1. 左右穿梭

第七、八组动作

（1）身体微向左转，左脚向前落地，脚尖外撇，两腿屈膝成半盘坐势；同时两手在左胸前成抱球状（左上右下）；然后右脚收到左脚的内侧，脚尖点地，眼看左前臂，如图 8-66 所示。

图 8-66　左右穿梭（1）

（2）身体右转，右脚向前方迈出，屈膝弓腿，成右弓步，同时右手由脸前向上举并翻掌停在额前，手心斜向上，左手先向左下再经体前向前推出，高与鼻尖平，手心向前，眼看左手，如图 8-67 所示。

图 8-67 左右穿梭（2）

（3）身体重心略向后移，右脚尖稍向外撇，随即身体重心再移至右腿，左脚跟进，停于右脚内侧，脚尖点地；同时两手在右胸前成抱球状（右上左下），眼看右前臂，如图 8-68 所示。

图 8-68 左右穿梭（3）

（4）此步骤同（2）解，只是左右相反，如图 8-69 所示。

图 8-69 左右穿梭（4）

要点：完成姿势面向斜前方（如面向南起势，左右穿梭方向分别为正西偏北和正西偏南，均约 30°）。手推出后，上体可前俯。手向上举时，防止引肩上耸。一手上举一手前推要与弓腿松腰上下协调一致。做弓步时，两脚跟的横向距离保持在 30 厘米左右。

2. 海底针

右脚向前跟进半步，身体重心移至右腿，左脚稍向前移，脚尖点地，成左虚步，同时身体稍向右转，右手下落经体前向后、向上提抽至肩上耳旁，再随身体左转，由右耳旁斜向前下方插出，掌心向左，指尖斜向下；与此同时，左手向前、向下画弧落于左胯旁，手心向下，指尖向前；眼看前下方，如图 8-70 所示。

图 8-70　海底针

要点：身体要先向右转，再向左转；完成姿势面向正西；上体不可太前倾；避免低头和臀部外凸；左腿要微屈。

3. 闪通臂

上体稍向右转，左脚向前迈出，屈膝弓腿成左弓步，同时右手由体前上提，屈臂上举，停于右额前上方，掌心翻转斜向上，拇指朝下，左手上起经胸前向前推出，高与鼻尖平，手心向前；眼看左手，如图 8-71 所示。

图 8-71　闪通臂

要点：完成姿势上体自然正直，松腰、松胯；左臂不要完全伸直，背部肌肉要伸展开。推掌，举掌和弓腿动作要协调一致。弓步时，两脚跟横向距离不超过10厘米。

（八）第八组动作

1. 转身搬拦捶

（1）上体后坐，重心移至右腿，左脚尖里扣，身体向右后转，然后身体重心再移至左腿；与此同时，右手随着转体向右、向下（变拳）经腹前画弧至左肋旁，拳心向下；左掌上举于头前，掌心斜向上；眼看前方，如图8–72所示。

图8–72　转身搬拦捶（1）

（2）向右转体，右拳经胸前向前翻转撇出，拳心向内；左手落于左胯旁，掌心向下，指尖向前；同时右脚收回后（不要停顿或脚尖点地）即向前迈出，脚头外撇；眼看右拳，如图8–73所示。

图8–73　转身搬拦捶（2）

（3）身体重心移至右腿上，左脚向前迈一步；左手上起经左侧向前上画弧抻出，掌心向前下方；同时右掌向右画弧收到右腰旁，拳心向上；眼看左手，如图 8–74 所示。

（4）左腿前弓成左弓步，同时右拳向前打出，拳眼向上，高与胸平，左手附于右前臂里侧；眼看右拳，如图 8–75 所示。

图 8-74　转身搬拦捶（3）

图 8-75　转身搬拦捶（4）

要点：右拳不要握得太紧。右拳回收时，前臂要慢慢内旋画弧，然后再外旋停于右腰旁，拳眼向上。向前打拳时，右肩随拳略向前引伸，沉肩垂肘，右臂要微屈。

2. 如封似闭

（1）左手由右腕下向前伸出，右拳变掌，两手手心逐渐翻转向上并慢慢分开回收，同时身体后坐，左脚尖翘起，身体重心移至右腿；眼看前方，如图 8–76 所示。

图 8-76　如封似闭（1）

（2）两手在胸前翻掌，向下经腹前再向上、向前推出，腕部与肩平，手心向前，同时左腿前弓成左弓步；眼看前方，如图 8–77 所示。

图 8–77　如封似闭（2）

要点：身体后坐时，避免后仰，臀部不可凸出。两臂随身体回收时，肩、肘部略向外松开，不要直着抽回。两手推出宽度不要超过双肩。

3. 十字手

（1）屈膝后坐，身体重心移向右腿，左脚尖里扣，向右转体；右手随着转体动作向右平摆画弧，与左手成两臂侧平举，掌心向前，肘部微屈，同时右脚尖随着转体稍向外撇，成右侧弓步；眼看右手，如图 8–78 所示。

图 8–78　十字手（1）

（2）身体重心慢慢移至左腿，右脚尖里扣，随即向左收回，两脚距离与肩同宽，两腿逐渐蹬直，成开立步，同时两手向下经胸腹前向上画弧交叉合抱于胸前，两臂撑圆，腕高与肩平，左手在外，成十字手，手心均向内；眼看前方，如图 8–79 所示。

图 8-79　十字手（2）

要点：两手分开和合抱时，上体不要前俯。站起后，身体自然正直，头要微向上顶，下颏稍向内收。两臂环抱时须圆满舒适，沉肩垂肘。

4. 收势

两手向外翻掌，手心向下，两臂慢慢下落，停于身体两侧；眼看前方，如图 8-80 所示。

图 8-80　收势

要点：两手左右分开下落时，要注意全身放松，同时气也徐徐下沉（呼气略加长）。呼吸平稳后，把左脚收到右脚旁，再走动休息。

任务二　武术基本功

学习目标

1. 熟悉武术的概述。

2. 知晓武术的起源与发展。
3. 了解武术的形式与分类。
4. 了解武术的特点和作用。
5. 掌握武术基本功。

一、武术概述

武术源于远古时期人类祖先的劳动实践，它既是一种体育运动，也是一种文化现象，有着深厚的文化内涵。中国传统武术以中国文化为理论基础，融合了儒释道哲学思想，与传统中医也有着紧密的联系，并演变成为一个复杂的，不断融合、发展的有机体。

武术发展至今已经有几千年的历史。春秋战国时期频繁的战争推动了练兵习武的空前盛行，武术开始向多样化发展，手搏、角力在民间拥有广泛的市场，人们尝试用拳打脚踢、连摔带拿等奇巧战术来制胜对方。在发展中，武术与养生相结合，逐渐形成了注重整体、强调精气、平衡阴阳的保健思想，这对武术的发展产生了重要影响。

近代武术在中国武术发展史上起到了承前启后的重要作用。近代中国时局动荡、战火不断，各种思潮激烈交锋。在这一段特殊的历史时期，中国武术虽然受到了一定程度的负面影响，但在“强国”理念的号召下，武术曾一度兴盛，同时武术运动还迎来了新局面，开始向着科学化、规范化的方向发展。

中华人民共和国成立后，武术成为我国体育事业的组成部分。1955 年，原国家体育运动委员会设立武术研究室，并将武术列为体育院系专业课。1956 年，中国武术协会成立。1957 年，原国家体育运动委员会将武术列为体育竞赛项目。1978 年，武术被列入大学生体育课教学计划。20 世纪 80 年代以后，我国通过专家出访、国际武术邀请赛、世界武术锦标赛等方式，同 40 多个国家和地区进行友好往来。在北京举行的第十一届亚运会中，武术被列为国际体育比赛项目，国际武术联合会成立。2008 年北京奥运会，武术被列为表演项目，这表明作为中华民族传统体育项目的武术正逐渐被世界所接纳，竞技武术在世界的传播和影响已不容忽视，武术终于初步实现了竞技武术国际化的目标。

二、武术的起源与发展

武术是以攻防技击为主要内容，通过套路、搏斗等运动形式来增强体质、培养意志的民族传统体育。武术运动是我国劳动人民在长期的社会实践中创造和发展起来的具有独特民族风格的体育项目，有“相搏”“武艺”“国术”之称。

中华武术历史悠久，从满足原始社会的狩猎生存的需要到封建社会满足群雄争霸的壮志，武术在此过程中扮演着重要角色。与此同时也促进了武术的发展与变革。其兵器由简单的石、木变成“十八般兵器”；其动作由简单的射、砍、刺、击，发展成为规范的刺、点、崩、劈、挂、扎、斩、扫、缠、穿、架、踢、打、摔跌等；其流派、体系也从模糊到清晰。

三、武术的形式与分类

武术的内容丰富多彩，按其运动形式可分为套路运动与搏斗运动两类。

（一）套路运动

套路运动，是指武术动作以攻守进退、动静急徐、刚柔虚实等矛盾运动的变化规律编成的整套练习形式，主要内容包括拳术、器械、对练、集体表演。

（二）搏斗运动

搏斗运动，是指两人在一定条件下按照一定的规则进行斗智斗力的对抗练习形式，包括散手、推手、短兵 3 项。

四、武术的特点和作用

（一）武术的特点

武术要求“内外合一，形神兼备”“外修其身，内修其心”。武术“内外合一，形神兼备”的特点主要是通过武术的功法和技法表现出来的。“内练精气神，外练筋骨皮”是各家、各派练功的准则。“外修其身，内修其心”强调的是修武的关键在于利用武术强身健体，通过武术运动的修为达到促进人体机能水平、适应能力、健康水平的提高的目的。

（二）武术的作用

（1）对人体健康具有积极的促进作用。

（2）能够提高防卫能力。

（3）能够磨炼意志。

（4）能够丰富社会文化生活，增进交流。

五、武术基本功

（一）手型基本功

1. 拳

（1）拳的手形。四指并拢卷握，拇指紧扣食指和中指的第二指节，拳面要平，拳握要紧，如图 8-81 所示。

（2）出拳。如图 8-82 所示，两脚左右开立，与肩同宽，两拳抱于腰间，肘尖向后，拳心向上。挺胸、收腹、立腰，右拳从腰间向前猛力冲出，转腰、顺肩，在肘关节过腰后右前臂向内旋。力达拳面，臂要伸直，高与肩平。同时左肘向后牵拉，练习时可左右手交替进行。

（3）架拳。如图 8-83 所示，两脚左右开立，与肩同宽，两拳抱于腰间，肘尖向后，拳心向上。右拳向下，向右，向上经头前向右上方划弧并在右前上方架起，拳眼向左，眼看左方。练习时，左右手交替进行。

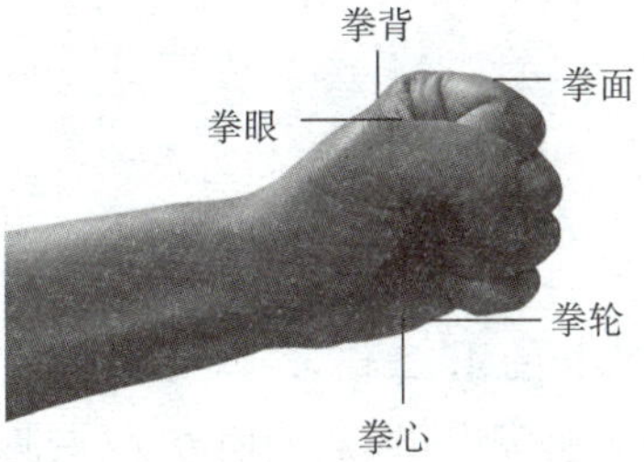

图 8-81　拳的手形

图 8-82　出拳

图 8-83　架拳

2. 掌

（1）掌的手形。四指并拢伸直，拇指弯曲紧扣于虎口处，如图 8-84 所示。

（2）推掌。如图 8-85 所示，两脚左右开立，与肩同宽，两拳抱于腰间，肘尖向后，拳心向上。右拳变掌，前臂内旋，并以掌根为力点，向前猛力推出。推击时要转腰、顺肩，臂要伸直，高与肩平。同时左肘向后牵拉。练习时，可以左右手交替进行。

（3）亮掌。如图 8-86 所示，两脚左右开立，与肩同宽，两拳抱于腰间，肘尖向后，拳心向上。右拳变掌，经体侧向右、向上划弧，至头部右前上方时，抖腕亮掌，臂成弧形。掌心向上，眼随右手动作转动，亮掌时，注视左方。练习时，左右手交替进行。

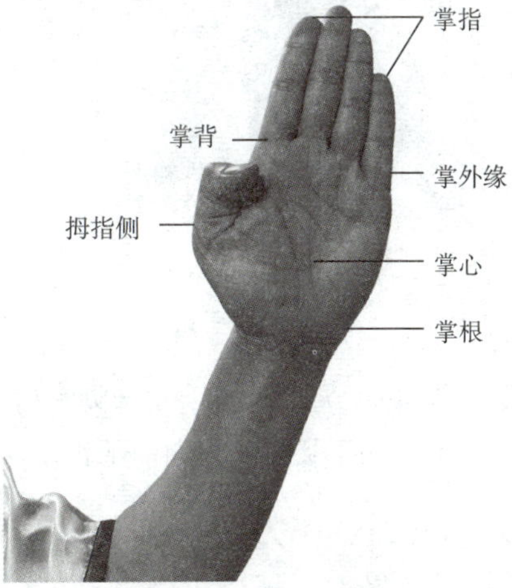

图 8-84　掌的手形

图 8-85　推掌

图 8-86　亮掌

3. 勾

五指第一指节捏拢在一起，屈腕，如图 8-87 所示。

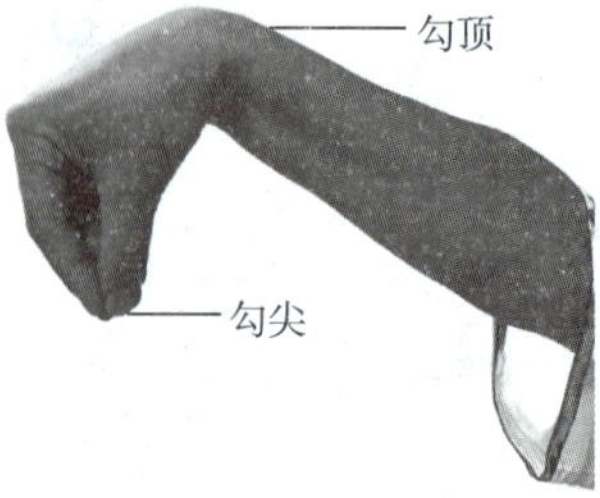

图 8-87 勾

（二）步型基本功

1. 弓步

如图 8–88 所示，并步直立抱拳。左脚向前一大步（为本人脚长的 4 ~ 5 倍），脚尖微内扣，左腿屈膝半蹲（大腿接近水平），膝与脚尖垂直。右腿挺膝伸直，脚尖内扣（斜向前方），两脚全脚掌着地。上体正对前方，眼向前平视，两手抱拳于腰间，弓右腿为右弓步，弓左腿为左弓步。

2. 马步

如图 8–89 所示，并步直立抱拳。两脚平行开立（约为本人脚长的 3 倍），脚尖正对前方，屈膝半蹲，膝部不超过脚尖，大腿接近水平，全脚掌着地，身体重心落于两腿之间，两手抱拳于腰间。

图 8-88 弓步

图 8-89 马步

3. 虚步

如图 8–90 所示，并步直立叉腰。两脚前后开立，右脚外展 45°。屈膝半蹲，左脚脚跟离地，脚面绷平，脚尖稍内扣，虚点地面，膝微屈，重心落于后腿上。两手叉腰。眼向前平视。左脚在前为左虚步，右脚在前为右虚步。

4. 仆步

如图 8–91 所示，并步直立抱拳。两脚左右开立，右腿屈膝全蹲，大腿和小腿靠紧，臀部接近小腿，右脚全脚掌着地，脚尖和膝关节外展，左腿挺直平仆，脚尖里扣，全脚掌着地。两手抱拳于腰间。眼向左方平视。仆左腿为左仆步；仆右腿为右仆步。

5. 歇步

如图 8-92 所示，并步直立抱拳。两脚交叉靠拢全蹲，左脚全脚掌着地，脚尖向外，右脚前脚掌着地，膝部贴近左腿外侧，臀部坐于右腿接近脚跟处。两手抱拳于腰间。眼向左前方平视。左脚在前为左歇步，右脚在前为右歇步。

图 8-90 （左）虚步

图 8-91 （左）仆步

图 8-92 （左）歇步

任务三　健身气功

学习目标

1. 了解五禽戏的渊源、练习要点，以及作用与含义。
2. 了解八段锦的渊源、练习要点，以及作用与含义。
3. 了解易筋经的渊源、练习要点，以及作用与含义。

一、五禽戏

（一）五禽戏的渊源

五禽戏，又名华佗五禽戏，是我国东汉时期的名医华佗在长期观察自然界中不同动物活动的姿势后，又总结前人锻炼身体的经验所创立的。五禽戏结合了阴阳、五行、藏象及气血等相关的中医理论，主要以运动四肢关节、脊柱、疏通经络及按摩脏腑为原则，以养生、防病和治病为主要目的，是一套保健强身、祛病延年的传统导引养生术。华佗创编五禽戏距今已有 1 700 余年，可谓是我国历史上流传最为久远的导引养生术。五禽戏由 5 组动作构成，分别为虎戏、鹿戏、熊戏、猿戏和鸟戏。每组动作又分为两式，共 10 个动作，每组动作分别模仿了相应动物的动作习性和生活特点，是一种外动内静、动中求静、刚中有柔、柔中带刚、刚柔相济、形意相随、内外兼修的仿生学功法。五禽戏的创立，对我国乃至世界传统保健养生功法具有重要的意义。

据记载，以模仿动物来达到锻炼身体的功法早在汉代以前就有，如“吐故纳新，熊经鸟申，为寿而已矣。此道引之士、养形之人，彭祖寿考者之所好也（《庄子·刻意》）”“若吹呴呼吸，吐故内新，熊经鸟伸，凫浴猿躩、鸱视虎顾，是养形之人也不以滑心（《淮南子》）”。湖南长沙马王堆汉墓中所出土的帛画《导引图》中亦绘有多幅模仿熊、鸟、鹤、猿、猴、龙等动物形态进行锻炼的姿态图。

华佗所编创的五禽戏，最早的相关记载可见于西晋时期陈寿所著的《三国志·华佗传》：“吾有一术，名五禽之戏，一曰虎，二曰鹿，三曰熊，四曰猿，五曰鸟。亦以除疾，并利蹄足，以当导引。”与南北朝时期范晔在《后汉书·华佗传》中的记载基本相同。五禽戏初期并没有相关的文字流传，华佗在将前人的导引养生术进行了系统的总结后，组合成套路，并通过口授身传使其得以传播。

（二）五禽戏的练习要点

1. 虎戏

（1）基本功法。

①基本手型。虎戏的基本手型为“虎爪”，练习时将五指向外撑开，手掌尽量展开、撑圆，双手手指的第 1、第 2 指节关节皆弯曲内扣，犹如老虎的虎爪般威猛，充满力量，如图 8-93 所示。

②基本步型。虎戏的基本步型为“虎扑步”，练习时先以左脚向身体左侧 45°迈出一步，脚尖向上翘起，以脚跟着地，同时膝盖微屈；右腿微屈下蹲，以全脚掌着地，脚尖斜向身体外侧约 45°。屈曲的膝盖与脚尖方向一致；身体的重心以右脚为主，右脚约七分力，左脚约三分力。之后换右脚迈出，方向与左脚对称，动作要点与前者一致，如图 8-94 所示。

图 8-93　虎爪

图 8-94　虎扑步

（2）正式动作。

①虎举。

a. 站立位，两脚分开，在同一水平线上，距离约与肩同宽，两臂自然下垂，全身放松；头微微下低，同时双手掌心向下方撑，十指张开撑圆，将十指的第 1、第 2 指节关节弯曲内扣，变成虎爪状，并且目视左掌。虎举站立位如图 8-95 所示。

虎举

b.双掌变虎爪状后，以小指为先，其余四指依次弯曲握拳，拇指扣在中指与食指的第 2 指关节上，攥紧拳头，然后肘关节屈曲，以肘为轴，双手拳心相对，沿着身体前面缓缓上握，如图 8–96 所示。

图 8–95　虎举站立位

图 8–96　双手握拳相对

c.待双拳上升至与肩同高时，手掌放松，打开十指，匀速向上举至头上方，同时缓缓仰头，眼随手走；当手掌上升至极点后，手指再次张开撑圆、弯曲变成虎爪，掌心向上，并与呼吸相配合，上举时吸气；双掌上举时，要有抻筋拔骨的感觉，身体保持中正垂直，犹如托起重物一般，目视双掌，如图 8–97 所示。

d.变虎爪仍以小指为先，其余四指依次弯曲握拳，攥紧拳头，拳心相对，后屈肘缓缓用力，匀速下拉，目视双拳移动，至肩前高度，松拳为掌，同样配合呼吸方法，下落时呼气，如图 8–98 所示。

e.双肘自然外展，掌心朝下，沿着身体前面缓缓下按至腹前，置双手于身体两侧，目视前方，全身放松，自然呼吸，如图 8–99 所示。

本式动作要求左右连贯、交替重复练习数次（次数因人而异）后，双手自然下垂于身体两侧，目视前方。

图 8–97　双手上举变爪

图 8–98　双手握拳下落

图 8–99　收势

②虎扑。

虎扑

a.站立位，两脚分开，在同一水平线上，距离约与肩同宽，两臂自然下垂，全身放松；双手握空拳，同时微屈膝下蹲，由膝关节开始，随着向前顶膝、顶髋、顶腹，身体逐步后仰呈弓形；空拳沿着身体两侧随身体运动而提至肩膀的前上方，如图 8-100、图 8-101 所示。

b.身体缓缓弯腰前伸，与双腿呈 90°，双拳则从肩前上方向上、向前扑出，同时将握空拳时的十指弯曲状态转变为虎爪状，掌心朝下，挺胸塌腰，头微微抬起，目视前方，如图 8-102 所示。

图 8-100　两臂自然下垂，全身放松

图 8-101　身体逐步后仰，同时空攀上提

图 8-102　弯腰前伸，空拳变爪

c.双腿微屈、下蹲，身体的重心在两脚中间，同时含胸收腹，双手呈虎爪状下按后拉回至身体两侧，掌心向下，目视前方，如图 8-103 所示。

d.手形由虎爪变成空拳，仍由膝关节开始，随着向前顶膝、顶髋、顶腹，身体逐步后仰呈弓形；空拳沿着身体两侧随身体运动而提至肩膀的前上方，拳心向下，目视前方，如图 8-104 所示。

图 8-103　双腿微屈、下蹲

图 8-104　身体逐步后仰，空拳上提

e.重心移至右侧，右腿站立，左腿屈膝提起，脚面内扣，同时双手由空拳变成虎爪状，手上举伸展，左脚往左前方迈出一步落下，以脚跟着地，右腿呈微屈膝下蹲，重心在右，成左虚步；同时上体前倾，双虎爪迅速向前、向下扑按至膝前两侧，两臂撑圆，掌心朝下，双目圆瞪，

怒视脚尖，如虎扑食状，如图 8-105、图 8-106 所示。

图 8-105　提左膝，脚内扣，空拳变爪

图 8-106　左腿迈出，双手向前、向下扑按

f. 以上动作稍作停顿，然后上半身抬起，将左脚收回，双脚开步，同肩宽站立，随之双手收回，自然垂于身体两侧，目视前方。

本式动作要求左右连贯、交替重复练习数次（次数因人而异）后，双手自然下垂于身体两侧，目视前方。

（3）易犯错误与纠正方法。

①易犯错误。

a. 手直接由掌变拳，虎爪状不明显。

b. 两掌上举时，身体后仰，成反弓状。

c. 虎爪和握拳两种手形的变化过程掌握不当。

d. 身体由折弯到展开不够充分，两手配合得不够协调。

e. 向前迈步成虚步时，重心不稳，左右摇晃。

②纠正方法。

a. 手指撑开后，先依次屈曲第 1、第 2 节指关节，再紧握成拳。

b. 两掌向头部正上方托举，身体与地面保持垂直。

c. 两手前伸抓扑时，拳变虎爪，力达指尖，由柔转刚；两掌向内划弧回收时，虎爪屈拢，轻握空拳，由刚转柔。

d. 身体前挺展开时，两手要注意后伸，运行路线要成弧形，协助身体完成屈伸蠕动。

e. 迈步时，两脚横向间距要保持一定宽度，适当增大稳定角度。

2. 鹿戏

（1）基本功法。

①基本手型。鹿戏的基本手形为“鹿角”，五指张开、伸直，然后中指、无名指弯曲内扣，如图 8-107 所示。

②基本步法。

a. 弓步：一腿向同侧身体外侧斜 45°，方向迈出一步，同时膝关节弯曲成 90° 左右，迈出脚膝关节与脚

图 8-107　鹿角

尖方向要相一致，脚尖稍内扣，另一腿自然蹬直，全脚掌着地，脚尖亦稍向内扣，而且身体保持中正，与地面相垂直。

按照动作的不同方向，弓步可分为前弓步、后弓步、侧弓步等，如图 8-108 所示。

b.丁步：重心倒向支撑腿站立，膝盖微屈，脚尖朝前，同时另一条腿屈膝，前脚掌着地，脚尖亦朝向前方，如图 8-109 所示。

图 8-108 （前）弓步

图 8-109 丁步

（2）正式动作。

①鹿抵。

a.站立位，两脚分开，在同一水平线上，距离约与肩同宽，两臂自然下垂，全身放松；双腿微屈曲，身体重心倒向右腿，将左脚收回至右脚旁，呈左丁步站立；双手握成空拳状，双手臂同时向身体右侧摆起，右臂微屈，左臂屈曲，左空拳面对着右前臂，约与肩同高，拳心向下，眼随手动，目视右拳，如图 8-110 所示。

鹿抵

b.左脚向左前方 45°迈出一步，脚跟着地，重心向前移，左脚逐渐踩实，左腿屈膝，左脚尖外撇、蹬实，右腿随之蹬直，成左弓步，同时五指张开、伸直，中指、无名指弯曲内扣，手形由空拳变为鹿角状；以腰为轴身体向左尽量扭转，保持下半身不动同时双“鹿角”向左上划弧，掌心向外，鹿角指尖朝左后方，左臂屈肘，前臂外展平伸，左肘部抵靠左侧腰部；右臂上撑举至头前上方，头向后下转，目视右脚跟，如图 8-111 所示。

图 8-110 双手臂同时向身体右侧摆起

图 8-111 右臂上举，头转向后下

c.以上动作稍作停顿，身体后坐、右转、扣左脚脚尖，同时双手向上、向右下划弧，落下的同时双鹿角转换为握空拳下落于体前，将左脚收回，开步站立，目视前方。

本式动作左右连贯、交替重复数次（次数因人而异）后，双手自然下垂于体侧，目视前方。

②鹿奔。

a.站立位，两脚分开，在同一水平线上，距离约与肩同宽，两臂自然下垂，全身放松；现将重心移至右侧，左脚抬起，向左前方 45 °迈出一步，脚跟着地，重心随屈膝前移，右腿随之蹬直，转换成左弓蹬步，膝盖与脚尖方向一致，同时双手握空拳，随着向前迈步而上提至腰间，并随重心前移而向前推出约与肩平，与肩同宽，拳心朝前；稍作停顿后，突然屈腕如鹿蹄奔腾，目视前方，如图 8–112 所示。

鹿奔

b.身体重心向后移，左膝伸直，右腿屈膝，全脚掌着地，同时低头、收腹、弓背，双臂随之内旋，两掌背相对、前伸，同时空拳转变为鹿角，如图 8–113 所示。

图 8–112　如鹿蹄奔腾

图 8–113　两掌背相对变角

c.身体重心前移，上身挺起，同时右腿伸直，左腿屈曲，成左弓蹬步，松肩沉肘，双臂外旋，鹿角转换为空拳，拳心向前，目视前方。

d.左脚内扣收回，双脚成开立步，双手空拳变掌，落于身体两侧，目视前方。

本式动作左右连贯、交替重复数次（次数因人而异）后，双手自然下垂于身体两侧，目视前方。

（3）易犯错误与纠正方法。

①易犯错误。

a.腰部侧屈拧转时，身体过于前倾。

b.身体侧屈幅度不够，眼看不到后脚跟。

c.落步后两脚成一直线，重心不稳，上体紧张歪扭。

d.背部“横弓”与躯干“竖弓”不够明显。

②纠正方法。

a.后腿沉髋，有助于上体正直，可加大腰部拧转幅度。

b.重心前移，增加前腿膝关节弯曲度，同时加大上举手臂向后下方伸展的幅度。

c.脚提起后，向同侧肩部正前方跨步，保持两脚横向宽度。

d.加大两肩内旋幅度，可增大收胸程度，头髋前伸，收腹后顶，可增大躯干的后弯幅度。

3. 熊戏

（1）基本功法。

①基本手型。熊戏的基本手型为“熊掌”，除了拇指以外，其余四指并拢、弯曲，不握紧，虎口撑圆，大拇指压于食指指甲尖端，如图 8–114 所示。

②基本步型。弓步，一腿向同侧身体外侧斜 45°，迈出一步，同时膝关节弯曲约 90°，迈出腿的膝关节与脚尖方向上下相对，脚尖稍内扣；另一腿自然伸直，全脚掌着地，脚尖亦稍内扣，而且身体保持中正，与地面垂直。按照动作的不同方向可分为前弓步、后弓步、侧弓步等，如图 8–115 所示。

图 8–114　熊掌

图 8–115　（前）弓步

（2）正式动作。

①熊运。

a. 站立位，两脚分开，在同一水平线上，距离约与肩同宽，两臂自然下垂，全身放松，双手握空拳为熊掌状，屈肘下垂，贴于腹前肚脐两侧天枢穴部位，目视斜前方，如图 8–116 所示。

熊运

b. 含胸松腰，以腰、腹部为轴，保持下半身中正，上半身向右侧倾斜，按顺时针方向做摇晃，双掌伴随着上半身摇晃，先后经右下腹、右肋部、上腹部、左肋部、左下腹部画圈，双眼伴随着身体的摇晃环视。如图 8–117 ~ 图 8–119 所示。

图 8–116　双手空拳贴于腹前

图 8–117　摇晃上半身（1）

图 8–118　摇晃上半身（2）

图 8–119　摇晃上半身（3）

c.收势，双手握空拳为熊掌状，屈肘下垂，贴于腹前肚脐两侧天枢穴部位，目视斜前方，如图 8-120 所示。

本式动作左右连贯、交替重复数次（次数因人而异）后，双手自然下垂于体侧，目视前方。

②熊晃。

a.站立位，两脚分开，在同一水平线上，距离约与肩同宽，两臂自然下垂，全身放松；双掌变为熊掌状，身体重心移至右脚，左髋随之上提，带动左脚上提离地，同时左脚屈膝上抬，目视前方，如图 8-121 所示。

熊晃

图 8-120　收势

图 8-121　站立位，两脚分开

b.身体重心向左前方移动，左脚向左前方迈步，身体放松向下自然落步，全脚掌着地、踏实，脚尖朝前，右腿蹬直呈弓步；身体向右转，同时重心前移，肘关节屈曲撑圆成弓形，左臂内旋、前靠，左拳向前摆至左膝前上方，拳心偏左，右拳摆至身体后侧，拳心朝后，头稍稍抬起，日视左前方，如图 8-122、图 8-123 所示。

c.身体向左转，重心后移右腿，右腿屈膝，同时左腿稍伸直，拧腰晃肩，带动双臂做前后弧形摆动，右拳摆动至身体前上方，拳心向下，此时左拳摆至身体后方，拳心朝后，目视左前方，如图 8-124 所示。

图 8-122　左脚向前迈步

图 8-123　身体右转，右拳后摆

图 8-124　身体左转，拧腰晃肩

d.身体再转向右侧，重心前移，左腿屈曲，右腿伸直，肘关节屈曲撑圆成弓形，左臂内旋、靠前，摆至左膝前上方，拳心朝左，右拳摆至身体后侧，拳心朝后，目视左前方。

本式动作左右连贯、交替重复数次（次数因人而异）后，双手自然下垂于体侧，目视前方。

（3）易犯错误与纠正方法。

①易犯错误。

a.两掌贴腹太紧或主动画圆形成摩腹动作，没有随腰部、腹部的转动协调地进行画圆摆动。

b.以腰、胯为轴进行转动，或身体摇晃幅度过大。

c.没有提髋动作，直接屈膝提腿，向前迈步。

d.落步时，脚用力前踏，髋关节处没有震动感。

②纠正方法。

a.肩肘放松，两掌轻附于腰、腹，体会用腰、腹的摇晃来带动两手运行的过程。

b.相对固定腰、胯位置，身体摇晃时，在意念上是做立圆摇转。因此，当向上摇晃时，做提胸收腹，充分伸展腰、腹；向下摆晃时，做含胸松腹，挤压脾、胃、肝等中焦区域的内脏器官。

c.可先练习左右提髋。方法是两肩保持水平，重心移向右脚，上提左髋，牵动左腿提起，再原处落下；然后重心左移，上提右髋。以此体会腰侧肌群收缩状态。

d.提髋，屈膝，身体重心前移，脚自然落地，体重落于全脚掌。同时踝、膝关节放松，使震动感传至髋部。

4. 猿戏

（1）基本功法。

①基本手型。猿戏的基本手型为“猿钩”，两手五指指腹捏拢，屈腕，如图 8–125 所示。

②基本步型。

a.丁步：支撑腿站立，膝关节微屈，脚尖朝前，另一条腿屈膝，靠向支撑腿，前脚掌着地，脚尖亦朝前方，重心在支撑腿上，如图 8–126 所示。

b.提踵：双脚脚跟提起，前脚掌着地，以头部百会穴牵动身体垂直向上，同时收腹、提肛，如图 8–127 所示。

图 8–125　猿勾

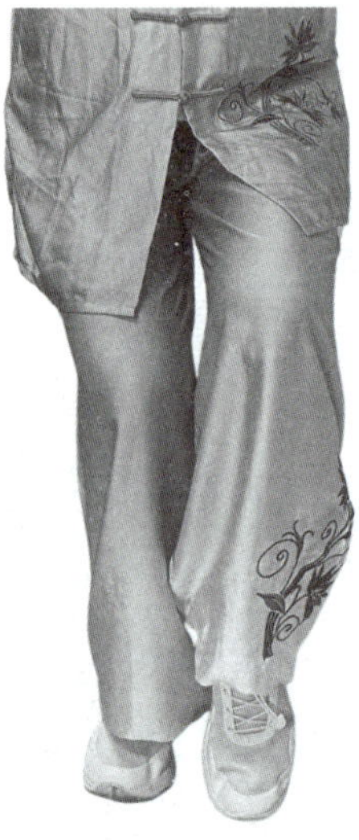

图 8–126　丁步

图 8–127　提踵

（2）正式动作。

①猿提。

猿提

a.站立位，两脚分开，在同一水平线上，距离约与肩同宽，两臂自然下垂，全身放松，双手从身体两侧移至体前，五指分开向外拨，然后迅速捏拢、由腕变为“猿钩”。如图 8–128、图 8–129 所示。

图 8-128　站立位，两脚分开

图 8-129　双手变为猿钩

b.两前臂屈肘，带动两“猿钩”在体前上提至胸部，同时两脚脚跟提起，双肩耸起、缩脖，收腹、提肛，成提踵态；然后头微向前伸，向左缓慢转动，目视身体左侧；同时配合呼吸，上提时缓慢深吸气，转头时自然呼吸，练习过程中耸肩、缩脖、收腹、提肛、提踵等动作，一气呵成，舒适到位。如图 8–130、图 8–131 所示。

c.头由左侧转正时，脖子自然上伸，松肩下沉，松腹，落肛，两脚跟缓慢着地，两“猿钩”变掌下按，掌心向下，收于身体两侧，同时目视前方；配合呼吸，下按时呼气，转头时自然呼吸，如图 8–132 所示。

图 8-130　屈肘提手至胸前

图 8-131　耸肩、缩脖、提踵

图 8-132　收势

本式动作左右连贯、交替重复数次（次数因人而异）后，双手自然下垂于身体两侧，目视前方。

②猿摘。

猿摘

a.站立位，两脚分开，在同一水平线上，距离约与肩同宽，两臂自然下垂，全身放松；重心倒向右侧，收左脚，变丁字步，左脚向左后方退出一步，转为右弓步，同时右掌向右前方伸出，掌心朝下，左掌变“猿钩”收至左侧腰部，目视右掌，如图 8–133 所示。

b.身体重心后移，重心落于左脚踏实，右脚收回到左脚内侧，前脚掌着地，屈曲下蹲，化为右丁字步。同时右掌向下经腹前向左上方画弧至头部左侧，眼随手走掌心向内，头先随右掌转向左侧，再快速转头至右前上方，稍作注视，如同灵猴发现了右边树梢上的仙桃一般，如图 8–134 所示。

图 8–133　右弓步，左掌前伸

图 8–134　右丁字步，收掌

c.右前臂内旋带动右掌，掌心向斜后方，沿着身体左侧斜后方推出右掌，目视右掌；右脚向右掌推出方向的正后方后退一大步，身体重心移向右腿，右腿绷直向上，随之左腿蹬直，抬起左脚脚跟，脚尖点地，同时随身体向右转动，右掌向右下方画弧、展开，左“猿钩”变掌，向前上方画弧伸举、展开，后迅速屈腕、捏钩成采摘状，灵动自然；同时右掌由右下方迅速屈腕、捏钩，掌心向下，稍低于左手猿钩，头稍向上抬，目视左手，如图 8–135 所示。

d.左手“猿钩”变掌，将拇指屈曲微握于掌心，右手变掌，随着身体重心下落，后移而自然收回，重心后移收回的同时，左腿屈曲下蹲，右脚收至左脚内侧，前脚掌着地，变回右丁步，同时左臂屈肘随身体左转，回至头侧方，由拳变掌，掌心向上，掌指自然分开，指向后方；右掌掌心朝前，随身体左转的同时向左前画弧收至左肘部，掌心向上托起，并目视左掌，犹如托起桃子一般，如图 8–136 所示。

图 8–135　立蹬腿，两手为猿钩状

图 8–136　右丁步，手如托桃

本式动作左击连贯、交替重复数次（次数因人而异）后，呈站立位，两脚分开，与肩同宽，全身放松，双手自然下垂于体侧，目视前方。

（3）易犯错误与纠正方法。

①易犯错误。

a.脚跟离地后，重心不稳，前后晃动。

b.耸肩不够充分，胸、背部和上肢不能充分团紧。

c.上、下肢动作配合得不够协调。

d.“摘桃”时，手臂向上直线推出，“猿钩”变化的时机掌握不准。

②纠正方法。

a.头部百会穴上拎，牵动整个身体垂直向上，起到稳定重心的作用。

b.以胸部膻中穴为中心，缩项、夹肘、团胸、收腹，可加强胸、背部和上肢的团紧程度。

c.下蹲时，手臂屈时，上臂靠近身体；蹬伸时，手臂充分展开。

d.向上采摘，手的运行路线呈向上弧形，动作到位时，手掌才变猿钩状。

5. 鸟戏

（1）基本功法。

①基本手型。鸟戏的基本手型为“鸟翅”，将五指伸直并拢，无名指、中指并拢向下轻按；拇指、食指、小指向上翘起，如图 8–137 所示。

②基本步型。

a.提膝独立：单脚支撑站立，另一腿屈膝向上提起，小腿垂直于地面，脚面放松稍内扣。如图 8–138 所示。

b.后伸腿：单脚支撑站立，另一脚向后方悬起，腿与脚面均自然伸直，如图 8–139 所示。

图 8–137　鸟翅

图 8–138　提膝独立

图 8–139　后伸腿

（2）正式动作。

①鸟伸。

a.站立位，两脚分开，在同一水平线上，距离约与肩同宽，两臂自然下垂，全身放松，双腿微微屈膝下蹲，重心下落，双掌相叠置于腹前，指尖向前，相叠后左右手的位置可随个人习惯而定，如图 8–140 所示。

鸟伸

b.相叠的双掌向上举至头部前上方，手臂自然伸直，掌心向下，手指朝前，同时配合呼吸，双掌上举时吸气，身体随之缓缓站立微前倾，提肩、塌腰、挺胸，目视前方。如图 8–141、图 8–142 所示。

c.双腿屈曲下蹲，重心下落，同时交叠的双掌缓慢下按至腹前，配合呼吸，双掌下按时呼气，目视双掌。

图 8–140　双掌相叠置于腹前

图 8–141　双掌上举（1）

图 8–142　双掌上举（2）

d.身体重心移向右侧，收左脚，右腿向上蹬直，左腿向后上方抬起、伸直，同时交叠的双掌向身体两侧分开，掌变为“鸟翅”，并向身体两侧后方自然地展开，掌心向后上方，伸颈、抬头、挺胸、塌腰，目视前方，如图 8–143 所示。

e.左脚自然回落，与肩同宽，双腿微微下蹲，双“鸟翅”变掌，置于腹前相叠，指尖朝前，目视双掌，相叠后左右手的位置可随个人习惯而定，如图 8–144 所示。

本式动作左右连贯、交替重复数次（次数因人而异）后，双手自然下垂于体侧，目视前方。

图 8–143　左腿上抬，双掌两侧分开

图 8–144　收势

②鸟飞。

鸟飞

a.站立位，两脚分开，在同一水平线上，距离约与肩同宽；两臂自然下垂，全身放松；身体重心微微下落，双膝屈曲，双掌变成鸟翅状，收于腹前，目视双掌。如图 8–145 所示。

b.右腿蹬直，重心上起，独立站立，左腿屈膝上抬，小腿自然下垂，左脚尖稍内扣绷直，同时双臂外展成翅状，经由腹前沿体侧向上举起，掌心向下，约与肩同高，肩膀放松，上举动作舒适缓慢，配合呼吸，上举时吸气，目视前方，如图 8–146 所示。

图 8–145　双膝屈曲，双掌变成鸟翅状

图 8–146　左腿屈膝上抬，双臂外展上举

c.左脚下落，脚尖点地，至右脚旁，同时双膝屈曲，双掌掌心相对，回落合于腹前，配合呼吸，下落时呼气，目视双掌。

d.右腿蹬直，重心上起，独立站立，左腿屈膝上抬，小腿自然下垂，左脚尖稍内扣绷直，同时双臂外展成翅状，经由腹前沿体侧向上举至头顶上方，掌背相对，指尖向上，配合呼吸，上举时吸气，目视前方，如图 8–147 所示。

e.收势。左脚全脚落地，换右脚脚尖点地，至于左脚旁，而且双腿微屈曲，双掌变为鸟翅状回落于腹前，配合呼吸，完成右侧鸟飞动作，最后两手自然下落于身体两侧，同时右脚全脚落地，与肩同宽，全身放松，目视前方。如图 8–148、图 8–149 所示。

收势

图 8–147　双臂上举，

图 8–148　收势（1）

图 8–149　收势（2）

掌背相对

本式动作左击连贯、交替重复数次（次数因人而异）后，呈站立位，两脚分开，与肩同宽，全身放松，双手自然下垂于体侧，目视前方。

（3）易犯错误与纠正方法。

①易犯错误。

a.松紧变化掌握不好。

b.单腿支撑时，身体重心不稳。

c.两臂伸直摆动，动作僵硬。

d.身体紧张，直立不稳，呼吸不畅。

②纠正方法。

a.先练习两掌中相叠，在体前做上举下落动作，上举时收紧，下落时放松，逐步过渡到完整动作。

b.身体重心移到支撑腿后，另一条腿再向后抬起，支撑腿的膝关节挺直，有助于提高动作的稳定性。

c.两臂上举时，力从肩发，先沉肩，再松肘，最后提腕，形成手臂举起的蠕动过程；下落时，先松肩，再沉肘，最后接掌合于腹前。

d.两臂上举吸气，头部百会穴上领，提胸收腹；下落呼气，松腰松腹，气沉丹田。

（三）五禽戏的作用与含义

1. 虎戏

虎戏在中医五行中属木，对应脏为肝，肝主藏血，在体合筋。

（1）中医学内涵。在虎戏中，根据虎爪的手形变化，手由掌转换为虎爪状，再转换为握拳的过程，可以锻炼人体的经筋，并增强握力；在虎举式的动作中，双手在一紧一松、反复4次用力练习过程中，促进了气血运行，此时习练者多的手臂有烘热感；肝宜疏散而不宜抑郁，所以虎举式中双手掌向上举起时尽量伸展，下落时自然放松，配合自身均匀深长的呼吸，达到调理肝气、疏肝解郁的作用；中医讲肝开窍于目，所以在习练过程中做到眼随手走，目睛转动，在虎扑式中，双目的自然平视与圆瞪相交替，既能使眼睛明润光亮，又能达到清肝明目之功；虎戏与五季中的春季相对应，春季为万物生长的时候，习练中通过拉伸躯干、头颈、四肢，以达到抻筋拨骨之目的，亦能锻炼筋骨经脉。整套虎戏的习练，自然放松，升降有度，一升一降中升清降浊，疏肝理气，调理三焦。

（2）现代医学内涵。虎戏中的虎举式，双手在一紧一松反复4次的用力过程中，既促进了外周血液的循环，又增加了回心血量，保护心脏功能。整套虎戏，高效地锻炼了脊柱及关节的柔软性和延展性，通过拉伸躯干、头颈、四肢，带动了整条脊柱的运动，在增强局部肌肉力量的同时，能够达到一定的预防疾病的作用，更能有效地缓解脊柱相关的疾患，尤其对颈椎病、腰椎退行性改变及胸椎小关节紊乱症等有良好的效果。

2. 鹿戏

鹿戏在中医五行中属水，对应脏为肾，肾主纳气，在体合骨。

（1）中医学内涵。鹿戏中，鹿抵是以腰部的左右旋转、侧屈、拧转为主，在腰部一紧一松的锻炼过程中，肌肉筋骨可以得到全面的自我按摩，中医讲“腰为肾之府”，所以对腰部的自我按摩如同对肾脏的按摩保养，具有益肾固精、强健筋骨的作用；鹿抵中伴随腰部的左右扭转，当双臂在保持“鹿角”手形时，一边肘部紧抵腰部，另一臂上撑举至头前，在左右反复，一张一弛练习中，使心经、心包经经脉得到牵拉锻炼，具有调理心血的功用；上下肢动作的协调往返中，心肾两脏同时得到锻炼，具有调节心肾、宁心安神的疗效；鹿奔的动作中，双臂内旋前伸，身体重心后坐，收腹弓背，而后身体放松，重心前移，此组动作先是对督脉的拉伸锻炼，而“督脉为阳脉之海”，故而练习鹿奔，可振奋自身的阳气，具有温阳益肾的作用，而后是在弓背后坐与放松前移的过程中，腰部的腰阳关穴、命门穴、肾俞穴等穴位交替开阖，启动了穴位的开阖枢机，具有温肾助阳的功效。

（2）现代医学内涵。鹿戏的动作中，鹿抵是以腰部的旋转、侧屈、拧转为主，既可以锻炼腰部的肌肉力量，强筋健骨，加强对腰椎的保护，又能防止腰部脂肪堆积，而且对于腰椎小关节紊乱的调节起到了很好的辅助作用；鹿奔动作中，双臂的内旋前伸，可以锻炼肩膀及背部的肌肉，对于颈椎及肩周疾病所引起的疼痛、酸胀等不适均能起到很好的缓解作用，在弓背后坐与放松前移的过程中，也对整个腰背部肌群起到了锻炼的作用，有效地提高了腰背肌对脊柱的保护作用。

3. 熊戏

熊戏在中医五行中属土，对应脏为脾，脾主运化，在体合肉。

（1）中医学内涵。熊戏的动作中，练习熊运时，以腰、腹部为轴，先做顺时针转动，再做逆时针转动，对脾经、胃经都起到很好的疏通调理作用；以腰腹部为轴，双“熊掌”在腹部均匀有力地画圈，由任脉关元穴起，经胃经的天枢穴、脾经的大横穴，再经任脉的中脘穴，最终回到关元穴，加强了腹内的气血运行；同时通过双“熊掌”在腹部、肋部的自我按摩，可以增强脾胃的消化助运功能，对于脾胃疾病，如消化不良、腹部胀气、纳差纳呆、便秘等都有很好的治疗效果；熊晃练习过程中，两臂撑圆左右迈步，带动身体左右摇晃，既带动了两肋运动，又促进了脾胃运转化物，具有疏肝理气健脾之效。

（2）现代医学内涵。熊戏的动作中，练习熊运时，以腰、腹部为轴，做顺时针和逆时针的转动，实为腰部的放松锻炼，对防治劳损性腰部疾患具有一定效果；当双“熊掌”在腹部画圈时，如同自我摩腹，促进消化吸收，而顺时针摩腹可以促进胃肠蠕动，对治疗便秘有一定效果，逆时针摩腹可以减缓胃肠蠕动而治疗泄泻；熊晃动作习练时，提髋踏步而行，可以增强髋关节的肌肉力量，并提高人体的平衡能力，对一些下肢无力及髋关节病变的患者具有很好的辅助效果。

4. 猿戏

猿戏在中医五行中属火，对应脏为心，心主神明，在体合脉。

（1）中医学内涵。猿戏的动作中，猿提的动作，耸肩、收腹、提肛、缩脖、提踵时伴随着吸气，放松、下按与呼气相结合，在一紧一松中，对心脏起到了很好的按摩作用；猿握的动作对心脏的按摩，可以使心脉通畅、气血运行顺达，具有养心血而去心火的双重调理作用；而“心为君主之宫”“心主神明”，与现代医学的大脑相似；猿摘动作轻松灵动，上下肢动作协调，将功法锻炼与故事情节相结合，在改善全身血脉循行的同时，也使大脑得到滋养，具有醒脑开窍之效。

（2）现代医学内涵。猿戏的动作中，猿提的动作，耸肩、收腹、提肛、缩脖、提踵时伴随着吸气，放松、下按与呼气相结合，在一紧一松中，对胸腔起到一定的挤压、按摩的作用，对心肺的收缩功能起到锻炼，有利于肺脏的呼吸和心脏的供血，可以有效改善胸闷、心悸、心慌等症状；提踵、收腹、提肛、缩脖、耸肩等动作配合猿的左顾右盼，对颈、肩部肌肉筋膜起到了锻炼作用，增强局部神经的灵敏性，能高效缓解颈、肩部的疼痛，同时也增强了下肢力量，提高了平衡能力；猿摘的动作则是通过模仿猿猴摘桃的整个过程，模仿猿的轻松灵动，高效缓解精神压力、改善睡眠。

5. 鸟戏

鸟戏在中医五行中属金，对应脏为肺，肺主呼吸，在体合皮。

（1）中医学内涵。鸟戏的动作中，练习时与呼吸的配合最为紧密。鸟伸式练习时，双臂上提吸气、下按呼气、后摆吸气、收回呼气，动作的升降起伏配合呼吸，既强调深、长、匀、细的呼吸，又牵拉了肺经，既疏通肺经，又增强了肺脏的功能，使腠理开阖有度，有效缓解肺系疾患的同时，也对皮肤有润泽之效；鸟伸式中，腿向后伸直抬起，变为鸟伸态，既加强了腿部气血循环，又疏通了胸背部气血经络，增强了整体的抗病能力；鸟飞式时，双臂上下开合摆动，加之配合呼吸，可以调理三焦气机，而对胸腔的挤压也起到了按摩心、肺的作用，对心肺有双向调节的保健作用。

（2）现代医学内涵。鸟戏的动作中，通过动作的练习和呼吸的紧密配合，通过深、长、匀、细的呼吸锻炼，既增加了肺活量、人体血氧交换，又提高了心肺的功能，能有效缓解气短、胸闷和呼吸系统不适等症状；而左右交替的单脚支撑站立，可以高效锻炼人体平衡性；鸟戏的动作犹如整套功法的整理动作，动作舒展大方，呼吸深、大、匀、长，有缓解压力、凝神静气的效果。

二、八段锦

（一）八段锦的渊源

八段锦是我国的传统导引养生术之一，它以调养身体和预防疾病为主，注重肢体运动与呼吸的配合。八段锦具有良好的祛病健身功效，而且整套动作编排精美。古人将八段锦功法的动作喻为精美的丝织锦缎，彰显该功法之珍贵。其练习方法简便易学，加之锻炼疗效显著，并有七言歌诀广泛流传，深受人们喜爱。在我国古老的导引术中，八段锦可谓是流传最广、对导引术的发展影响最大的一种。

八段锦的名称最早出现于北宋洪迈的《夷坚志》，“政和七年，李似矩为起居郎……尝以夜半时起坐，嘘吸按摩，行所谓八段锦者”。距今已有八百多年。八段锦共8节，又分武八段与文八段两种。武八段多为马步式或站式，又称北派，适合青壮年与体力充沛者。南宋的曾慥《道枢》辑其基本功法为“仰手上举所以治三焦；左肝右肺如射雕；东西单托所以安其脾胃；返而复顾所以理其伤劳；大小朝天所以通五脏；咽津补气左右挑起手；摆鲜鱼尾所以祛心疾；左右攀足所以治其腰。”另《医方类聚》《灵剑子引导子午记》等均记载有类似功法。武八段锦在流传过程中经过不断修改，到清朝末期《新出保身图说·八段锦》，首次以“八段锦”命名，并绘制出相关图像，才有了较完整的动作套路，并留有七言歌诀，现在流行的正是晚清时所传的歌诀，“两手托天理三焦，左右开弓似射雕。调理脾胃须单举，五劳七伤往后瞧。摇头摆尾去心火，两手攀足固肾腰。攒拳怒目增气力，背后七颠百病消”。至此，传统八段锦动作也基本被固定下来了。文八段又称南源，多为坐式，注重凝神行气。其图式出自南宋王廷相《摄生要义》，明朝王圻《三才图会》载有类似图式并附有功法。其由 12 节动作组成，可见于明朝朱权《活人心法》的“八段锦导引法”，而清朝徐文弼在《寿世传真》中将此功法改名为“十二段锦”。高濂《遵生八笺》括为歌诀，曹无极《万育仙书》曾转载此诀，后世流行颇广。

八段锦每节中的动作，如伸展、摇摆、前俯后仰等动作，分别作用于人体的三焦、肾腰及心肺脾胃等部位和器官，都是针对一定的脏腑或病症的保健与治疗，因此八段锦可作为辩证施功的基本功法之一。练习该功法时，动作宜柔和、缓慢，呼吸要均匀、细长。练习八段锦既可以调理经络脏腑、活血行气，又能柔筋健骨、养气壮力；运动量恰到好处，达到强健身心的效果；还可以防治心火亢盛、五劳七伤，亦有助于预防和矫正驼背、脊椎后突等症状。

（二）八段锦的练习要点

1. 预备式

两脚并步站立，两臂自然垂于身体两侧，目视前方，左脚向左侧开出一步，间距与肩同宽，两臂内旋向两侧摆起，与髋同高，掌心向后。两腿稍屈，同时两臂外旋向前合掌，抱于腹前，掌心向内，两掌握尖距约 10 厘米，目视前方。宁神静心，调整呼吸，端正身形，从精神和身体上做好练功前的准备。如图 8-150 所示。

图 8-150　预备式

八段锦的练习要点

2. 正式动作

（1）两手托天理三焦。

①两手十指交叉于腹前，两手向上托至胸前开始翻掌，掌心朝外、朝上，然后两手继续向上撑，同时缓缓抬头注视手背，两腿伸直，如同托天状，如图 8-151 所示。

②两手继续向上撑，双臂充分伸展，稍停片刻，头还原，目视前方，然后两臂向两侧缓缓打开，至于肩平。两臂下落，同时屈膝，回到抱掌的姿势，如图 8-152 所示。

图 8-151　两手掌心朝上向上撑，如托天状

图 8-152　收势

③配合呼吸，上托时深吸气，下落时缓呼气。重复练习数次（次数因人而异）。

④动作要领。

a.两手向上托的时候要做到掌根向上，翻掌时掌根向上用力，使身体形成上下对拔拉伸的态势，让腰背充分伸展。

b.配合呼吸，两手上托的时候配合吸气，两手下落的时候配合呼气。

（2）左右开弓似射雕。

①两手抱于腹前，两腿膝盖微屈，然后重心移到右脚，左脚向左开步，同时两手成交叉状，两腿伸直，两手合于胸前。

②然后屈膝，马步下蹲，同时向左开弓，左手是八字掌，右手是虎爪劲，头向左转，目视左手食指，两臂与肩平，动作略停；重心向右，右手变掌画弧推出，左手变掌，然后左脚收回，两脚并拢，抱掌于腹前。如图 8–153、图 8–154 所示。

③重心移向左脚，右脚开步，同时两手交叉状，两腿伸直，两手合于胸前，然后屈膝，马步下蹲，同时向右拉弓射箭，击手变成八字掌，左手呈虎爪劲，然后头向右转，目视右手食指，两臂与肩平，稍停顿；左手变掌推出，右脚收回，抱掌于腹前。

④动作要领。

a.注意八字掌和虎爪劲。

b.在做左右开弓似射雕动作的时候两臂要撑平，用力要均匀，并尽量展臂扩胸，头项保持正直。

c.马步下蹲时，要挺胸塌腰敛臀，两脚跟外蹬，保持上体中正。

图 8–153　向左开弓

图 8–154　收势

（3）调理脾胃须单举。

①两手抱于腹前，两腿微屈，然后左手向上托起，掌心向上，上托至胸前两手同时翻掌，左手上托，右手下按，同时两腿逐渐伸直。左手充分上托至头顶，右手下按身体斜后方，两肩外展，目视前方，稍作停顿，如图 8–155 所示。

②左手缓缓地下落，同时右手缓缓收回，两手抱于腹前，如图 8–156 所示。

③右手向上托起，掌心向上，上托至胸前两手同时翻掌；右手上托，左手下按，同时两腿逐渐伸直。右手充分上托至头顶，左手下按身体斜后方，两肩外展目视前方，稍作停顿。右手缓缓地下落，同时左手缓缓收回，呈抱拳的姿势。

④动作要领。肢体伸展直柔、缓慢，两手上撑下按，腕关节尽量背伸，掌根自然发力，手

臂伸直，挺胸直腰，脊柱呈牵挂之式。

图 8-155　一手上托，一手下按

图 8-156　收势

（4）五劳七伤往后瞧。

①双手由腹前抱姿缓缓向下按，按于身体胯前的两侧，两腿微屈，手掌掌心向下，然后两腿伸直，两臂向身体外后方打开，同时伸直。

②大拇指向外旋，小指找大指，两臂外旋，头向左转，向左后，看左后方向，动作稍停顿。转正，目视前方，两臂转正还原下按。如图 8-157、图 8-158 所示。

③反方向再做一次，外旋，向右转头，稍作停顿，转正，手下按。

④动作要领。

a. 要旋臂，两臂外旋，此时人体会有非常明显的冲拉的感觉，然后加上转头，稍作停顿，还原。

b. 两臂外旋以后，要展肩。

c. 头向左右转动的时候要水平地转动，眼睛平视，水平地转动，然后转正。

d. 头向后转动时吸气，还原时呼气。

图 8-157　两臂外旋，向后看

图 8-158　收势

（5）摇头摆尾去心火。

①两手向上托起，然后重心移至右脚，左脚向左侧打开一步，两脚距离宽于肩，手继续翻掌向上，然后从身体两侧缓缓下落。同时两腿屈曲蹲成马步，两手轻轻抚按在大腿内侧，重心在身体正中位，如图 8–159 所示。

②俯身，头和上体前俯，和地面接近平行，随即向左做弧形摇转，头与左膝、脚尖呈一条直线，同时臀部相应向右摆动，右腿及右臂适当伸展，以辅助躯干的摇摆动作，如图 8–160 所示。

③还原，头和上体前俯，向右做弧形摇转，动作与左侧摇转相同，唯方向相反。

④配合呼吸，头和上体做侧向摇转的同时吸气，复原时呼气。

⑤动作要领。

a. 两手不用力，轻轻地抚按在大腿内侧，上身保持正直，这样才能起到非常好的锻炼作用。

b. 在俯身的时候要找到一种感觉，头和上身与地面保持平行，身体不要拱起来，保持平直。上身构成一种向前、向后拉伸的状态，然后向左或右旋，摇头，还原。

图 8–159　马步

图 8–160　摇头摆尾

（6）两手攀足固肾腰。

①两手下撑于胯前两侧，两膝微屈，转手指向前，然后手指向前伸，同时缓缓地起身，两臂伸直，两手尽量向上方伸展，尽量贴近耳朵。

②掌心相对，缓缓下按，当下按至胸前，两掌翻掌，从腋窝下穿于背后，沿着膀胱经向下摩运，一直到脚跟，再到脚尖。抬头，两臂向前抬起，尽量贴耳根，稍作停顿，体会这个动作给身体带来的拉伸。如图 8–161、图 8–162 所示。

③抬头，先不要急着起身，两臂向前抬起，尽量贴耳根，稍作停顿，体会这个动作给身体带来的拉伸。

④双臂伸直，直到胳膊和身体在一个平面上时，缓缓地带动身体起来，再缓缓地下按，重复即可。

⑤动作要领。

a. 手在向下攀足的时候，两腿不要弯曲，此动作能牵挂到身体后面的足太阳膀胱经。

b. 手在下按于腋窝前翻掌反穿的时候，从小指一侧开始穿。反穿以后，尽量往背部比较靠上的位置摸。

图 8-161 双掌下按至胸前，翻掌

图 8-162 两手攀至脚尖

该动作可改善人体的肾功能，做 6 ~ 10 次，觉得腿部有一点发酸、发胀就可以停下来。

（7）攒拳怒目增气力。

①两手向上伸至头顶，然后向身体两侧呈弧形缓缓地向下落至腰间，同时双手握拳，大拇指握在拳心内，重心移至右脚，左脚向左侧打开，足间距宽于肩距，下蹲成马步，如图 8-163 所示。

②左拳向前用力缓慢冲出去，然后由拳变掌打开，立掌，画弧（向上，向左、向下），拇指先内扣，其他四指从小指开始逐个弯曲握拳，后左拳收回。如图 8-164、图 8-165 所示。

图 8-163 马步

图 8-164 拳变掌

图 8-165 掌握拳

③换右拳向前冲出，打开，立掌，画弧，握拳，收回。然后起身，左脚收回，两臂还原抱

于体前。

④动作要领。

a.拳的方法是，先将大拇指弯曲，然后把其他四个手指弯曲，随即握牢。

b.在冲拳的时候要像有一股阻力阻挡拳向前冲出，但是出拳又用力地向前冲。

c.在冲拳的时候，同时眼睛缓缓地睁大，有一种愤怒的感觉。练习该动作时，一左一右为一遍，感觉胳膊有一点酸胀即可。

（8）背后七颠百病消。

①两脚收回并拢，双手变掌相叠，掌背置于背部腰眼穴，沉肩放松，身体非常笔直、挺拔。

②脚跟提起，身体自然下落，使身体有震颤感，如图 8–166 所示。

③配合呼吸，脚跟提起时吸气，下落时呼气。

④动作结束后身体中正，自然站立，如图 8–167 所示。

图 8–166　脚跟提起

图 8–167　收势

⑤动作要领。在脚跟上提的时候，脚尖向下踩，头向上提，形成对拔拉伸的姿态。下落时，身体完全放松，保持中正笔直。

（三）八段锦的作用与含义

1. 两手托天理三焦

两手托天理三焦，该动作是活动四肢和躯干的伸展运动，掌根上撑，脚趾抓地，上下形成一种抻筋拔骨之力，其外形似伸懒腰，使颈部、腰背部和四肢筋骨得到充分的拔伸舒展，对于颈腰的退行性疾病有较好的防治作用，防治效果最为突出的是肩周炎；同时也能较好地锻炼体内的各个内脏器官，尤其是对心肺和脾胃的调理作用非常明显。两手上托时，配合吸气，使肢体充分伸展，增大了肋间肌、膈肌的运动幅度，也增大了胸腔和腹腔的容积，可达到升举气机、调理三焦的作用；两手分开从身体两侧徐徐落下时，配合呼气，有利于气机的下降。升降有度，从而使气机运动平衡。该动作对脊椎和腰背肌群亦有良好的调整作用，有助于改正两肩内收和圆背驼背等不良姿势和习惯。从名称中可以看出，这个动作是调理人体三焦的，三焦真实对应了消渴（糖尿病）的上消、中消和下消。通过调理三焦的动作，让气血经络变得通畅，可以从整体上调节糖尿病患者的身体。

2. 左右开弓似射雕

左右开弓似射雕，该动作是以扩展胸部为主，作用于上焦。吸气时，双手似拉弓状，左右尽力拉开，使胸廓充分扩展，能够吸进更多的新鲜空气；双手向胸前合拢，挤压胸廓时，缓慢深呼气，帮助吐尽残余的浊气。锻炼时，两肺的舒张与收缩，对心脏起到了直接的按摩和挤压作用，加强了心肺功能。同时展肩、扩胸、马步下蹲等还可增强胸肋部、肩背部及腿部的肌肉力量，有助于保持人体的正确姿势，对肩内收和驼背等不良姿势起到预防和矫正的作用。该运动通过展肩、扩胸、拉伸等一系列动作，扩大胸腔，牵拉肺经、大肠经，对改善肺的功能起到一定的作用，还可以散肺热。对于口渴、呼吸功能减退的糖尿病患者特别适合。该动作以一左一右为一次，做到上身觉得微微的发酸、发疼，微微出汗为宜，不宜过度。

3. 调理脾胃须单举

调理脾胃须单举，该动作主要作用于中焦，两手交替上举下按，上下对拔牵拉，能使肌肉、经络及内脏器官受到拔抻，尤其是肝胆脾胃受到牵拉后，能增强胃肠的蠕动和消化，长期坚持练习对胃肠疾病有防治作用。

4. 五劳七伤往后瞧

五劳七伤往后瞧，该动作能使整个脊椎尽量旋转扭曲，在增强颈项腰背部肌肉力量、改善脊椎活动功能的同时，还能缓解大脑疲劳，增大眼球的活动范围，对眼部的肌肉力量有增强作用。可用于脊椎病、高血压、动脉粥样硬化等病症的防治。

5. 摇头摆尾去心火

摇头摆尾去心火，此动作是全身性动作，摇头、摆臀、拧转腰胯、牵动全身，对整个身体都有良好的锻炼作用。锻炼时可运动到颈腰椎关节，有助于任、督、冲 3 条经脉的经气运行；同时，可清心泻火、宁心安神。对颈椎、腰椎疾病及心火亢盛所致的心烦、失眠多梦等均有一定的防治作用。下肢弓步、马步的变化，能强健腰肾，增强下肢的肌肉力量，对腰膝酸软等疾患有较好的防治作用。

6. 两手攀足固肾腰

两手攀足固肾腰，该动作的练习重点是腰部，练习时上身前俯后仰，能充分舒展腰腹部肌群；双手攀足，可以牵挂腿部后侧肌群。长期坚持练本节动作，可疏通带脉及任、督二脉，起到壮腰健肾、明目醒脑的作用，还能提高腰腿部的柔韧性，对腰肌劳损和坐骨神经痛等有较好的预防作用。（注：心脑血管患者低头弯腰时，不宜过低。）

7. 攒拳怒目增气力

攒拳怒目增气力，本动作的主要作用是泄疏肝气，使肝气条达、肝血充盈，使经脉得以滋养，强健筋骨。久练攒拳，可使气力倍增。

8. 背后七颠百病消

背后七颠百病消，本动作是全套动作的结束动作，通过连续对身体的抖动，使肌肉、脊椎关节及内脏得到放松，同时使浊气从脚底涌泉穴排出。所谓百病消，并非指单做“背后七颠”这一节，而是指长时间坚持做整套八段锦的动作，能达到防病祛病、延年益寿的功效。

三、易筋经

（一）易筋经的渊源

易筋经是我国民间流传较早的锻炼身体的方法，清代凌延堪认为《易筋经》是明代天台紫凝道人所作。而易筋经中的导引、按摩、吐纳等均是中国传统的养生功夫。而且其中用到许多道家术语。如“清虚者，洗髓是也；脱换者，易筋是也。易者，乃阴阳之道也”。清虚、易筋、洗髓、阴阳等多是道家术语。从易筋经的名称来看，“易”是变通、改换、脱换之意，“筋”指筋骨、筋膜，“经”则带有指南、规范之意。因此，“易筋经”的习练过程，就是通过对自身形体的牵引、伸展，达到抻筋拔骨的作用，来锻炼人体的筋肉、调节脏腑经络。

易筋经有内经和外经两种锻炼方法，每种各有 12 势动作。易筋经内经采用的是站式，即以一定的姿势，借助呼吸诱导，逐步增强筋脉及脏腑的功能。大多数动作采取静止力量。呼吸以舒适自然为宜，不可屏气。易筋经外经注重外壮，《易筋经外经图说》中记载有详细练习的方法。本节所练习的易筋经以内经为主。

易筋经，内外兼修、身心并练，是一套外练筋骨皮、内练精气神的传统养生功法。习练该功法前，先要做好准备工作。练功中，每势动作要求尽量做到缓慢、柔和、放松、伸展，用力要适度，不可用蛮力、死力。在神态上，要保持安宁祥和、精神内守、排除杂念。而初练者，以自然呼吸为佳，在练到一定程度后，可逐渐配合呼吸进行练习。练习完毕后，要注意保暖，不可吹风。锻炼时，可根据个人的具体情况，挑选其中一势或几势或整套进行练习，但必须循序渐进，持之以恒。练习的时间、强度也要因人而异，每次练习至微微出汗为宜。

易筋经功法，是推拿功法的主要功法之一，长期以来一直被推拿界人士所推崇，并作为推拿的基本功来进行训练。现在，易筋经不仅作为推拿工作者强身健体、提高体力的主要练功方法，也是人们日常防治疾病、延年益寿的养生功法。

易筋经的练习要点

（二）易筋经的练习要点

1. 预备式

两脚并步站立，两手自然垂于身体两侧。身体中正，百会虚领，同时下颏微收、唇齿合拢，两眼平视前方；全身放松，沉肩垂肘；胸部内含，背部挺拔，勿挺胸，勿驼背，收腹，勿前凸；腰部直立且放松。两腿微屈，膝关节不超过足尖，自然呼吸。目光内含，精神内守，心平气和；神态安宁。

2. 正式动作

（1）韦驮献杵第一势。

①左脚向左分开一步，两脚在同一水平线，距离与肩同宽，两臂自身体两侧向外展，展至与肩相平，掌心向下；然后转掌心向前，两手掌慢慢合拢，屈肘、旋臂、转腕、内收，指尖向上腕、肘与肩相平。

②两臂向内旋，使指尖对准胸部，与天突穴相平，动作稍作停顿，如图 8–168 所示。

③两手向左右两侧缓缓分开，两臂屈肘，双手于胸前成抱球状，掌心相对，沉肩垂肘，十指微屈，两手间距约 15 厘米，身体微向前倾，如图 8–169 所示。

④收势。先深吸气，后慢慢呼出，同时两手下落于身体两侧，然后收左脚，并步站立，身体中正。

图 8-168　两臂内旋，指尖对准胸部

图 8-169　双手于胸前成抱球状

⑤动作要领。

a.放松肩腋，舒展脊背，使肌肉放松，做到上虚下实。

b.两掌合于胸前时，稍停顿片刻，通过神敛和两掌相合的动作，来均衡身体两侧的气机，以达到气定神敛的功效。

⑥本势口诀。立身期正直，环拱手当胸，气定神皆敛，心澄貌亦恭。

（2）横胆降魔杵势。

①左脚向左分开一步，两脚在同一水平线，距离与肩同宽。五指自然并拢，两手向下按，掌心向下，指尖朝前。

②两手翻掌，掌心向上，两手掌上提至胸部，然后向前伸出，掌臂约与肩部平行；两手向左右两侧分开，两臂平直。

③翻掌，掌心向下，两膝伸直，脚跟上抬，前脚掌着地，同时目视前方，身体微向前倾。如图 8-170、图 8-171 所示。

④收势。先深吸气，然后慢慢呼出，在呼气的同时放下脚跟，收回左脚，并步站立，身体中正。

图 8-170　掌心向下，两膝伸直，脚跟上抬（1）

图 8-171　掌心向下，两膝伸直，脚跟上抬（2）

⑤动作要领。

a. 两手向左右呈一字打开，与肩相平。

b. 两脚跟上抬，前脚掌着地，脚趾抓地。

c. 两膝伸直，自然呼吸，平心静气、气定神敛。

⑥本势口诀。足趾抓地，两手平开，心平气静，目瞪口呆。

（3）掌托天门势。

①左脚向左分开一步，两脚在同一水平线，距离与肩同宽。两掌心向上，指尖相对，向上提至胸前，腕关节向内旋，掌心向下，四指并拢，拇指外展，两手掌相距约 5 厘米。

②两手掌上举过头顶，同时翻掌，掌心向上，并拢四指，拇指外展，两虎口相对。

③身体重心前移至前脚掌支撑，两膝挺直，脚跟提起，前脚掌着地，头略后仰，目视掌背，静立片刻，如图 8-172 所示。

④收势。先深吸气，然后慢慢呼出，呼气时，两手及脚跟同时下放，收回左脚，并步站立，身体中正。

图 8-172　掌托天门势

⑤动作要领。

a. 两掌向上托起时，脚跟上抬，前脚掌支撑，使力达四肢，做到下沉上托，脊椎竖直，同时身体稍向前移。

b. 全身放松，两臂切忌贯力，目视掌背，无须过分仰头。

c. 两掌上托时，配合动作自然呼吸。

⑥本势口诀。掌托天门目上观，足尖着地立身端。力周腿胁浑如植，咬紧牙关不放宽，舌可生津将颚舐，鼻能调息觉心安。两拳缓缓收回处，用力还将挟重看。

⑦注意事项。年老体弱者可根据自身条件，调整两脚提踵的高度。高血压患者忌练此功。练习时应避免跌倒。

（4）摘星换斗势。

①两脚并步站立。两手握空拳，上提至两腰部，拳心向上。重心移至左腿，上体右转，然后提起右腿向右前方跨出一步，屈膝呈半蹲姿势，变成右弓步；同时左手向后，拳背停附在腰

后的命门穴，右手由拳变成掌，然后向右前方伸出，约与头部相平，掌心向上，目视右手掌。

②重心后移，上身左转，左腿屈膝，右腿伸直，右脚跟着地，脚尖上翘，同时，右手随上身左转而向左平摆，眼睛注视右手。而后上身右转，右脚稍收回，脚尖着地，脚跟抬起，成右虚步；同时右手随上体右转而向右平摆，变成勾手状举于头前上方，指尖对眉中，目视勾手，成摘星状，静立停顿片刻，如图 8-173 所示。

图 8-173　摘星换斗势（右式）

③收势。深吸一口气，后缓缓呼出，在呼气同时收回右脚，双手变掌下落于身体两侧，并步直立。

④以上是右式的练习动作，左式练习动作与右式相同，唯左右相反。

⑤动作要领。

a. 转体时，要以腰为轴，用腰来带动肩臂。

b. 五指并拢捏挤，屈腕如钩状，距前额约一拳。

⑥本势口诀。只手擎天掌覆头，更从掌内注双眸。异端吸气频调息，用力回收左右眸。

（5）倒拽九牛尾势。

①左脚向左侧横开一大步，双腿屈膝下蹲，两臂向外展开后，上举于头上，两掌心相对，然后两掌变拳，经体前向下落于两腿之间，两臂伸直，两拳背相对。

②两拳向上提至胸部，拳心向下，然后变成立掌向左右分推，掌心向外，指尖朝上，腕关节做背伸，两臂撑直。

③重心向右移后再向左移，变成左弓步，同时两掌变拳，腰稍转向左侧，以腰来带动肩，以肩带动臂，左手向下经腹部前侧再向上画弧至面前，拳心对向面部拳的高度不高过眉，然后屈腕外旋后拉；同时右手向前经头上再向后画弧至身，体右后方，然后屈腕内旋后拽，并目视左拳。

④收势。深吸气时重心右移，缓慢呼气时收回左脚，双手变掌下落于身体两侧，并步直立，目视前方。

⑤以上为左式的练习动作，如图 8-174 所示，右式的练习动作同左式，唯左右相反。

图 8-174　倒拽九牛尾势

⑥动作要领。

a. 以腰带动肩，以肩带动臂。

b. 两腿呈前弓后箭，两肘屈曲不超过膝，屈膝不超过足，两臂做螺旋使劲。

⑦本势口诀。两腿后伸前屈，小腹运气空松；用力在于两膀，观拳须注双瞳。

（6）出爪亮翅势。

①两脚并拢站立。两手握拳，上提至腰侧，拳心朝上。然后两拳向上提至胸前，两手变立掌于胸前，掌心向前，缓缓向前推，同时脚跟上握，两腿及肘关节伸直，腕关节背伸，十指用力外分，与视线同高，瞪目怒视指端。如图 8–175、图 8–176 所示。

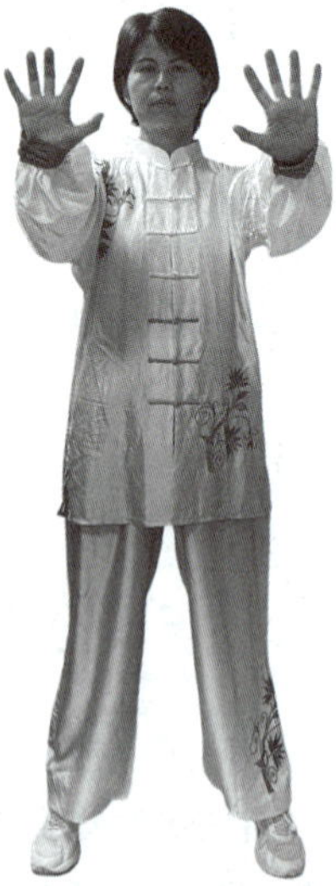

图 8-175　出爪亮翅势（1）

图 8-176　出爪亮翅势（2）

②双掌变握拳，收回至胸前，同时脚跟下落。

③再提脚跟，掌心向前，十指分开前推，共做 7 次收推动作。

④收势。先深吸一口气，双掌变握拳收回于胸前，然后再慢慢呼出，呼气的同时放下两手

落于身体两侧。

⑤动作要领。

a.坐腕亮翅（腕关节做背伸，十指用力外展开），脚趾抓地，力由下生，两胁部用力，力达指端。

b.出掌时身体保持直立中正，瞪眼怒目，同时运用内劲将两掌前推，先轻推，后重如排山；收掌时则如海水还潮。

c.配合呼吸，推掌时自然呼气，收掌时自然吸气。

⑥本势口诀。挺身兼怒目，推手向当前，用力收回处，功须七次全。

（7）九鬼拔马刀势。

①左脚向左分开一步，两脚间距约与肩同宽。两手在腹前交叉，上举至头顶，再由身体两侧下落于身体两侧。左手由身体左侧向前，上举至头上，然后屈肘，使左手按在头后枕部，同时右手向后，至左侧背部肩胛骨下方，掌心向外，附于背部。

②左手掌向前伸，左肘向后摆，颈部用力向后仰，身体顺势向左侧充分扭转，定势后目视左后方，动作稍作停顿，然后双手同时撤力，身体转正，两臂打开呈侧平举。

③收势。深吸一口气，然后再缓缓呼出，同时两手下落于身体两侧，收回左脚，并步直立。

④以上为左式练习动作，如图8-177、图8-178所示。右式练习与左式动作相同，次数相同，唯方向相反。

⑤动作要领。

本势动作对拔拉伸，尽量用力。上体左右扭转时，保持中轴正直。两手按压时，均用暗劲。

⑥本势口诀。侧首弯肱，抱顶及颈；自头收回，弗嫌力猛；左右相轮，身直气静。

图8-177　九鬼拔马刀势（1）

图8-178　九鬼拔马刀势（2）

（8）三盘落地势。

①左脚向左横开一大步，两脚间距比肩稍宽。两臂由体前仰掌向上举，两臂伸直，两臂间距约与肩同宽，上举至与肩同高时，两掌翻掌，掌心向下，两手掌内旋，沉肩，肘向外展，两掌缓缓用力向下按；同时两腿屈曲，下蹲成马步，目视前方，如图8-179所示。

图 8-179　三盘落地势

②两腿缓缓伸直，同时两掌翻掌向上，上托与肩相平，再缓缓屈膝马步下蹲，同时两掌翻掌转向下，两手掌内旋，沉肩，肘向外展，两掌缓缓用力下按，直至两小腿外侧中部，两目向前平视。第一次微蹲；第二次半蹲；第三次全蹲。

③收势。先深吸一口气，然后再慢慢呼出，两腿缓缓伸直，配合呼吸，同时两掌心翻转向上，上托到与肩相平，再翻转向下，缓缓落于身体两侧，左脚收回，并步直立。

④动作要领。

a. 两手上托，如托千斤之物；两手下撞，如按水中浮球。

b. 马步下蹲时，松腰、裹臀，两掌如按重物；起身向上时，两掌如托重物。下蹲或起身时，上体始终保持中正直立，不要前俯或后仰。三次下蹲依次增加难度。

⑤本势口诀。上腭坚撑舌，张眸意注牙；足开蹲似踞，手按猛如拿；两掌翻齐起，千斤重有加，瞪睛兼闭口，起立足无斜。

（9）青龙探爪势。

①左脚向左分开一步，两脚间距约与肩同宽。双手握拳向上提起，抵于两侧章门穴处，拳心向上。然后右拳变掌向前上举，至肩上位，掌心朝向左侧，上臂靠近头部，腰向左侧尽量弯曲，面向前方，右掌心朝向左侧，目视前方。

②身体向左转至面部朝下，右手四指并拢，拇指屈按于掌心，掌心朝下，上半体向左前下俯，右手掌顺势推撑至左脚正前方，双膝伸直，脚跟不要离开地面抬起，眼随手动。如图 8-180、图 8-181 所示。

③屈膝下蹲，上体逐渐转正起身，同时右臂随着转动，由左腿旁经两小腿前画弧形至右腿外侧，掌心朝上，双腿缓缓伸直，同时右手握拳收至章门穴，目视前方。

④收势。先深吸一口气，然后再缓缓呼出，两手变掌落于身体两侧，左脚收回，并步直立。

⑤以上为左式练习动作，右式练习动作与左式相同，唯方向相反。

⑥动作要领。

a. 伸臂探“爪”，画弧形下按，力注肩背。动作自然、协调、顺畅。

b. 侧腰及转体时，手臂、腰腹做充分伸展；探身下俯时，要求肩松、肘直、拳撑实，膝挺直脚跟勿抬起；呼吸均匀、自然。

⑦本势口诀。青龙探爪，左从右出；修士效之，掌气平实；力周肩背，围收过膝；两目平注，息调心谧。

图 8-180　青龙探爪势（1）

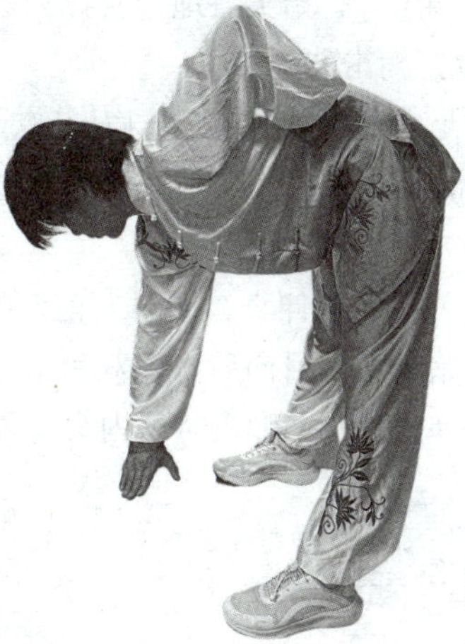

图 8-181　青龙探爪势（2）

（10）卧虎扑食势。

①左脚向前迈出一大步，成左弓步，同时，双手握拳从腰侧向前做扑伸动作，双手臂与肩等高，掌心朝前，坐腕，手变成虎爪状，前扑时的动作要刚劲有力，如图 8-182 所示。

②双手十指撑地，双手置于左膝的两侧，指端朝前。后腿屈曲，脚前掌着地；前脚跟微抬起。抬头挺胸，瞪目，目视前上方，塌腰，如图 8-183 所示。

③稍停顿片刻，然后缓缓起身，重心右移，收回左脚至右脚旁成并步，双手握拳收回于两腰侧。

④收势。先深吸一口气，然后缓缓呼出，双手变掌落于身体两侧。

⑤以上为左式练习动作，右式练习动作与左式相同，唯方向相反。

图 8-182　左弓步，双手虎爪状

图 8-183　双手十指撑地

⑥动作要领。

a. 用躯干的蠕动来带动双手向前扑，双手成虎爪状，掌心朝前，坐腕，使力达指端。

b. 抬头挺胸、塌腰、瞪目、目视前上方，脊椎成反弓形。

c.初练习时，双手撑地，在臂力增强后，可尝试用四指、三指、二指等撑地练习。

⑦本势口诀。两足分蹲身似倾，屈伸左右腿中相更；昂头胸作探前势，偃背腰还似砥平；鼻息调元均出入，指尖着地赖支撑；降龙伏虎问仙事，学得真形也卫生。

（11）打躬击鼓势。

①左足向左分开一步，与肩同宽或宽于肩。双手仰掌向外展，上举至头上部，两掌心相对，十指交叉，同时屈膝下蹲成马步。屈膝时缓缓下落，双手掌合抱于脑后枕骨，与颈部争力，目视前方，如图 8–184 所示。

②膝关节缓缓伸直，同时向前弯腰，幅度要大，双手用力将头压向胯下，膝关节要挺直，脚跟不要抬起，双目向后看。双手掌心轻掩双耳部，四指按于枕骨上，以双手食指从中指上滑落并依次弹击枕骨，弹击时耳内会有“咚咚”响声，共弹击 24 次，如图 8–185、图 8–186 所示。

图 8–184　马步，双手掌合抱于脑后枕骨

图 8–185　向前大弯腰（1）

图 8–186　向前大弯腰（2）

③收势。先深吸一口气，然后再缓缓呼气，随势将腰部伸直，起身直立后，两手猛然及离双耳。两手变掌心向下，从两侧落下，左足收回，并步直立。自然呼吸。

④动作要领。

a.在与颈部争力时，双手掌紧抱枕部，两肘充分向后伸展。

b.俯腰时，伸直膝关节，脚跟不要离地，头尽量压向胯下，不能屏气。

⑤本势口诀。两手齐持脑，垂腰至膝间；头唯探胯下，口更啮牙关，掩耳聪教塞，调元气自闲，舌尖还抵腭，力在肘双弯。

（12）掉尾摇头势。

①两脚开立。双手十指交叉相握于小腹前，掌心向上托至胸前，于胸骨柄处内旋翻掌向上托，掌心向天，托至手臂挺直。

②双手臂及脊背尽量后仰，双膝微屈曲，脚跟不要离开地面。全身尽力紧绷，犹如拉紧弓箭，两眼向上看。

③俯身向前倾，顺势推掌至双足正前方，抬头，注视双手，双腿挺直，脚跟勿离地，如图 8–187、图 8–188 所示。

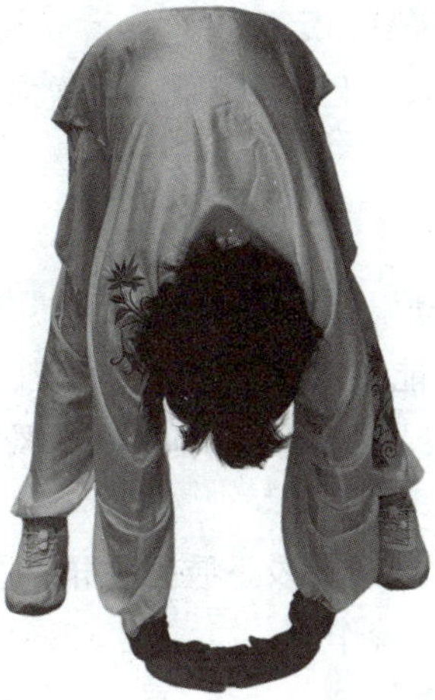

图 8-187 掉尾摇头势（1）

图 8-188 掉尾摇头势（2）

④两手交叉不动。头向左后方转，同时臀部向左前方扭动，目视尾闾。稍停顿片刻，头向后方转，同时臀部向右前方扭动，目视尾闾。稍停顿片刻，身体转正，抬头，注视双手。

⑤收势。与呼吸相配合，深吸气时，起身直腰；深呼气时，双手分开，缓缓收回身体两侧。

⑥动作要领。

a.十指交叉紧握勿松。

b.上举时肘关节尽量挺直。

c.身向前俯、双掌下推时，膝和肘要挺直，呼吸要均匀、自然。

d.转头扭臀时，头与臀部运动方向相向。

⑦本势口诀。膝直膀伸，推手自地；瞪目昂头，凝神一志；起而顿足，二十一次；左右伸肱，以七为志；更作坐功，盘膝垂眦；口注于心，息调于鼻；定静乃起，厥功准备。

（三）易筋经的作用与含义

1. 韦驮献杵第一势

（1）本势动作是易筋经的基础动作，练习本势动作时，要平心静气、安神定志、摒弃杂念、消除焦虑，本动作对精神疲劳、心烦失眠及神经衰弱等有一定的疗效。

（2）本势动作能锻炼上肢三角肌、肱二头肌，对上肢力量偏弱人群，可增强手腕的悬劲和持久力。

2. 横胆降魔杵势

（1）本势动作，主要作用于心肺，有宽胸理气、疏通经络、平衡阴阳的作用，能增强心肺功能，对肺气肿、肺心病、共济失调等有一定防治效果。

（2）本势动作能锻炼上肢三角肌和下肢股四头肌及小腿三头肌，可以增强臂力和腿力，对锻炼两手臂悬劲和耐力有重要作用。

3. 掌托天门势

（1）本势动作通过上肢的撑举及下肢提踵的动作练习，使上、中、下三焦之气得到调理，并且能发动三焦及手足三阴之气。

（2）本势动作可引血上行，增加大脑的血流量，促进全身的血液循环，对肩关节活动功能具有改善作用。对心肺疾病、低血压、脾胃虚弱、妇科病等有一定疗效。

（3）本势动作重点是锻炼腰肌、股四头肌、小腿三头肌及上肢各肌群，可增强臂力、腰力及腿力。

4. 摘星换斗势

（1）本势动作主要作用于中焦、下焦，练习时上体转动幅度大，可使肝、胆、脾、胃等脏器得到柔和的自我按摩，能促进胃肠的蠕动，增强消化功能，从而达到健脾和胃、疏肝利胆、强健腰肾、延缓衰老的功效。对于预防和治疗胸闷、腹胀、胃脘部疼痛不适及中风后遗症等有一定作用。

（2）本势动作可锻炼到屈腕肌群、肱三头肌、肱二头肌、腰肌及下肢屈肌群，能增强腕力、臂力、腰力及腿力，对颈、肩、腰的活动功能起到一定的改善作用。

（3）练习本势动作可使练习者身体各部分保持充分的活力。

5. 倒拽九牛尾势

本势动作的主要作用是舒通筋络，可防治肩、背、腰、腿肌肉的损伤。还能加强两臂旋前、旋后肌群及五指的力量。

6. 出爪亮翅势

（1）本势动作既可疏肝理气，调畅气机，又能培补肾气，增强肺气，促进气血的运行。对肺气肿、肺心病等有一定的疗效。

（2）本势动作能锻炼上肢前臂屈肌群、伸肌群，可增加掌力和指力。

（3）本势动作中，通过伸臂推掌、屈臂收掌及展肩扩胸的动作导引，可促进自然之清气与人体之真气在胸中交汇融合。

（4）久练本势，会使劲力贯于指端。

7. 九鬼拔马刀势

（1）本势动作既能增强脊椎关节的活动范围，疏通督脉，又能改善头部血液循环，对防治颈椎病、肩周炎、肺气肿、脑供血不足等有一定疗效。

（2）本势动作能锻炼肱三头肌及腰肌，增强臂力与腰力。

（3）注意事项：高血压、颈椎病患者及年老体弱者，头部应小幅度转动，且轻缓。

8. 三盘落地势

（1）本势动作可增强腰腹部及下肢力量，起到强腰固肾的作用；能够促进大腿及腹腔静脉血液的回流，常用于腰腿痛、盆腔炎等病症的防治。

（2）本势动作能锻炼下肢股四头肌、腰肌，增强腿力及腰力。

（3）注意事项：体弱者下蹲深度可根据自身情况调整，体健者可半蹲或全蹲。

9. 青龙探爪势

（1）本势动作有疏肝利胆、宣肺束带、调节五脏气机的作用，能较好地防治呼吸系统疾病、肝胆疾病及妇科经带疾患。

（2）本势动作能锻炼背阔肌、肋间肌、腹外斜肌、臀大肌、大腿及小腿后侧肌群、拇长屈肌，可增强腰力、腿力、指力。对改善腰部及下肢肌肉的活动功能有增强作用。

10. 卧虎扑食势

（1）本势动作可强腰壮肾、舒筋健骨。

（2）本势动作久练可增加指力、臂力及下肢力量，并能锻炼腰、腹肌群。

（3）注意事项：高血压及心脏病患者，忌练此动作。

11. 打躬击鼓势

（1）本势动作既能醒脑明目、益聪固肾、强健腰腿，又能增强头部的血液循环，改善腰背及下肢的活动功能，有效缓解脊椎、腰部肌肉的紧张、疲劳，可防治耳鸣，增强听力。

（2）本势动作能锻炼胸大肌、斜方肌、背阔肌及肱三头肌、下肢后侧诸肌群，能增强臂力、腰力、腿力。

（3）注意事项：高血压病患者禁练本势动作。

12. 掉尾摇头势

（1）本势动作有疏通经络、强健筋骨的作用，能增强腰部、下肢及手臂的力量和柔韧性，可以改善脊椎等各关节的活动功能。

（2）本势动作为结束动作，能通调十二经脉、奇经八脉，舒通气血。练功后全身舒适、轻松。

（3）注意事项。

①高血压患者，禁练本势动作。

②颈椎病患者和年老体弱者，做头部动作时应小而轻缓。

任务四　射艺

学习目标

1. 了解射艺的概念。
2. 熟悉射艺需要的器具。
3. 掌握射艺的基本技法。

一、射艺概述

（一）射艺的含义

纵观中国历史发展，弓箭文化孕育了中华民族的勇武精神，而射艺是弓箭文化中最具代表性的技艺。

中国的射艺最早出现于商代，记述于商代青铜器铭文中；完善于周代，以周公营建洛邑并制礼作乐为标志。《周礼·保氏》中记载，“养国子以道，乃教之六艺：一曰五礼，二曰六乐，三曰五射，四曰五驭，五曰六书，六曰九数”。其中的第三项即射艺。中国射艺诞生并完善于古代洛阳，历经五千年沧桑，贯穿整个中华文明史。

射艺是中国传统的射箭运动，为历代儒家学说推崇的六艺之一的“射”发展而来，在西周已经发展成为陶冶性情之用。射艺是中国民族体育、艺术和文化的集合体，包含了对射者品德、心境和意念进行历练的哲学内蕴。它不但要求射手要具有高超的射箭技术，还要求射手在德的指引下，完成身、心和弓箭三者的高度和谐统一，以表达对高尚品德的追求，对力量美与准确美的向往和享受，最终上升为对真理的追求和崇拜。

（二）射礼

我国历史上被实践过的射礼主要有四种：一是“大射”，由国君或其他诸侯主持；二是“宾射”，是为欢迎贵宾准备的；三是“燕射”，在贵族宴饮之时举行；四是“乡射”，在各诸侯国举行，其目的是为周王室举荐优秀的官吏。

射礼包含着军事因素。从西周开始，军队皆由生活在王畿或邦国都城周边的农民供养。土地被按照“井”字形分成 9 份加以管理。依据不同的井田制，农民或者被分成 8 户共同耕作 9 块土地，而把中间那块土地的产出上交给王侯；或者把九块田地都用作公田，产出除上交外仅留下一点口粮。无论采用哪一种方式，井田制都构成了周代军队给养的基础。

如果国家处于太平年代，周王室就会将一年分成几个时间段，分别用于教化人民、进行准军事化活动和操练军队。“准军事化活动”是指狩猎，其目的是训练军队的作战技巧，以备保卫国土或扩张领土之需。这时捕获的猎物不会被立即烹食，而往往用于祭祀祖先。无论是在战场还是狩猎中，出众的射艺都最能体现出一个人的能力。

《古今图书集成》记载，“射之为艺，用于朝觐宾燕之时，其事为文；用于田猎攻守之时，其事为武”。这句表现出的是一种弓和箭都是男性权威象征的观念。中国从新石器时代已转变成为由男性掌权的父系社会。父权的交替通过仪式完成：父亲将一把弓和六支箭赠给儿子，儿子则把箭射向天、地与四方。

“六艺”是周朝人最重视的六项基本技能：礼、乐、射、御、书、数。其中，有一项技能是“五射”，即井义（仪）、襄尺、白矢、剡注、参联（连）。

二、器具介绍

（一）弓

近些年，由于中华射艺的迅猛发展，对于传统弓的制作与研究也随之跟进。从材质、形状、朝代等方面可对其进行划分。例如，从材质方面，可分为竹木弓、角弓、玻片弓、层压弓；从朝代方面，可划分为汉弓、唐弓、宋代小梢弓、清弓等。

传统弓的构造大致可分为弓柄（弝），柄上有箭枕；弓臂；弓弰，弰上有弦槽（弧）；弓弦，弦上有弦耳（扣）、护弦绳、箭口。

（二）箭

箭支的构造可分为箭镞、箭杆、箭羽、箭筈四个部分，如图 8-189 所示。三片箭羽中，与弦槽垂直的那片羽毛，被称为主羽。箭杆一般用竹、木、碳素三种材质制作，平时练习时可以碳素箭为主，比赛时一般要求使用竹箭或木箭。

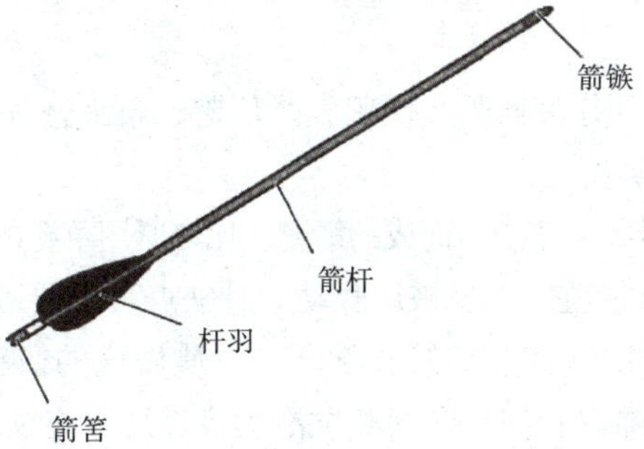

图 8-189　箭

1. 竹箭

一般使用的竹箭，如图 8-190 所示，其优点是耐撞性能较高。缺点是直度较差，易变形；每支箭的重量不统一；每支箭的重心不统一，不利于精准习射。

2. 木箭

一般使用的木箭，如图 8-191 所示，其优点是直度较好；每支箭的重量较为统一；每支箭的重心较为相同，有利于精准习射。缺点是耐撞性能较差，易损坏。

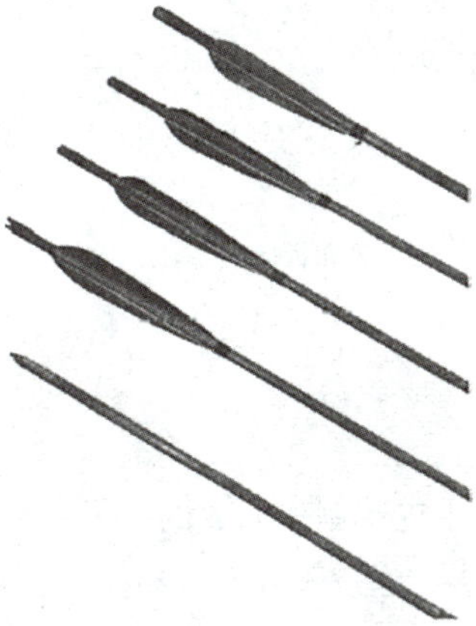

图 8-190　竹箭

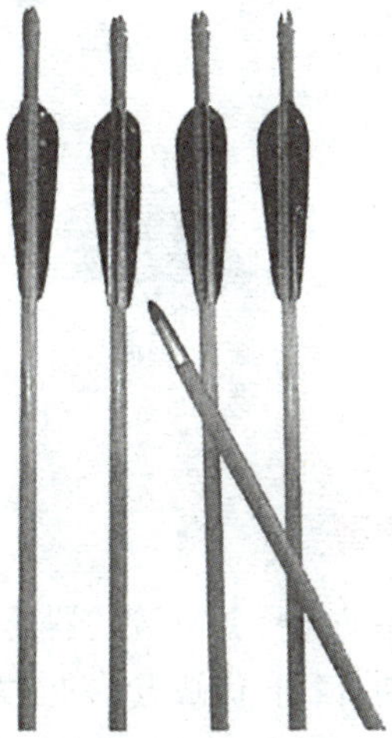

图 8-191　木箭

3. 碳素箭

一般使用的碳素箭，如图 8-192 所示，其优点是直度好，不易变形；每支箭的重量几乎相同；挠度一致性高；耐撞击；每支箭的重心相同，有利于精准习射，而且成本较低。缺点是重量偏轻，不适宜大磅数弓练习；不符合一些传统射箭比赛的规则。

综合分析，竹箭、木箭作为使用天然材料制作的箭支，每支箭的一致性差异难以避免。特别是竹箭，几乎每支箭每节之间的长度和直径都有差异。与竹箭、木箭相比，在箭的重量、重心、挠度等方面，碳素箭的各种性能都要优于二者，更有利于精准习射。

图 8-192　碳素箭

（三）箭靶

按照箭靶的使用性质，可分为环靶、侯靶、萨仁靶、布隆靶等；按照箭靶的材质，大致可分为草靶和现代材料靶两大类型。

其中，草靶是指利用烘干的稻草制作而成的箭靶。比赛所用草靶的尺寸一般为 1.2 米×1.2 米×0.2 米。其优点是成本低，重量重，不易被风吹动。其缺点是不便运输，遇水易霉变。

现代材料靶主要是指用EVA和XPE等化学塑料材质做成的箭靶。XPE即化学交联聚乙烯发泡材料，是用低密度聚乙烯树脂加交联剂和发泡剂经过高温连续发泡而成，与EPE（俗称珍珠棉）相比，抗拉程度更高，泡孔更细。其优点是重量较轻，易于携带、移动；防水性能好；柔韧性好；恢复性强。其缺点是防风效果差，易被穿透。

（四）护指

护指主要是指保护后手钩弦用的拇指护具，其形状、材质繁多。按照软硬度划分，可划分为硬扳、皮扳。其中，按照形制，硬扳又可划分为筒扳、坡板；按照材质，硬扳又有玉质、铜质、银质、树脂材质、牛角等。而皮扳指一般采用牛皮制作而成，如图 8–193 所示。

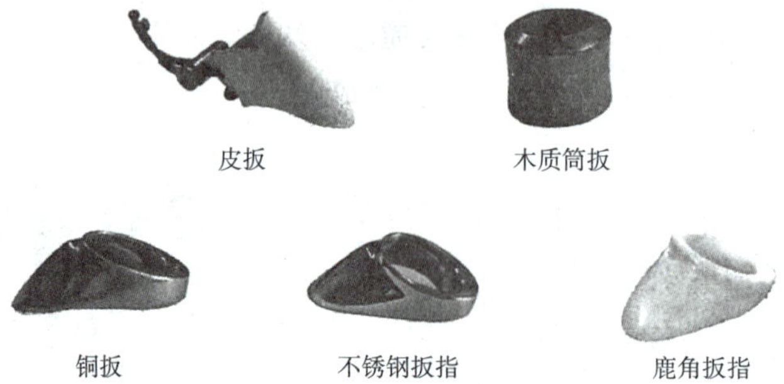

图 8–193　护指

（五）护臂

护臂是指防止弓弦打臂的器具。常用的有两种：一种是用皮革制作而成的，另一种是用塑料制成的。两者各有优缺点：前者柔韧度较高，防护面积较大，但皮革较厚，易松散，不透气；后者更为牢固，不易变形，但防护面积相对较小，质感较差。

（六）护手

护手是指保护持弓手虎口处的护具，一般采用人工皮革制作而成。护手一般佩戴在持弓手大拇指和食指上，覆盖持弓手的虎口，防止撒放时箭羽伤及虎口处皮肤。

三、基本技法

（一）上下弓弦

1. 单人上弦

单人上弦的方式通常有回头望月和怀中揽月两种，适用于玻片弓和层压弓。以下介绍回头望月的方式。

（1）技术要点。

①区分上下，套弦入弧。首先，将弓分出上下，通常弓柄（弝）上箭枕的位置为上；其次，将弦分出上下。弓与弦的上下一一对应后，再将弦上侧的弦耳（扣）套入弓上侧弓弰的弦槽（弧）内。

②两脚开立，弓弰靠腿。两脚分开，将上侧套好弦的弓弰放在左脚脚踝处，将弓弰和弓臂连接处靠在左小腿正面。弓弰不要接触到地面，以免扭弰。

③左手持弦，右手握弓。左手捏住弦耳（扣）的根部，右手握住弓弰与弓臂接合部。

④右腿跨弓，大腿抵弝。右腿跨过弓，用大腿根部抵住弓柄（弝）中间，产生两个相反的力，形似回头望月。

⑤回头望月，套弦入弧。利用身体转体的力量，即臀部向后，右肩前探，右手贴近身体将弓向前推。将弦耳（扣）套入弦槽（弧）内，确认另一侧弦耳（扣）仍在弦槽（弧）内，慢慢还原弓，抽出右腿。

⑥检查上下，轻拉确认。检查上下弓弦是否安装好，轻微拉弓确认。

（2）注意事项。

①弦卡入弧，方可收力。完成第五步的套弦入弧时，要确保下侧的弓弦仍然卡在弦槽（弧）之后，再慢慢泄力。

②上弦无人，确保安全。上下弓弦时，周围不要站人，尤其是后面，以免弦滑脱伤人。

③指不入耳，以免夹手。手拿弦耳（扣）时，不要将手指伸入弦耳（扣）内，以免还原时夹到手指。

2. 单人下弦

下弦的方式与上弦的方式正相反。

（1）技术要点。

①将任意一侧的弓弰根部放在左腿的小腿正下部。

②右腿从弓与弦的中间跨过。

③用右腿的大腿根部顶住弓柄中部。

④回头望月。利用转体的力量，将弓弯曲，将弦从弦槽（弧）里面抽出。

⑤慢慢还原。

（2）注意事项。

①下弦时，右手握紧弓，以免弓在手中翻转。

②还原时，确保下方的弓弰在小腿上，以免滑脱。

③下弦时，应确保周围没有人，尤其是后方。

（二）搭箭正筈

1. 技术要点

（1）取箭中段，先入前手。前手在胸前持弓，后手取箭中段，切勿捏住箭尾或箭羽。然后将箭递入前手，用前手的食指和中指夹住，固定前手位置。挟箭时保持头部端详，身体正直，弓不晃动且始终垂直于地面。

（2）前手挟箭，顺羽正筈。前手握弓，同时用食指和中指夹住箭。后手顺箭身，捋顺箭羽，将主羽向外。此时应检查箭杆有无损伤和箭尾、箭羽的完整性，同时保证弓与地面垂直，箭与地面平行。

（3）筈入弦口，羽弦垂直。将箭尾卡入弓弦中间护弦绳的位置，上移5～10毫米，让箭羽的延长线垂直于弦，以免出箭时划伤前手虎口。

2. 注意事项

（1）前手无台，拉弓掉箭。当前手大拇指没有形成箭台时，拉弓便会掉箭。因此，将前手大拇指立起，形成箭台，或用大拇指指根形成箭台，将箭靠在弓上。

（2）箭弦相垂，出箭伤手。搭箭时，箭身应垂直于弦，而不是箭羽的延长线垂直于弦。出箭时，下侧箭羽会划伤前手，所以应将箭羽上移5～10毫米。

（3）搭箭的过程中，要检查箭杆是否有破损，避免危险情况发生。为了实现每次搭箭的准确一致，可以在弓弦上缠绕一段标记作为箭口，固定搭箭位置。

（三）站姿脚位

1. 技术要点

（1）两脚开立，与肩同宽。两脚自然开立，脚尖连线与脚跟连线平行，且垂直于靶面。脚外侧与肩的外侧同宽或略宽，重心落于两脚中心，达到立足而稳。

（2）身体中轴，保持正直。身体站直，中轴线从此时开始要始终保持正直，切勿弯曲。为保证前后用力均衡，身体重心必须落于两脚之间。

（3）两肩放松，平行地面。两肩放松下沉，平行于地面。两腿自然伸直，两膝稳固不动。重心前压，眼睛平视前方，人体形成“十”字结构。

（4）身体正直，略向前倾。站立时，整个身体保持正直，以踝关节为轴，略向前倾。重心落于前脚掌，感觉前脚掌和脚趾像生了根一样扎入地面，立足千斤之重。

（5）腹腔呼吸，减少起伏。吸气时腹部外鼓，呼气时腹部内收，可减少胸式呼吸造成的上体起伏的影响，以保持身体的稳定性。

2. 注意事项

（1）重心投影，不在中心。重心不在身体中心时会破坏身体平衡，影响后续动作的对称用力，长时间练习还容易产生疲劳和损伤。应两脚均匀受力。

（2）重心偏后，影响稳定。重心偏后，身体容易晃动，不稳定。应有重心前压的感觉，前脚掌、脚趾抓地生根。

（3）分脚不够，窄于双肩。两脚开立距离不够，重心较高，不利于身体的稳定性，应至少与肩同宽。

（4）肩斜腰软，头部不正。避免站立时过于放松随意，身体中轴线歪曲，存在塌腰、斜肩、歪头等问题。

3. 练习方法

（1）利用箭矢，两人互助。

①一人站定后，另一人可以利用箭测量肩宽，然后将这支箭放在脚的位置，检查两脚分开的距离是否与肩同宽。

②一人站定后，另一人将两支箭贴住两脚内侧平行放置，可以检查两脚是否平行站立；也可以将两支箭平行放置于脚尖和脚跟的位置，检查脚位是否垂直于靶。

（2）对镜练习，自我检视。借助镜子的反馈，发现自身站姿的问题并纠正。

（3）闭眼凝力，感受身体。经过前面两种练习，确定正确的基本站姿后闭上眼睛，感受身体的正确位置关系。闭眼之后，人的注意力更加集中在身体上，容易建立动力模型。对于初学者，这种练习可以反复进行，可达事半功倍之效。

4. 三种站位

两脚的站位通常有三种：平行站位、开放站位、隐蔽站位。这三种站位方式适用于不同的情况，可因人而异。对于初学者而言，推荐使用平行站位。

（1）平行站位，又称为侧立式。两脚连线，垂直于箭靶。两脚开立，与肩同宽，分别站在起射线两侧。两脚尖紧靠箭靶的中心线，脚尖连线垂直于箭靶。这种站位方式最有利于实现一致、稳定的站姿。

（2）开放站位，又称为暴露式站位。后脚偏前，减少打臂。后脚偏前，前脚脚尖在箭靶中心线上，两脚尖连线与靶心线呈 15°。其优点是部分抗风，不容易打臂，更为舒服；身体面向靶面，更容易集中注意力。其缺点是肩部难以建立更好的直线支撑，身体姿势难以实现较高的一致性。

（3）隐蔽站位，又称为闭合式站位。前脚偏前，便于前撑。前脚偏前，后脚脚尖在箭靶中心线上，两脚尖连线与靶心线呈 15°。其优点是部分抗风，便于前臂的前撑，建立肩部的直线支撑。其缺点是容易打臂，身体姿势难以实现较高的一致性；背向起射线，容易受到干扰。

（四）持弓之法

1. 技术要点

（1）先找上下，虎口对枕。持弓时，前手虎口对准弓柄（弝）与箭枕的连接线。

（2）再寻左右，中心相对。持弓时，用前手虎口中心对准弓柄（弝）中心。持弓位置不能左右滑动，要做到中心相对。

（3）臂伸直，直线前推。持弓手的中部，主要是大鱼际接触弓柄（弝），前臂肘关节不要弯曲。在后续的动作中前臂都是伸直的，便于形成骨骼支撑。

（4）位置固定，准确一致。每次推弓的位置都要固定一致，任何细小的变化都会引起很大的误差，破坏射箭效果的一致性。

（5）前手推弓，握而不僵。前手推住弓，要意识到手掌大鱼际与弓接触的位置。此时，手背不要完全与地面垂直，空出掌心。手指辅助握弓，不要用力。做到以前手推弓为主，握而不僵。

（6）食指知镞，余指放松。推弓时，前手的食指可以自然接触到箭尖，帮助实现拉距的一致性。大拇指顺势搭在中指上，中指、无名指、小指尽量不接触弓，自然放松，撒放时也不要刻意抓弓。

（7）肘窝内旋，防止打臂。持弓时，转动持弓臂肘关节，肘窝对向一侧，形成内旋的效果。旋臂可以防止弓弦回弹时打臂。

（8）肱骨入肩，利于支撑。将大臂肱骨收入肩窝内，肩向下收紧，形成沉肩的效果。沉肩有利于关节支撑，可以提高前撑效能。

2. 注意事项

（1）手腕内扣，前撑无力。推弓时，手腕内扣则无法形成骨骼支撑，撑不住弓，应将手腕略向外翻。

（2）握弓太紧，形成死把。手指紧张而过度用力，抓握弓柄（弝），不利于后续撒放。可先将手掌打开推弓，放松手指再握弓。

（3）前臂不直，肌肉支撑。持弓的手臂，肘关节没有伸直，前臂支撑不是利用骨骼支撑，而是主要依靠手臂和肩膀的肌肉力量支撑，这样难以持续，而且容易受伤。因此，持弓后应保持前臂始终伸直。

（4）握弓位置，忽高忽低。每次握弓的位置都无法保证其一致性。这是初学者较为常见的问题。

（5）腕随弓撒，边拉边移。拉弓过程中，前手手腕的位置因受力增加而向后移动。应保持用力前推，固定住手腕。

3. 练习方法

（1）单臂撑墙，建立推感。用手臂撑墙或者其他支撑物体，身体侧倾，找到推时关节用力的感觉。

（2）两人一组，互推肩膀，找到推的感觉。

（3）肘抵桌上，手托哑铃。将肘关节放在桌子上，用手托哑铃，感受利用关节的支撑方法。

（4）多种方法，练习旋臂。

①两手对握，像排球中的垫球一样转动手臂。

②将一根短棍（其他替代物也可）绑在前手肘窝处，推墙旋臂到短棍垂直于地面。

③用前手推另一人肩膀，另一人辅助旋转肘关节。

4. 三种推法

（1）低推。掌根推弓，便于支撑。大鱼际内侧和掌根共同推弓，使弓的压力落在桡腕关节处，这样推弓过程中周围的肌肉紧张程度可以减少。这种方式对于手腕力量的要求较小，但手与弓的接触面积较大，对动作一致性要求较高。

（2）中推。大鱼际推，手腕前倾。大鱼际内侧推弓，手腕前倾，推弓的施力点集中在大鱼际的上端与虎口处。此推法介于低推与高推之间，适合手腕力量较好者，手与弓的接触面较小。

（3）高推。虎口前推，接触面小。用虎口抵住弓柄（弝），手腕放平，支撑点与桡腕关节基本处在同一水平上，与前臂形成一条直线。这种推法对手腕力量的要求较高，手与弓的接触面最小。

（五）钩弦要义

1. 技术要点

（1）大指钩弦，紧而不僵。钩弦手的大拇指弯曲，钩在弦上。大拇指是主要受力点，钩弦时应做到指紧腕松，用力不僵。只有钩弦手钩得牢固，才能达到最大限度的放松状态。

（2）食指压大，形成凤眼。大拇指钩弦后，食指的第二节指腹压住拇指的第一指节（指甲跟部），形成凤眼状锁扣。此时食指的指尖应该在弦的外侧，不参与钩弦，以防被弦划到。

（3）余指握拳，切勿碰弦。其余三指放松握拳，不要扰弦和用力，以免撒放时产生分力。

（4）指在箭下，食指抵筈。大拇指钩住箭尾下方，箭在钩弦手的凤眼内，食指的第二指节侧面轻轻靠住箭尾，以防箭滑动或掉落。

（5）掌心向下，腕松且平。钩弦手的掌心向下，手腕放松、放平，轻微逆时针悬腕，配合食指靠近箭尾。钩弦手的腕关节一定要保持放松状态，避免撒放时产生分力。

2. 技术难点

指松腕平，三点一线。钩弦手的中指、无名指和小指要放松，在撒放时就不会产生分力。用肘关节带动后拉，而不是用腕关节。因而，手腕要放松，感觉手从腕关节中被拉出，这样可以保证钩弦手、腕关节、小臂在一条直线上，避免分力。

3. 易犯错误

（1）满手拉弓，五指钩弦。钩弦手的中指、无名指和小指参与拉弦会干扰后续的撒放。应放松握拳，可在手里握一支笔进行动作纠正。

（2）指离箭筈，箭离凤眼。大拇指钩弦点离箭太远，箭不在凤眼内，就容易掉箭（指幅瞄准法除外）。

（3）食指钩弦，干扰撒放。钩弦手的掌心向内，造成食指也参与钩弦，撒放时容易打到食指并干扰撒放。应将钩弦手的掌心向下。

（4）手腕紧张，立腕拉弦。手腕竖起，紧张用力，会破坏手、腕、小臂成一条直线，干扰撒放并产生分力。应放松手腕，由后肘带动发力。

4. 练习方法

（1）指钩重物，体会放松。用大拇指钩住一袋重物，手臂和手腕放松，垂直向下。手腕保持放松状态，大拇指、食指紧而不僵，体会大拇指被向外拉的感觉。

（2）循序渐进，巩固钩弦。

①用大拇指钩住一袋重物，建立指紧腕松的感觉之后，将一袋重物改为弹力带，体会放松钩弦的感觉，然后保持这种用力，由教师牵引弹力带将其改为射箭的方向，继续感受模拟射箭动作情况下的用力感觉，最后闭眼感受手指的用力方式。如此反复进行强化放松的钩弦用力训练。

②将拉弹力带改为拉弓，先由教师牵引弓拉向地面，学生感受放松状态下的钩弦感觉，然后由教师将牵引弓改为射箭的方向，学生闭眼感受手指用力的感觉，最后闭眼感受手指用力的方式。如此反复进行强化训练。

（六）头转体准备

1. 技术要点

（1）头转身直，中轴不变。转头时，身体中轴保持正直，不可歪头、耸肩、扭腰、斜肩膀。

（2）上松下紧，预先对齐。后背平直，头部向上，胸部下沉。上体相对放松，尤其是两肩放松。收紧腰腹和腿部，以保持髋关节朝向靶面，将身体与射箭面对齐。

（3）目注于的，调匀呼吸。转头时目光随头而动，勿斜视他物。转头后眼睛专注目标，心无杂念，调整呼吸。

2. 注意事项

（1）头转颈紧，前低后抬。转头后，头向靶的方向，前低或后抬使颈部肌肉紧张，影响后续动作发力。

（2）头转肩歪，前高后斜。转头时带动两肩紧张，前肩耸肩或者后肩耸肩。

（3）头转髋动，朝向不对。头转向目标时，身体躯干随之而动，造成髋关节的朝向偏移，破坏身体与射箭面的对齐。

3. 练习方法

（1）对镜练习，自查身位。通过对着镜子练习转头动作，帮助自己发现头位、髋关节朝向等问题。

（2）利用箭，二人互助。一人练习时，另一人将一支箭从其身后靠在髋关节处，查看髋关节是否朝向靶面，查看其转头过程中，身体是否有变化。

（3）闭眼聚神，身体记忆。初步建立正确的身体位置关系之后，需要进一步强化正确的动作记忆。此时需要动员本体感觉以做到更好的一致性。通过闭眼练习正确的转头动作，可以强化身体记忆，尽快实现动作的自动化。

（七）举弓锁肩

1. 技术要点

（1）两臂缓举，两手齐眉。两臂匀速上抬，两手平行于地面，举弓高度要求两手与眉齐平。前臂与地面的夹角不超过 30°，后臂的大臂与地面的夹角大致呈 45°。

（2）沉肩举臂，身正体直。举弓时前臂伸直，两肩放松下沉。保持身体中正，身体的中轴线不能弯曲。

（3）预拉锁肩，沉胸收腹。举弓后预拉，将前肩下沉并趋近射箭面，以固定住前肩。同时，不要挺胸，保持沉胸平背的情况下略收腹，为后续动作的用力做好准备。

（4）体位中正，十字架构。举弓后身体中轴线应保持不变，身体重心应在两脚中间，头部位置保持固定不变，形成“十”字架构。固定举弓动作的基本架构，对后期射箭技术动作的定型与成绩的提高都有很大帮助。

（5）先沉后举，肘窝内旋。举弓时要确保在沉肩的情况下举臂，切勿耸肩。保持上松下紧的状态，髋关节位置不变。举弓时或之前，完成旋臂的动作，使持弓臂肘关节的内侧垂直于地面。

（6）人弓一体，趋近重合。举弓完成预拉后，两肩连线应趋近射箭面和髋关节面。在不产生打臂的前提下，前肩应尽可能趋近射箭面，才能更好地实现骨骼支撑，提升后续动作的用力效能。

（7）前臂就位，感受推点。举弓完成预拉后，前臂肱骨与肩胛骨对齐，实现骨骼支撑，在后续拉弓动作中，前臂几乎保持不动。瞄准点基本进入靶心区域。放松前手，感受推弓点的稳定和一致。

（8）后手放松，预拉一致。举弓预拉时，后手手腕应放松、放平，避免后续动作中出现手腕紧张用力的问题。预拉结束的位置，应每次都一致。

2. 技术难点

缓举双臂，沉肩稳髋。举弓不要急，保持匀速有利于后续动作的一致性和稳定性。举弓时很容易耸肩，这是初学者常见的错误。举弓预拉时，腰腹和下肢应保持收紧，使髋关节始终朝向靶面，并稳定不动。调节身体重心，始终保持在两脚之间。

3. 注意事项

（1）前臂夹角，勿超30°。为保证安全，举弓时前臂与地面的夹角不得超过30°。举弓时应保持弓与地面垂直，箭与地面水平，并同后手拉弓臂连成一条直线。

（2）箭身水平，始终向前。不管举弓有多高，箭身都应始终保持水平向前，这样即使出现失误，箭仍是射向靶的方向。

（3）提臂耸肩，颈紧头歪。持弓举臂时，初学者容易耸肩，颈部也会紧张用力，导致头向一侧靠在肩上。上肢不参与用力的肌肉应保持放松状态，背平胸沉。

（4）上体不正，扭腰挺胯。举弓时上体向拉弓臂的方向倾斜，表现为扭腰和扭胯，偏离身体中轴线。腰腹和下肢应适度用力收紧，保持身位不变。

（5）举弓撤髋，预拉顶胯。举弓时腰腹和下肢过于放松，导致髋关节后撤，偏离射箭面。举弓预拉时，髋关节前顶，造成身体摆动，影响稳定性。

4. 练习方法

（1）辅助手段，循序渐进。首先，可以对着镜子举弓预拉，观看自己的动作，建立正确的动作；或者将激光笔放在髋关节处、背部肩膀的位置，辅助建立正确的动作。其次，闭眼举弓预拉，结束后睁眼，检查动作是否准确。进行反复练习建立本体感觉，并进行表象训练。最后，从进行拉弹力带的练习过渡到拉弓的练习。

（2）两人一组，互助练习。第一次练习，从正面纠正动作；第二次练习，从后面纠正动作。两人通过不同角度的观察，可以帮助对方建立正确的动作定型。一人在肩膀或者胯部绑上一支箭，另一人利用箭的指向帮助观察其技术动作。

（3）多种方法，练习沉肩。解决耸肩的办法有多种，例如，先用力耸肩，然后用手压在肩上，主动放松下沉，可以建立沉肩之后的感觉。再如，用弹力带绑在肩膀上，然后用脚踩住进行举弓练习。又如，教师用弹力带绑在肩膀两侧，将两肩提起，学生进行举弓练习，感受主动用力沉肩。

（4）标记箭身，预拉一致。一人举弓预拉结束后，请另一人用笔在箭上面与弓交界的位置做标记。看是否能够每次预拉的位置都一致。

（5）施加外力，体会前撑。为了更好地帮助学生体会举弓预拉结束后前臂的骨骼支撑，教师可以首先让学生用持弓臂撑墙，不做预拉而是将前肩趋近射箭面，然后推后肩，可以轻松地推动身体；其次让学生做预拉，让前肩趋近射箭面，形成骨骼支撑，再推后肩，这时很难再推动身体，帮助学生体会骨骼支撑的感觉。也可以用单臂侧撑练习。

（八）引弓入彀

1. 技术要点

（1）肩背开弓，前撑后拉。引弓的主要力量来自肩部三角肌和背部的斜方肌、背阔肌、冈下肌、小圆肌等肌肉，表现为两个肩胛骨向脊柱靠拢。前撑主要靠骨骼支撑，预拉时基本已经完成；后拉主要靠肌肉牵引。前撑力和后拉力各占50%，身体中轴线不变。

（2）力足满，固定靠位。开弓要力足而引满，足力开弓，平缓靠位，一气呵成，形成满弓状态。后手的靠位根据拉距的不同而不同，但每次的位置一定要固定一致。

（3）塌肩抬肘，三点一线。拉弓臂沉肩，后肘高于后肩。开弓后，从俯视角度看，推弓点、钩弦点、后肘中心点三点形成一条直线，构成射箭面。

（4）足力开弓，安详大雅。开弓要果断、稳定而有力。先均匀加速用力，再均匀减速靠位。古人所谓的“怒气开弓，息气放箭。盖怒气开弓则力雄而引满”，讲的就是要果断地开弓，一气呵成。用力不可僵硬，应放松不参与用力的肌肉，做到安详大雅。

（5）紧而不僵，松而不懈。引弓入彀，即拉满弓之后，身体需要很大的力量才能完成。初学者容易过于紧张，动作僵硬，因而整个身体的用力，包括前手、后手的用力都需要做到紧而不僵，松而不懈。

（6）三角支撑，直线用力。拉满弓后，理想情况下，从俯视角度可以看到一个三角形：推弓手、前肩、后肩趋近一条直线；推弓点，钩弦点，后肘中心点趋近一条直线；后肘与后肩趋近一条直线。假如前肩打开不够，就会形成一个梯形，相比之下不如三角支撑的效果好，其中推弓点、钩弦点、后肘中心点这条直线与射箭面重合，应将后肘大小臂夹紧、上提，实现直线用力。

（7）靠位清晰，始终一致。后手或弦、羽，要在脸上有固定的靠位，而且每次的靠位都要保持一致，才能保证出箭的一致性。靠位清晰一致是重要的技术环节。靠位不一致会导致拉距不一致，从而箭的初速度也会不一致。古人所说的“镞不上指，必无中理；指不知镞，同于无目”便是此理。

（8）持续用力，主动扩张。由于开弓后会产生内合力，因而持弓臂需要持续向前撑开，拉弓臂需要保持向后的用力。这是一对方向相反、大小相同的对称直线力。在保持用力的基础上，撒放前还需要有一个身体的扩张力，在反曲弓中表现为拉响响片。此扩张力由胸背部的肌肉协同完成，肩胛骨沿脊柱向相反方向轻微扩张，几乎不可见。

2. 技术难点

（1）直线用力，习射根本。直线用力是射箭运动的基本用力形式，箭沿直线方向飞出，才能准确命中目标。保证直线用力应尽量减少分力，这是射箭的核心技术。后肘关节中心点通过腕关节先到钩弦点，再到前手推弓点，是一条直线力。这条直线力是判断技术动作合理的重要原则。

（2）对称用力，平衡稳定。从引弓到撒放的过程中，前推力和后拉力要对称，各占50%，才能保证身体中轴线不变，呈“十”字形稳定结构。对称用力是射箭运动的基本用力特点，也是实现直线力的重要保障。前撑力主要靠骨骼支撑，属于刚性力；后拉力主要由肌肉完成，属于柔性力。两个对称的力有不同的要求，因此需要刚柔并济。

（3）持续扩张，保障撒放。引弓靠位后，为了对抗弓的内合力，身体的用力不能停顿。为了实现理想的撒放效果，胸腔还应主动扩张，以保持撒放时能够实现对称的直线力。靠位后的用力停顿，如果没有扩张力，则会导致松撒、送撒等问题，这也是比较常见的错误动作。

3. 三种拉距

（1）小拉。弦靠鼻口，拉距较小。弦靠在鼻尖、嘴和前胸上，手也可以靠位。小拉的靠位特别清晰，容易感受。现代反曲弓一般都采用小拉。

（2）中拉。弦靠脸侧，拉距适中。中拉的拉距比小拉的大，弦靠脸侧、耳边和前胸上，箭羽靠嘴角。钩弦手在耳根下方，靠位比较清晰。

（3）大拉。手在耳后，拉距最大。钩弦手在耳根以后，箭羽靠嘴角。大拉动作潇洒，后手撒放后会向后打开。古时为了射远会采用这种方式。

4. 靠位要领

（1）背肌带动，完成靠位。引弓入彀完成的重要标志，是将弓弦拉到了靠位，因而靠位是重要的环节。用后背肌肉的持续用力带动肘部，均匀减速完成靠位，而不能使用手臂、手腕的力量完成靠位动作。后肘在引弓靠位过程中，可以略高于肩或与肩相平，但中心点必须始终在射箭面之内。

（2）确定靠位，前手知镞。根据不同拉距，选择不同的靠位点。不管哪种拉距，通常都会有 2～3 个点用于确保拉弓的一致性。靠位点必须清晰，而且每次都要一致。射手应根据自身的拉距，选择不同长度的箭，以确保能够做到前手知镞（即前手的食指刚好能够感受到箭头），这可以帮助射手更好地实现拉弓的一致性。

（3）承上启下，确立程序。靠位既是拉弓的结束，同时也是瞄准的开始。因而，清晰一致的靠位可以帮助射手节省精力，提高成绩。靠位点一定要在清晰地感受到之后，再开始瞄准、扩张、撒放等技术动作。这些动作几乎同时进行，且在较短的时间内完成，因此需要建立一个明确的程序，才能更好地分配注意力，才能不易出错。

5. 扩张技法

（1）胸腔扩张，肩胛外展。身体的扩张主要表现为胸腔向两肩方向的外扩，需要前胸和后背肌肉以及腹部肌肉的协同用力，扩张幅度在 2～5 毫米，肉眼几乎不可见。扩张时靠位不能发生变化，扩张用力的感觉在身体受到两侧外力挤压时，就很容易体会到。其表现为肩胛骨底端略微向外扩展，形似时钟的八点二十。

（2）缓撑慢扩，伺机撒放。扩张用力是缓慢进行的，幅度不可太大，以免破坏直线力。缓慢的扩张过程中，可以找到撒放的最佳时机。不要通过扩胸收背进行扩张，这样会破坏撒放时的直线用力。

6. 注意事项

（1）腰部侧弯，破坏平衡。拉弓时，前撑和后拉的用力不对称，造成身体中轴线歪斜，尤其是腰部容易向后弯曲，跨前顶。前撑和后拉应对称用力，可利用背部两侧竖脊肌的力量保持中轴线的平衡。

（2）肌肉紧张，造成耸肩。引弓时，斜方肌上束用力紧张，会造成耸肩。拉弓过程中前撑力不足，也会导致前肩耸起。拉弓时耸肩是常见的错误，会破坏骨骼用力，既不利于前撑，也会破坏直线力。

（3）拉距过小，开弓不满。初学者由于力量不够或技术不到位，导致弓未拉满，未拉到固定靠位便开始瞄准撒放，从而箭速减低。应选用合适的弓，并用足力气保证满弓到位。

（4）后肘下沉，用力不当。初学者拉弓时，后肘低于后肩，用手臂和手腕的力量拉弓。后肘通常高于后肩。拉距较大时，后肘可与肩平，但不能低于后肩。

（5）手腕用力，干扰撒放。拉弓时，后手的手腕紧张，手腕立起或下压会破坏直线力，影响撒放。

（6）前手紧握，容易扰箭。前手的中指、无名指和小指握弓紧张，握弓太紧会导致撒放时影响箭向前的轨迹，并产生分力。前手的手指应放松推弓，只有前推的力。

（7）用头靠弦，影响平衡。靠位时，初学者一般会用头去找弦，导致出现歪头、仰头等错误。这样会改变拉距，影响发射的一致性，破坏身体的“十”字支撑结构，影响用力的对称平衡。

（8）后手过低，难以靠位。初学者在拉弓靠弦时，会将后手拉到咽喉的位置，箭的高度也在颈部附近，导致没有固定的靠位。

（9）后扩张，破坏直线。扩张用力时，背部肌肉的收缩将肩胛骨整体靠向脊柱方向，而不是向两侧外展。这种向后的扩张会导致撒放时身体偏离射箭面而破坏直线力。

7. 练习方法

（1）初学有序，逐步得法。初学者首先由教师帮助进行徒手模仿开弓，或者两人互助进行徒手模仿练习。掌握基本用力方法后，再用弹力带练习，两人可以从不同角度检查练习。最后，从轻磅数的拉弓练习过渡到正常拉弓练习和增加负荷的拉弓练习。

（2）对镜开弓，自检自查。对着镜子利用弹力带或者弓箭练习开弓时，将镜子放在正面略偏一点儿的位置，在既不影响射箭又可以在不改变身体位置的情况下，观察自己。对镜开弓，主要可以检查头的位置、肩的位置、靠位点、身体的朝向等。

（3）抵住肘部，感受加力。初学者练习引弓时，可由同伴用手抵住后肘关节，使学生感受到外部的阻力。当用力由肘关节带动对抗这一阻力时，能够建立正确的用力感觉；或者将弹力带一端套在弓上，另外一端套在后肘上，拉动弹力带感受后肘关节带动用力的感觉。

（4）借助外物，稳头固肩。举弓预拉结束后，将一个软球放在头顶上，确保头的位置没有发生变化；或者将软球放在前肩上，确保拉弓过程中前肩保持不动。教师或同伴也可以将两手分别放在学生前肩和下巴的位置，检查拉弓过程中有无变化。

（5）外加皮绳，检查对齐。在上好弦的弓上绑一根弹力带，拉弹力带过程中，弹力带要与弓弦始终重合在射箭面上。也可以直接拉弓，观察弦与弓上的位置始终重合运行。拉满弓后，教师拉一根绑在弓弰上的绳子，将出箭点、弓弦和绳子对齐，检查后肘是否在射箭面上。

（6）标记箭头，开弓一致。引弓靠位后，利用记号笔在弓与箭交界的位置做标记，检验每次拉弓的一致性。教师也可以通过拍照，先让学生自我检查并说出结果，再与照片对照，提升学生本体的感受能力。

（7）利用胶带，查验靠位。靠弦后，在弦与脸、胸等靠位处贴一小段胶带，学生据此反复练习，教师可以帮助检查学生靠位的一致性。

（8）借助外力，体会扩张。初学者学习扩张用力时，首先用右手大拇指钩住左手食指后抬平两肘，双手在鄂下对拉，感受两肘分别向两侧扩张时用力的感觉。其次，教师用弹力带将学生的肩膀绑起来，要求用力对抗这种束缚力，将肩膀撑开。最后，由教师从肩膀两侧挤压学生的身体，学生通过用力对抗这种挤压来体会扩张力。

（9）前拉后拽，被动扩张。一人从后面将弹力带绑在学生后肘上，另一人从前面将弹力带绑在学生前手手腕上，学生进行正常的引弓撒放。两人分别从前、后去拉学生，当完成撒放后，学生会非常明显地感受到身体被从前、后两个方向拉伸开，这种感觉就是扩张后的身体感觉。

（10）扩张前后，指向不变。为了保证扩张后身体的指向不变，并仍然在射箭面上，可以在弓上另外绑一根弹力带。拉动弹力带靠位后，首先记住弹力带、弦与弓的位置关系，然后闭眼扩张。扩张后睁开眼，看弹力带、弦和弓的位置关系是否跟之前一致。中拉、大拉的选手可以由教师帮助检查，也可以将箭或激光笔绑在背上，在帮助学生扩张时，由老师检查以保持身体的指向不变。

（九）瞄准审固

1. 技术要点

（1）单眼瞄准，三点一线。靠位以后，眼睛、弓臂上的某个参照瞄点或箭头、靶子中心点形成三点一线。单眼瞄准适合初学者，虽然容易找到瞄点，但不利于目标的清晰成像。

（2）双眼瞄准，靶实星虚。瞄准时，多数射手采用两眼睁开，聚焦到目标上的方式。此时，用眼睛的余光可以看到两个弓的虚影，透过这两个虚影可以看到实的靶面。在两个弓臂虚影中间某个位置，可以选一个瞄准点，对准靶心。通过多次训练，可以逐渐找到瞄准点。

（3）专注目标，控制节奏。找到瞄点以后，不要看到靶心就撒放。两眼盯住靶心，继续保持审固的状态，感受身体的用力扩张，通常稳定 2～3 秒后再撒放。

（4）动中寻静，动态平衡。瞄准是一个持续用力的主动性静态过程，是像自行车或陀螺一样的动态平衡。射箭的瞄准动作不是完全静止的动作，而是要在动态中维持的平衡状态。这个平衡状态的建立才是撒放的时机，而不是指瞄点到靶心。

（5）感受用力，意念集中。初学者用眼睛瞄准，到了高一级的阶段就是以附点作为参考，通过身体肌肉的用力完成精确的射准。传统弓上的参考瞄点允许在靶心的一定范围内轻微、有规律地晃动，不要苛求瞄准点一定在靶心点上。注意力应放在身体用力的感觉上，意念集中，高度专注。

（6）按部就班，有序瞄准。从站姿环节开始，在看向箭靶时，就已经开始瞄准审固了。从举弓预拉到开弓，应始终都在观察弓或者弦与靶心的位置关系，但专注的瞄准一定要从靠位之后开始。从靠位到撒放的短短几秒内，都可以是瞄准的过程。即使在这短短的时间内，对于初学者而言，也有多个环节需要完成和注意：靠位清晰一致，手指、手腕的放松，呼吸，身体对称平衡，瞄准，持续扩张等。一定要确立一个顺序，才能逐步建立正确的技术动作，更好地瞄准和回收注意力。

（7）根据靶面，调整瞄点。每个射手都需要自己寻找不同弓和箭的瞄准点，如果用弓上的某个位置作为瞄点，就先利用这个瞄点发射一组箭，根据箭在靶面上的位置进行调整。如果一组箭整体偏高，就把瞄点上移，如果偏低就下移，偏左就左移，偏右就右移。也有射手用箭头瞄准，不同的距离用箭头瞄准不同的靶面位置。

2. 技术难点

2～5 秒，最佳范围。瞄准时，从靠位后开始到撒放，以 2～5 秒为最佳时间范围，通常在 3 秒左右。这个 3 秒是一支箭能够命中目标的关键阶段，也是训练过程中重要的环节之一，需要不断强化。尤其是在比赛时，即使高水平运动员也会在这个环节发挥失误。能否控制、把握好这 3 秒已经超出了技术的范畴，被我国箭坛泰斗徐开才先生称为“哲学的三秒钟”。射箭运动员的“黄心病”就是出现在这个环节中。因此，时间节奏的把握非常重要。

3. 易犯错误

（1）靠弦之后，见黄就放。瞄点一到黄心就开始撒放，这时还没有进入最佳稳定阶段，故俗称“黄心病”，应稳住 3 秒左右再撒放。

（2）只顾目标，用力停顿。瞄准时，将注意力只集中在目标上，忽略了持续扩张用力，影响后续撒放。注意力应高度集中在身体的用力感觉上。

4. 练习方法

（1）利用皮筋，默数节奏。利用弹力带，在靠位后数节奏：一、二、三放。

（2）引而不发，控弓练习。搭箭张弓，但不撒放，感受控弓。还原之后，再开弓放箭。可反复做控弓练习，如已经出现急于撒放的现象，则需进行长期控弓脱敏训练。

（3）模拟练习，随风而瞄。两人从前后分别将弹力带绑在学生腰上，学生瞄准时，两人配合牵拉，随机前后拉拽，模拟在风中射箭，提高身体控制能力。或者在弓上挂一个重物，对重物进行拉拽，也可以起到模拟的效果。

（十）前撒后放

1. 技术要点

（1）前手放松，后手滑弦。前臂用力前推，指向靶的方向，手指自然放松；后手大拇指、食指的屈指肌退让、放松，让弦从拇指处滑出，也称为滑弦撒放。前手和后手共同完成撒和放的动作。撒放过程中前手、后手动作不分先后，也不分轻重，必须是高度统一。

（2）惯性使然，后肘后移。由于引弓后身体的持续对称用力，撒放后弓回弹的对抗力消失，因此在惯性的作用下会将身体沿前后方向打开。前手是支撑力，幅度极小；后肘会以后肩为轴，发生后移。

（3）肘平臂紧，手藏颈后。撒放后，后肘与肩平或略低，大小臂保持角度不变，以免外撒；后手顺势停于颈后，手指、手腕自然放松。

（4）身体扩张，完成撒放。撒放动作不是依靠手臂的力量实现的，而是由身体的扩张力主导完成撒放，手臂、手腕都要放松。撒放时，背部肌肉及胸腔的扩张力是保持用力的过程，前后手臂、手腕、手指则是一个放松的过程。只有注意力放在身体的扩张用力上，才能做出完美的撒放。

（5）屈肌退让，余指放松。后手大拇指和食指的屈指肌退让，而非伸指肌收缩。其余三指和手腕均需放松，避免分力。撒放后，整个后手手指、手腕都是放松的。

（6）前推送箭，力透于指。前臂沿箭的方向送箭，前手大拇指和食指向前推。前推力透过手指向前，其余手指放松。撒放以后会自然形成风点头或弓返的效果。

（7）停留后手，位置一致。撒放时，后手保持掌心向下，在由后背肌肉主导带动后肘后移的同时，手腕、手指自然放松，并停留于颈后肩的位置。后手手指完全放松，每次都停留于同一个位置，有利于实现撒放动作的一致性。徐开才先生在其著作《射艺》中讲：“钩弦是一个非常细腻的技术动作，在内旋用力的过程中，手腕关节保持放松。这个内旋用力，强化了射箭过程中所需要达到的直线用力，有助于实现更完美的撒放。”

（8）动作协调，前撒后放。前后手的动作要协调一致，不能后手撒而前手不知。前手推弓点的用力方向对箭的运动轨迹有重要影响，所谓“不知”是指一直在向前用力。射箭教师员手册中讲：假如支撑状态、手指扣弦和脱离状态、撒放的时机等不一致，则会造成所损耗的能量也不一致，影响出箭的效果。

2. 技术难点

围绕直线，减少分力。只有沿直线用力的方向撒放，才不会产生分力。前手为撒，后手为放，其核心是对称用力。以钩弦点为中心，前后持续用力，均匀地沿原有的直线前后分开。前手前指，后手沿箭杆的反方向水平向后。

3. 易犯错误

（1）上扬下坠，破坏直线。撒放时后手上扬或者后肘下坠，会破坏直线用力。

（2）后手外撒，破坏直线。撒放时后手外撒，会破坏直线用力。外撒是初学者常犯的错误，会导致箭向右偏。

（3）前手甩弓，破坏直线。撒放时前手刻意翻弓甩腕，会破坏直线用力。有射手为了实现弓返的效果，会刻意前手甩弓、甩腕。

（4）前手上顶，破坏直线。撒放时前手刻意向上顶箭，会导致箭尾上下波动。初学者在练习远距离的射箭时，会出现这个问题。

（5）用力停滞，松撒送撒。撒放时身体的扩张用力停顿，不足以对抗弓内合的力量，会导致撒放时后手没有向后的位移，出现松撒或者送撒。

（6）后手打开，手指用力。撒放时手指的伸指肌用力，造成后手手指全部或部分打开。撒放不应该是伸指肌的收缩，而是屈指肌的退让。

（7）前握太紧，干扰送箭。前手的手指握弓太紧容易形成分力，干扰出箭的轨迹。或者撒放时前手突然将弓抓紧，也会影响出箭的轨迹。

4. 练习方法

（1）初学循序，皮筋辅助。初学者第一次学习撒放时，首先用大拇指钩住持弓手食指，在胸前对拉。钩弦手指放松，食指滑出。其次用弹力带在面前轻微拉开，后手放在面前，用眼睛看着撒放，确保手腕、手指的放松。利用弹力带进行完整的举、引、放练习。再次将弹力带绑到上好弦的弓上，用后手钩弹力带进行模拟撒放。最后用弓箭进行近距离、没有靶纸的撒放练习。

（2）教师辅助，体会放松。学生钩弦对着地面，教师或者同伴向地面方向轻轻拉弓，进行撒放。教师要求学生手指、手腕放松，并观察撒放结束后大拇指有没有形变。然后，将弓从对着地面转向对着靶面，继续由教师牵引进行撒放练习，并要求自我观察放松情况。

（3）利用镜子，自我检查。放一面镜子在前侧，对着镜子进行撒放练习，让学生自我观察。自我检查前手、后手、后肘的位置关系，是否出现各种问题。也可以将镜子与射箭面平行放置，撒放结束后，转头观察后手、后肘等部位。

（4）两人一组，相互检查。两人一组，一人用弹力带拉开后撒放，另外一人根据教师提示的要点，检查同伴的前手、后手、后肘、背肌用力情况等。

（5）循序渐进，掌握要领。撒放时，首先对前手、前臂等是可以进行自我观察的，对后手、后肘等则需要利用镜子进行自我观察。通过自我观察建立正确的撒放动作之后，还需要闭眼进行撒放练习，强化身体的感觉。然后需要进行表象撒放练习，进一步地强化。最后从进行近距离圆靶纸实射练习，逐步过渡到大靶纸、中靶纸、小靶纸实射练习。

（6）三指握笔，避免打开。对于撒放时不参与钩弦的手指用力打开的情况，可令后手三指握笔或者箭进行撒放训练，以纠正手指紧张用力的问题。

（7）后肘夹箭，保持角度。后肘在撒放后，大小臂之间的夹角应该保持不变。可以让学生用后肘夹住一支箭，然后由教师或者同伴拿出另外一支箭，将两箭放平行后进行撒放。观察撒放后，两支箭是否仍保持平行。

（8）增加负荷，检查一致。将弹力带套在后肘上，另一端绑在弓上进行撒放。每次撒放结束后都可以看到这根弹力带始终在颈部，这样可以帮助确定撒放的一致性。

（9）前拉后拽，扩张撒放。一人从后面将弹力带绑在学生后肘上，另一人从前面将弹力带绑在学生前手手腕上，学生进行正常的撒放。在撒放的一瞬间，两人分别沿射箭面从前、后去拉学生，帮助其体会身体从前、后两个方向扩张，完成撒放的感觉。

（十一）动作暂留

1. 技术要点

（1）力不能停，势不能丢。撒放后，为保证箭的运动轨迹不受影响，需要保持撒放后的用力和姿势不变，目送箭至靶心。这主要是指身体用力不能马上停顿，需要保持对称用力的平衡状态 1 ~ 2 秒。无论射箭的起始与结束，都必须保证在射出每支箭的过程中要保持身体处于正中位，不能有任何变化，特别是完成撒放动作以后。

（2）保持瞄准，面容不变。在动作暂留阶段，眼睛应始终盯着箭靶上的目标，与瞄准时是一样的。不仅保持面部的表情不变、眼神不变，而且呼吸的节奏也需要跟之前保持一致。

（3）前手放松，指向不变。弦离后手之后，前手就是唯一在发射过程中还与弓有接触的点。因此，暂留可以避免产生干扰的分力，而且最容易做到动作的一致。

2. 练习方法

（1）利用镜子，视觉检查。在学生的前侧放置一面镜子，在撒放结束后，要求学生自我观察面部表情、身体位置等。也可以在撒放期间眼睛一直盯着镜子，观察撒放后的动作暂留情况。

（2）每次暂留，养成习惯。初学者利用弹力带练习技术动作时，应养成动作暂留的习惯。每一次射箭练习时，都应要求动作暂留，以便教师进行技术检查。通过长期的坚持训练，养成良好的习惯。

（3）借助外力，自我检查。为了帮助学生建立动作暂留时前手的正确感觉，教师或同伴可以帮着拉弓，然后帮着撒放，学生只需持弓，自我观察同伴前手、前臂的变化，这样很容易发现或者感受到前臂的用力方向及变化。或者，教师或者同伴可以拿弓去推学生的前手，然后突然拿走弓，检查学生手臂的前撑和手腕的放松。最后学生自己撒放，但是眼睛要盯着前臂、前手，进行自我检查。

（4）放松练习，循序渐进。弦离后手之后，前手作为身体唯一与弓接触的点，其放松程度尤为重要。首先，教师可以让学生进行徒手的放松模拟练习，即手腕先竖起模仿推弓动作，然后放松，再用拉弹力带进行模拟放松。其次，由教师或者同伴拿着弓帮助学生进行撒放后的放松，也可以让学生完全松手，教师将弓接住，或者将弓吊挂起来，以免弓掉落。最后，进行闭眼的撒放，并体会放松。撒放结束后，教师也可以用手触动学生的前手，检查是否放松。

（十二）敛弓收势

平展双臂，藏弓静息。动作暂留结束后，将后手向后打开，两手于身体两侧打开放平后向下画圆，从身体两侧还原至胸前持弓，调整呼吸，回归静息状态，准备下一支箭的发射。

（十三）进退礼仪

1. 上射位礼

上射位礼也称为“射前礼”，行执弓礼（或者称执弦礼），表示对习射之事的尊重，也意味着竞赛的开始。其主要包含以下三个口令。

（1）“准备”令。“准备”令发出后，射手藏弓（弓放于身体一侧）并位于候射线后等待。

（2）“就位”令。“就位”令发出后，由藏弓状态转为执弓状态并行执弓礼（执弓向前鞠躬行礼），礼毕后执弓进入射位。

（3）“起射”令。“起射”令发出后，方可取箭。

2. 下射位礼

下射位礼为射毕礼。行藏弓礼表示对习射之事的尊重。比赛结束，四矢射尽，执弓面向箭靶方向，后退至候射线，由执弓状态改为藏弓状态。行藏弓礼（藏弓于身体一侧并向前鞠躬行礼）后等待“验靶”口令。

3. 验靶礼仪

验靶时需行“礼侯礼”。听到“验靶”口令发出后，行至靶前两米处，行礼后方可上前报分。“礼侯礼”行藏弓礼或鞠躬礼均可，表示对计分人员和目标的敬重。

思政小课堂

传统体育课程选取各传统体育项目，通过对其进行教材化设计，以身体活动为基本手段，以运动参与为基本方式，以促进学生身心健康为基本目的形式存在于体育教学中。高校开展传统体育教学，不仅可以激发学生深入了解传统文化的兴趣，还可以帮助学生树立正确的人生观和价值观，培养学生对传统文化的高度认同感，进而继承和发扬传统文化。

项目九　健美操

任务一　健美操运动概述

学习目标

了解健美操运动的概述。

健美操的起源可以追溯到 2 000 多年前。古人对健身健美的追求，以及体操与音乐相结合的主张是现代健美操形成与发展的基础。现代健美操运动是在 20 世纪 60 年代初开始萌芽的。最初是美国太空总署专门为航天员设计的一套体能训练操，并逐渐加上了音乐伴奏和服装。1969 年，杰姬·索伦森综合了体操和现代舞，编排了带有娱乐风格、简单易学的健美操。20 世纪 70 年代末，健美操作为一项独立的体育运动项目逐渐兴起，其明显的标志就是“简·方达健美操”的出现。1983 年，美国举行了首届健美操比赛。1984 年，首届远东区健美操大赛在日本举行。两次大赛的成功举办，使健美操运动在世界各地兴起。每年国际上举办的健美操赛事有：健美操世界锦标赛、健美操世界杯赛、健美操世界冠军赛、健美操世界巡回赛。随着人们生活水平的不断提高，健美操所特有的保健、健身、健美、娱乐等实用价值得到越来越多人的重视，吸引了不同年龄的爱好者参与。

健美操充分体现了“健康美”的观念，练习形式多样，运动量可大可小，容易控制，对场地器材的要求也不高，因此对不同年龄段、不同性别、不同身体素质、不同技术水平的人都适宜，各种人群都能从健美操练习中找到适合自己的方式，都能从健美操练习中得到乐趣。经常进行健美操锻炼，可以提高关节的灵活性，使肌肉的力量增强，使韧带、肌腱等结缔组织富有弹性；可以提高人对动作的记忆和再现能力，提高神经系统的灵活性和平衡性，从而发展人的协调能力；可以提高呼吸深度，增加每次呼吸时的气体交换量，提高呼吸系统机能水平。

任务二　健美操运动技能

学习目标

1. 掌握健美操的基本动作技术。
2. 掌握健美操的组合动作技术。

一、健美操的基本动作技术

健美操的手型

（一）健美操的手型

（1）合掌。五指并拢伸直。
（2）西班牙舞手式。五指用力，小指、无名指、中指自掌指关节处依次弯曲，拇指稍内扣。
（3）分掌式。五指用力分开，手腕保持一定的紧张度。
（4）芭蕾手式。五指微屈、后三指并拢，稍内收，拇指内扣。
（5）拳式。五指弯曲紧握，大拇指压在食指弯曲部位。
（6）一指式。握拳，食指伸直或拇指伸直。
（7）推掌。手掌用力上翘，五指自然弯曲。
（8）响指。拇指与中指摩擦并与食指打响，无名指、小指曲握。

（二）头、颈部动作

1. 屈

动作描述：头部向前、后、左、右 4 个方向分别做弯曲颈部关节的运动。
注意要点：身体正直，做动作时应缓慢，充分伸展颈部肌肉。
动作变化：前屈、后屈、左侧屈、右侧屈，如图 9–1 所示。

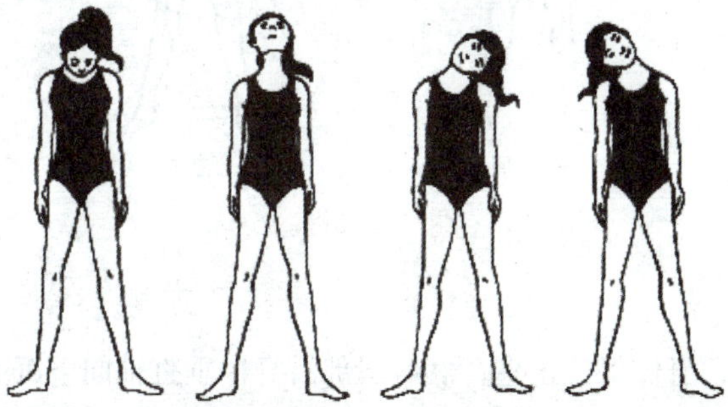

前屈　后屈　左侧屈　右侧屈

图 9–1　头、颈部动作——屈

2. 转

动作描述：头保持正直，然后头颈部沿身体垂直轴向左、右转动 90°。

注意要点：下颏平稳地左右转动。

动作变化：左转、右转，如图 9-2 所示。

3. 环绕

动作描述：头保持正直，然后头颈部沿身体垂直轴向左或向右转动 360°，如图 9-3 所示。

注意要点：转动时头部要匀速缓慢，不要过快。动作要到位，向后转时头要后仰。

动作变化：左或右环绕，两动作一致，方向相反。

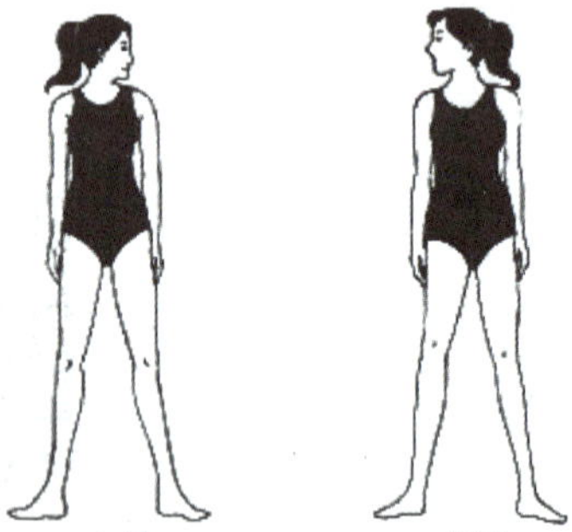

左转　　右转

图 9-2　头、颈部动作——转

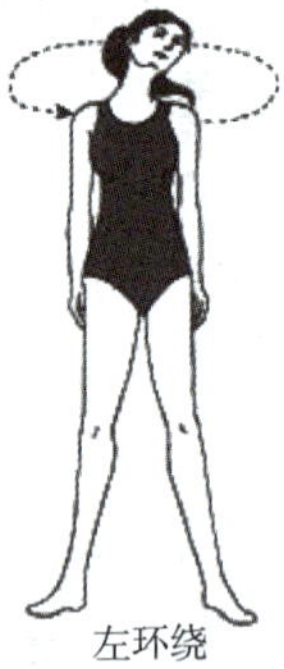

左环绕

图 9-3　头、颈部动作——环绕

（三）肩部动作

肩部动作

1. 提肩

动作描述：脚开立，身体保持正直，然后肩部沿身体的垂直轴向上提起。

注意要点：尽可能向上提起，提肩时，身体不能摆动。

动作变化：单提肩、双提肩，如图 9-4 所示。

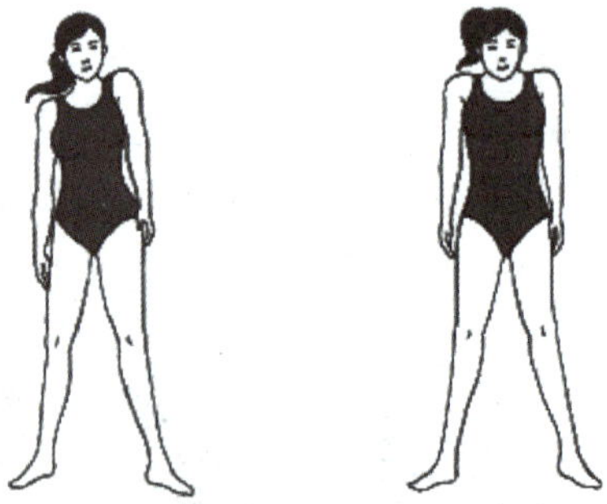

单提肩　　双提肩

图 9-4　提肩

2. 沉肩

动作描述：脚开立，身体保持正直，然后肩部沿身体垂直轴向下沉落，如图 9-5 所示。

注意要点：尽可能向下沉落，沉肩时，身体不能摆动，头尽量往上伸展。

动作变化：双肩下沉。

3. 绕肩

动作描述：脚开立，身体保持正直，然后肩部沿身体前、后、上、下 4 个方向进行绕动。

注意要点：绕肩时，身体不要摆动，动作尽量地大，要舒展开。

动作变化：单肩环绕、双肩环绕，如图 9–6 所示。

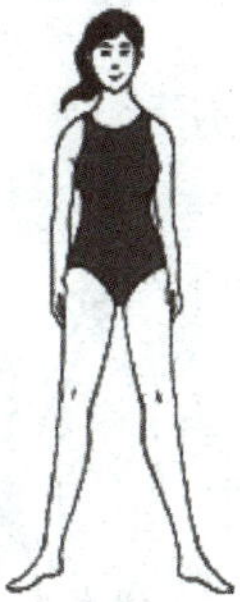

图 9-5　沉肩

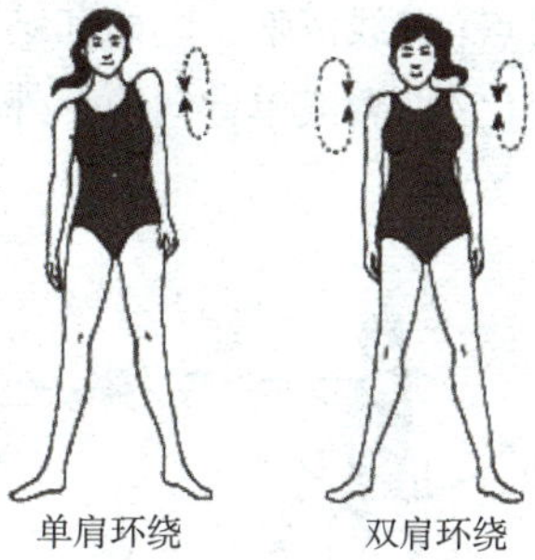

图 9-6　绕肩

（四）上肢动作

1. 举

上肢动作——举

动作描述：以肩关节为中心，手臂进行活动。

注意要点：动作到位，有力度。

动作变化：前举、后举、侧举、侧上举、侧下举、上举，如图 9–7 所示。

图 9-7　上肢动作——举

2. 屈

上肢动作——屈

动作描述：肘关节由弯曲到伸直或由伸直到弯曲。

注意要点：关节做有弹性的屈伸。

动作变化：胸前平屈、肩侧屈、肩侧上屈、肩侧下屈、胸前上屈、头后屈，如图 9–8 所示。

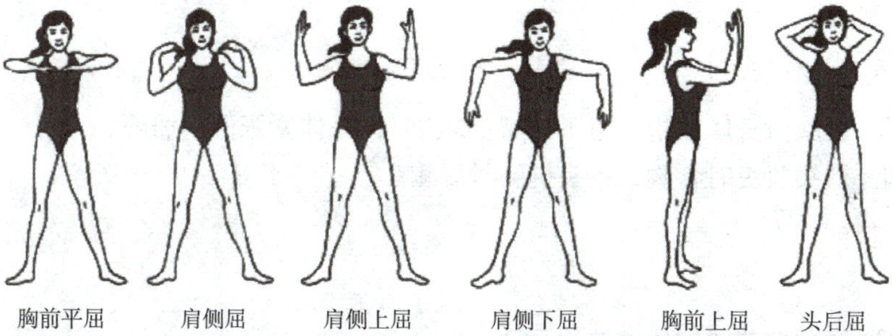

图 9-8　上肢动作——屈

3. 绕、绕环

动作描述：两臂或单臂以肩为轴做弧线运动。

注意要点：路线清晰，起始和结束动作位置明确。

动作变化：两臂或单臂向内、外、前、后绕或绕环，如图 9–9 所示。

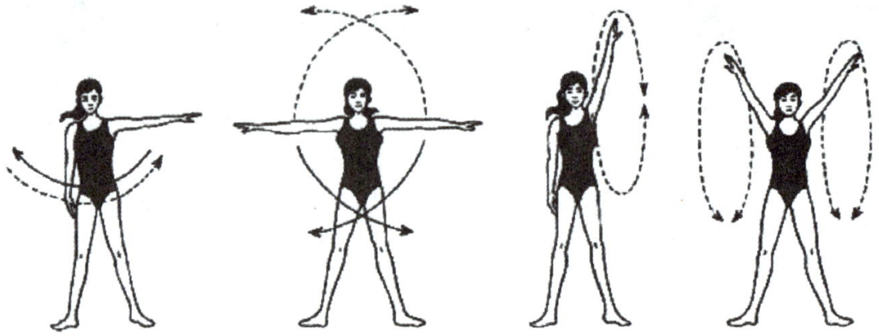

图 9–9　上肢动作——绕、绕环

（五）躯干动作

1. 胸部动作

胸部动作

（1）移胸。

动作描述：髋部位置固定，腰腹随胸部左右移动。

注意要点：移胸时，腰腹带动胸部移动；动作要尽量大。

动作变化：左右移胸。

（2）含胸、挺胸。

动作描述：含胸时，低头收腹，收肩，形成背弓，呼气；挺胸时，抬头挺胸，展肩，吸气，如图 9–10 所示。

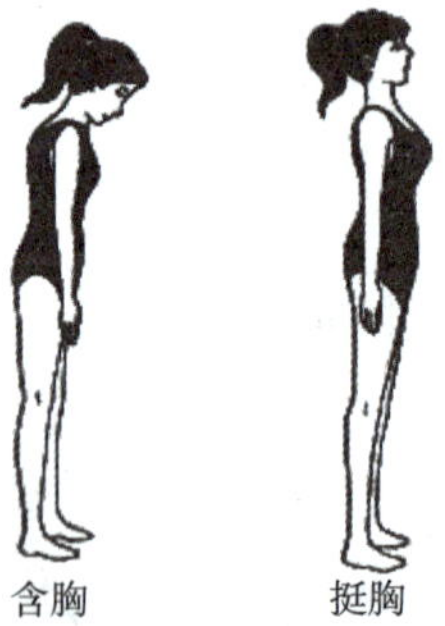

图 9–10　含胸、挺胸

注意要点：含胸时身体放松，但不松懈；挺胸时，身体紧张但不僵硬。

动作变化：低头收腹时含胸，抬头挺胸时展胸。

2. 腰部动作

（1）屈。

动作描述：腰部向前或向侧做拉伸运动。

注意要点：充分伸展，运动速度不宜过快。

动作变化：前屈、后屈、左侧屈、右侧屈，如图 9–11 所示。

图 9-11　腰部动作——屈

（2）转。

动作描述：腰部带动身体沿垂直轴左右转动，如图 9–12 所示。

注意要点：身体保持紧张，腰部灵活转动。

动作变化：迈步移动重心与转腰运动结合。

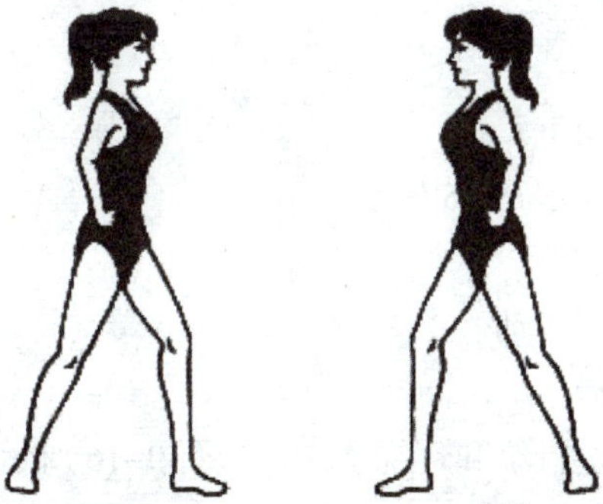

图 9-12　腰部动作——转

（3）绕和环绕。

动作描述：腰部做弧线或圆周运动，如图 9–13 所示。

注意要点：路线清晰、动作圆滑。

动作变化：与手臂动作相结合进行腰部绕和环绕。

图 9-13　腰部动作——绕和环绕

3. 髋部动作

（1）顶髋。

动作描述：两腿开立，一腿支撑并伸直、另一腿屈膝内扣，上体保持正直，用力将髋顶出。

注意要点：动作用力且有节奏感。

动作变化：双手叉腰顶髋，左顶、右顶、后顶、前顶，如图 9–14 所示。

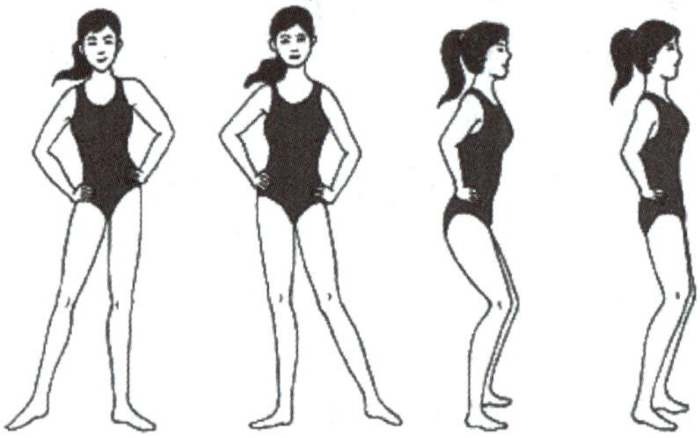

图 9–14　顶髋

（2）提髋。

动作描述：髋向上提。

注意要点：髋与腿部协调向上。

动作变化：左提、右提，如图 9–15 所示。

（3）绕和环绕。

动作描述：髋做弧线或圆周运动。

注意要点：运动轨迹要圆滑。

动作变化：向左、右方向进行绕和环绕动作，如图 9–16 所示。

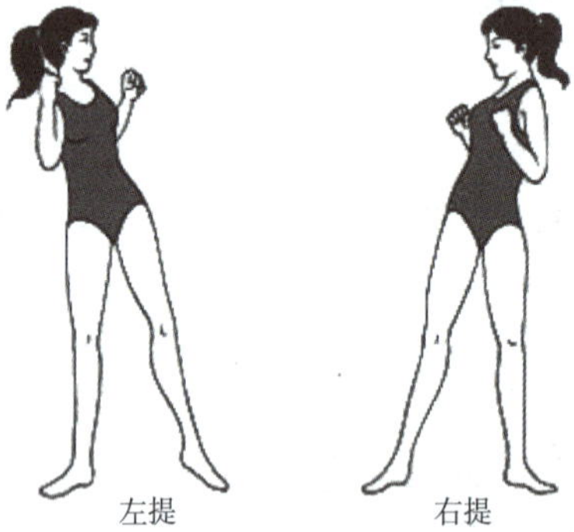

图 9–15　提髋

图 9–16　髋部动作——环、环绕

（六）下肢动作

1. 立

（1）直立、开立。

动作描述：身体直立，再打开双腿，做开立动作，如图 9–17 所示。

下肢动作——无冲击力步伐

下肢动作——低冲击力步伐

下肢动作——高冲击力步伐

注意要点：直立时要抬头挺胸；开立时，脚的间距约与肩相等。

（2）点立。

动作描述：先直立，再伸出一条腿做点立或提起双腿做提踵立，如图 9-18 所示。

注意要点：动作要舒展。

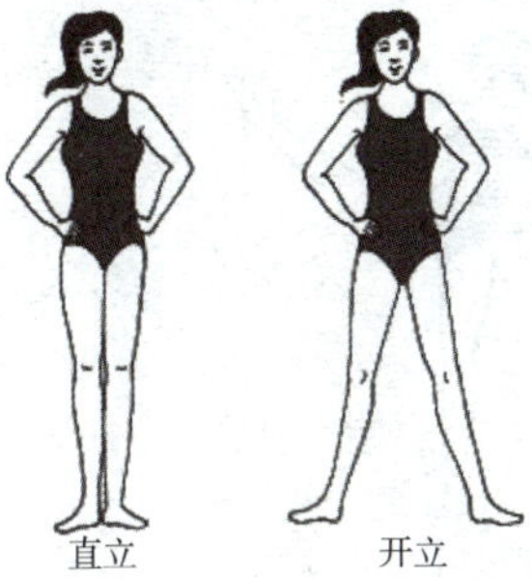

图 9-17　直立、开立

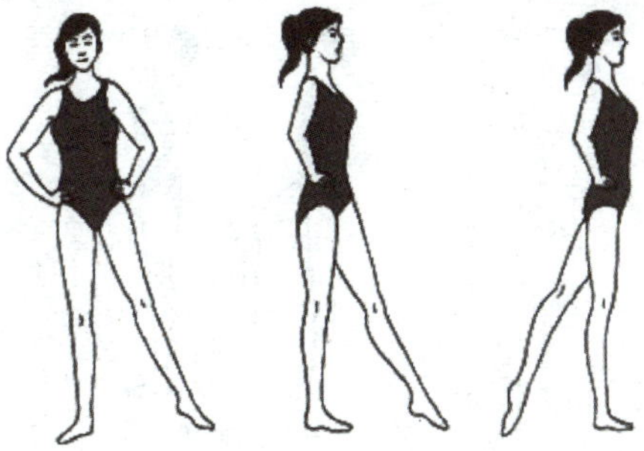

图 9-18　点立

2. 弓步

动作描述：直立后，大步迈出一腿，做屈动作。

注意要点：步子不能迈得太小，当然也不能太大。

动作变化：前弓步、侧弓步、后弓步，如图 9-19 所示。

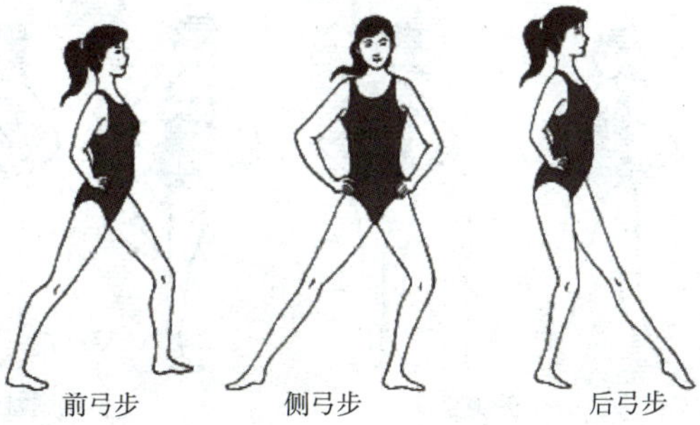

图 9-19　弓步

3. 踢

动作描述：双腿交换做踢腿动作。

注意要点：动作干净利落。

动作变化：前踢、侧踢、后踢，如图 9-20 所示。

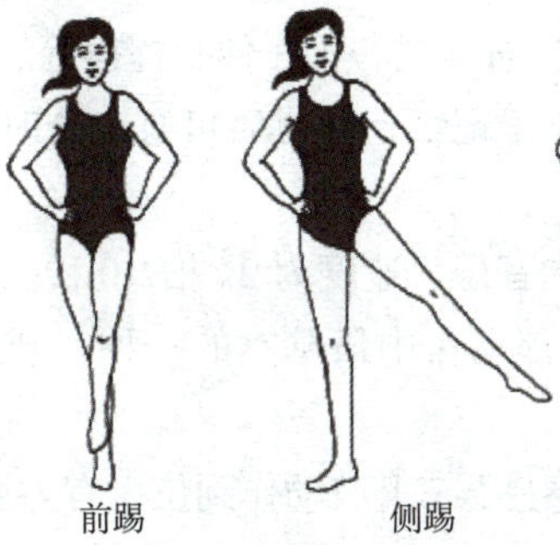

图 9-20　踢

4. 弹

动作描述：双腿做弹动动作。

注意要点：双腿弹动要有弹性。

动作变化：正弹腿、侧弹腿，如图 9–21 所示。

图 9–21　弹

5. 跳

动作描述：做各种姿势进行腿部练习。

注意要点：跳的时候要有力度和弹性。

动作变化：并腿跳、开并腿跳、踢腿跳，如图 9–22 所示。

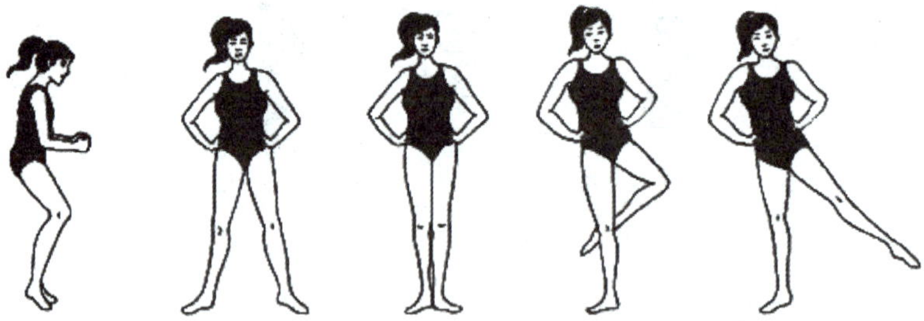

图 9–22　跳

二、健美操的组合动作技术

（一）髋部动作组合

髋部动作组合是由健美操的基本动作之一的髋部动作与健美操手臂的特色动作组合而成的，主要是躯干和上肢运动，它包括左右顶髋、臂屈伸及挥摆等。

动作特点：短小（共 3×8 拍），便于记忆，学习后可有充分时间反复练习。可通过变换方向来重复练习。

音乐选择：旋律清晰、节奏感强的音乐，速度为 24 拍/10 秒。

动作要领：原地顶髋是健美操髋部动作中最基本的一种。开立后，左（右）腿屈膝内扣，同时向右（左）顶髋，上体保持正直。

动作要求：髋部动作幅度大，节奏感强；上肢动作到位，有力度，与髋部动作配合协调。

（1）预备姿势：开立，两手叉腰。

（2）髋部动作第一个 8 拍如图 9–23 所示。

图 9–23　髋部动作第一个 8 拍

1 ~ 4 拍保持预备姿势。

5 拍左腿屈膝内扣，同时向右顶髋。6 拍右腿屈膝内扣，同时向左顶髋。7、8 拍和 5、6 拍相同。

（3）髋部动作第二个 8 拍如图 9–24、图 9–25 所示。

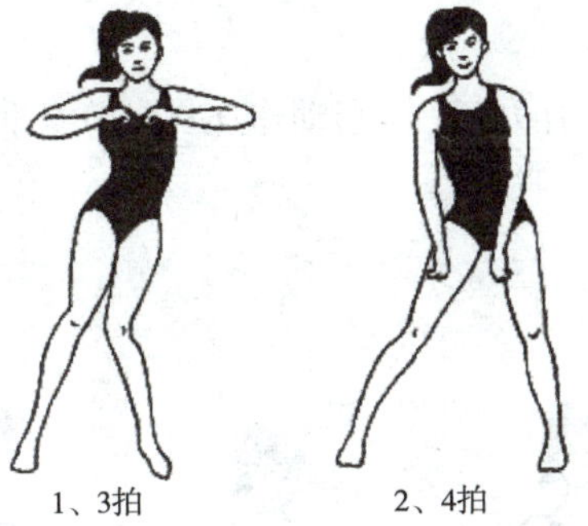

图 9–24　髋部动作第二个 8 拍——1 至 4 拍

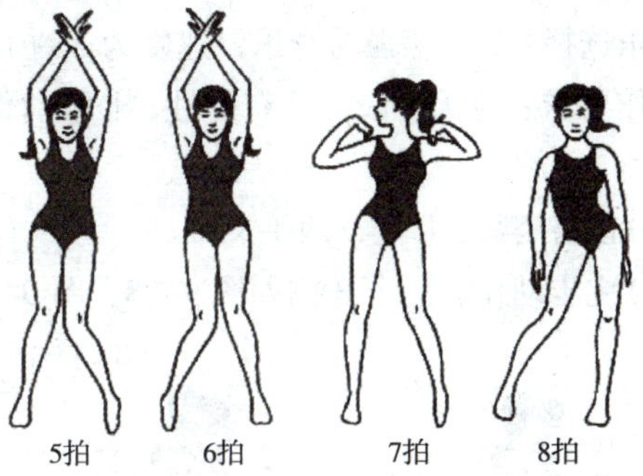

图 9–25　髋部动作第二个 8 拍——5 至 8 拍

1 拍左腿屈膝内扣，同时向右顶髋，两臂胸前平屈。

2 拍右腿屈膝内扣，同时向左顶髋，两臂下伸。3 拍同 1 拍、4 拍同 2 拍。

5 拍腿和髋同 1 拍，同时两臂经侧至头上交叉 1 次后成上举，抬头。

6 拍腿和髋同 2 拍，同时两臂头上交叉 1 次后成上举。

7 拍腿和髋同 1 拍，同时两臂肩侧屈，头向右转。

8 拍腿和髋同 2 拍，同时两臂还原至体侧，头还原。

（4）髋部动作第三个 8 拍如图 9–26、图 9–27 所示。

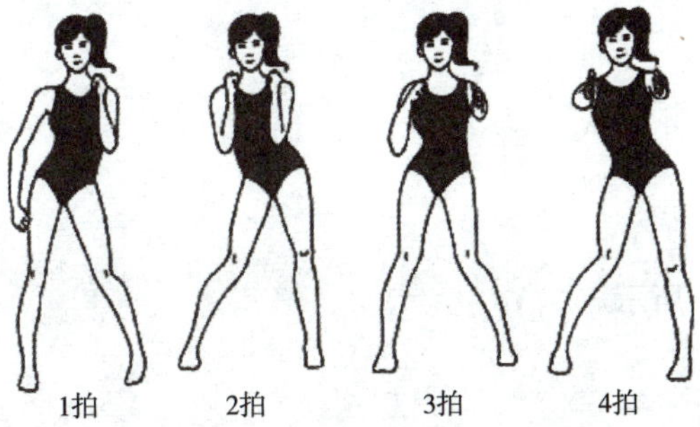

图 9–26　髋部动作第三个 8 拍——1 至 4 拍

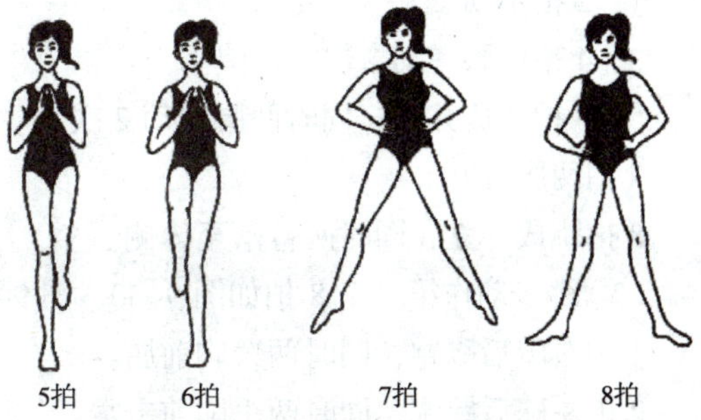

图 9–27　第三个 8 拍——5 至 8 拍

1 拍腿和髋同第二个 8 拍的 1 拍，同时左臂胸前屈。

2 拍腿和髋同第二个 8 拍的 2 拍，同时右臂胸前屈。

3 拍腿和髋同 1 拍，同时左臂前伸。

4 拍腿和髋同 2 拍，同时右臂前伸。

5 拍自左脚起踏步走 2 步，同时两手胸前击掌 2 次。

6 拍自左脚起踏步走 2 步，同时两手胸前击掌 2 次。

7 拍双脚起跳成开立，同时两手叉腰。

8 拍不动。

（二）跳步动作组合

丰富多彩、富有律动的跳跃动作是健美操的特色之一。这套跳跃动作组合共 6 个 8 拍，是由健美操的几种主要的跳步与规范有力的上肢动作组合而成。

这套组合动作在快速跑跳中不断变化上肢动作和身体方向。除有益于发展下肢力量外，还有助于提高动作的协调性。

音乐选择：节奏感强的音乐，速度为 26 拍/10 秒。

动作要求：跳跃轻快，富有弹性；上肢动作到位，有力度；整套动作连贯，节奏准确，富有表现力。

（1）预备姿势：开立，两手叉腰。

（2）跳步动作第一个 8 拍如图 9–28、图 9–29 所示。

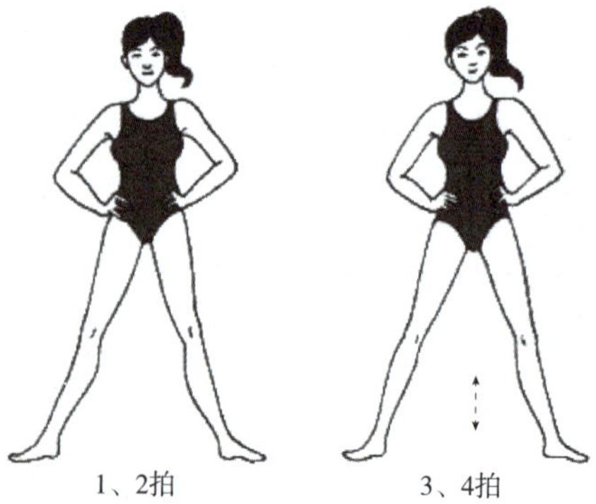

图 9–28　跳步动作第一个 8 拍——1 至 4 拍

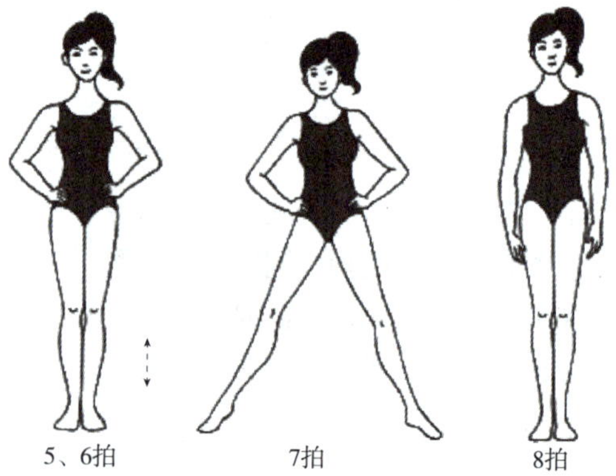

图 9–29　跳步动作第一个 8 拍——5 至 8 拍

1、2 拍不动。

3、4 拍两脚弹动 2 次。

5、6 拍跳成并立，同时两脚弹动 2 次。

7 拍两脚分开。

8 拍跳成并立，同时两臂落至体侧。

（3）跳步动作第二个 8 拍如图 9–30、图 9–31 所示。

1 拍右腿后踢跑，同时两臂胸前屈。

2 拍左腿后踢跑，同时两手胸前击掌。

3 拍右腿后踢跑，同时两臂肩侧上屈。

4 拍并腿，手部动作同 2 拍。

5 拍双脚向右蹬跳成右侧弓步，同时左臂侧举，右臂胸前平屈，头稍左转。

6 拍还原成并立，同时两手胸前击掌。

7 拍同 5 拍，方向相反，8 拍同 6 拍，但 8 拍两臂还原至体侧。

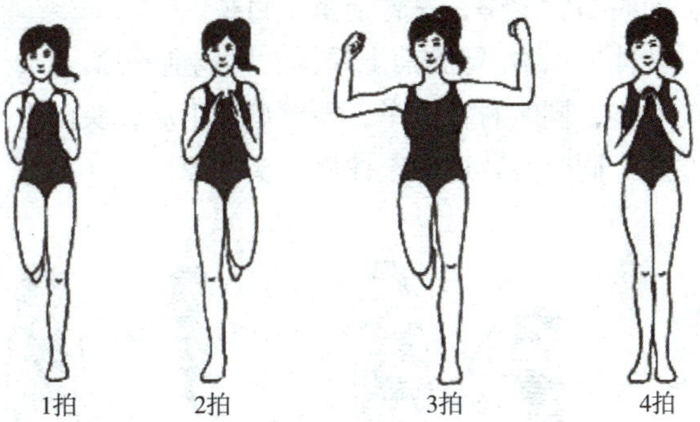

图 9-30　跳步动作第二个 8 拍——1 至 4 拍

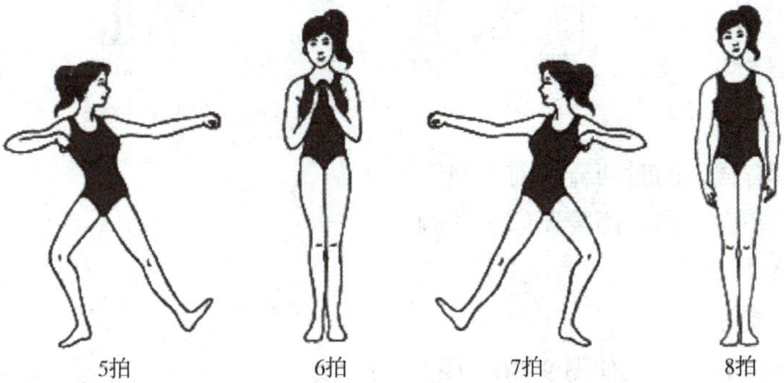

图 9-31　跳步动作第二个 8 拍——5 至 8 拍

（4）跳步动作第三个 8 拍如图 9-32、图 9-33 所示。

图 9-32　跳步动作第三个 8 拍——1 至 4 拍

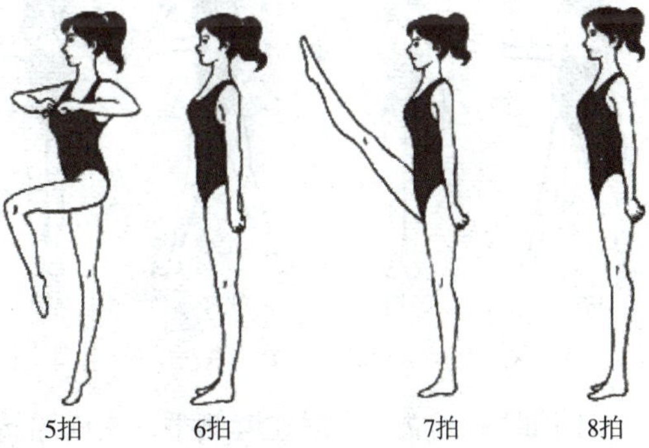

图 9-33　跳步动作第三个 8 拍——5 至 8 拍

1 拍左脚向侧一步，同时左臂上举，右臂前举目视前方。

2 拍提右膝同时向右转体 90°，右臂胸前上屈，左臂胸前平屈。

3 拍右腿后伸成左前弓步，同时左臂侧举，右臂肩侧上屈，头向左转。

4 拍右腿还原跳成并立，同时两臂还原至体侧，头还原。

5 拍左腿提膝跳，同时两臂胸前平屈。

6 拍还原成并立，同时两臂还原至体侧。

7 拍右腿高踢跳。

8 拍右腿落下成并立。

（5）跳步动作第四个 8 拍如图 9–34、图 9–35 所示。

1 拍右脚向侧一步，同时右臂上举，左臂前举，目视前方。

2 拍提左膝同时向左转体 90°，左臂胸前上屈，右臂胸前平屈。

3 拍左腿后伸成右前弓步，同时右臂侧举，左臂肩侧上屈，头向右转。

4 拍左腿还原跳成并立，同时两臂还原至体侧，头还原。

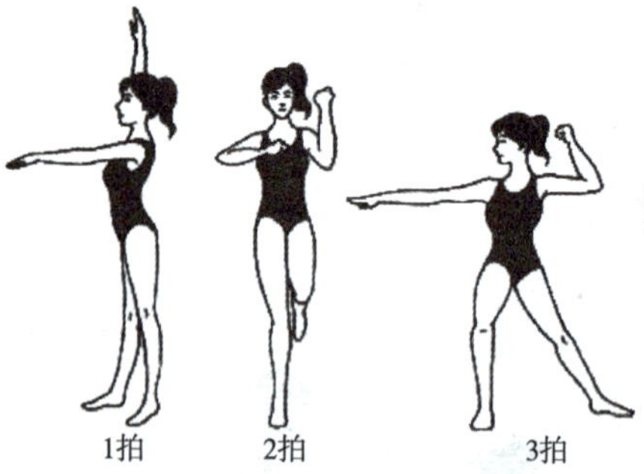

图 9–34　跳步动作第四个 8 拍——1 至 4 拍

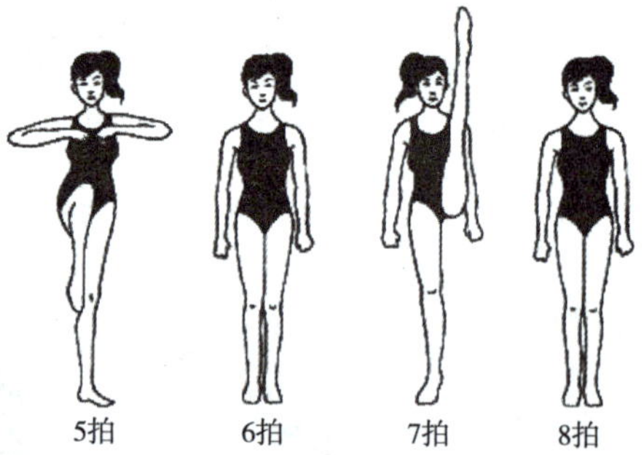

图 9–35　跳步动作第四个 8 拍——5 至 8 拍

5 拍提臀，抬右腿，同时两臂胸前平屈。

6 拍右腿落下并立，同时两臂还原至体侧。

7 拍左腿高踢跳。

8 拍左腿落下成并立。

（6）跳步动作第五个 8 拍如图 9–36、图 9–37 所示。

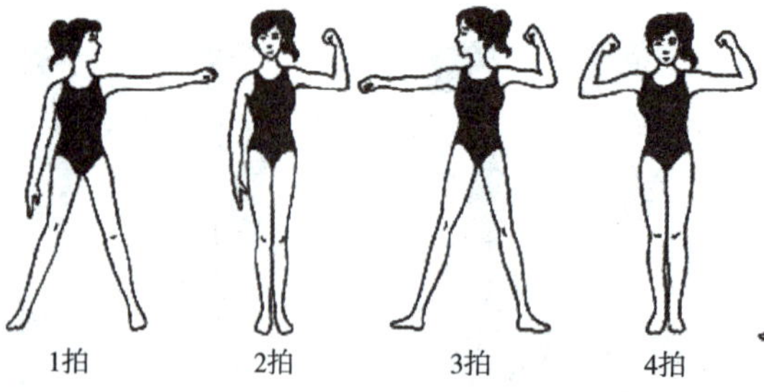

图 9–36　跳步动作第五个 8 拍——1 至 4 拍

图 9–37　跳步动作第五个 8 拍——5 至 8 拍

1 拍跳成开立，同时左臂侧举，头向左转。

2 拍跳成并立，同时左臂肩侧上屈，头还原。

3 拍跳成开立，同时右臂侧举，头向右转。

4 拍跳成并立，同时右臂肩侧上屈，头还原。

5 拍跳成开立，同时两臂胸前屈。

6 拍跳成并立，同时两臂胸前平屈。

7 拍跳成开立，同时两臂上举。

8 拍跳成并立，同时两臂还原至体侧。

（7）跳步动作第六个 8 拍如图 9–38 所示。

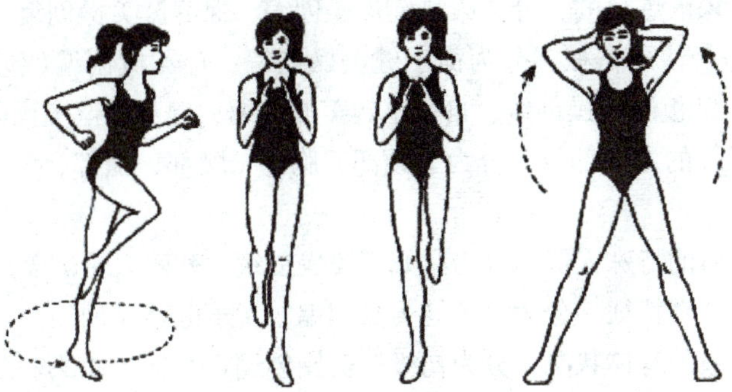

图 9–38 跳步动作第六个 8 拍——1 至 8 拍

1 ~ 4 拍跑跳步向左转体 360°，同时两臂在体侧屈并自然摆动。

5、6 拍原地踏步走，同时两手在胸前击掌 2 次。

7 ~ 8 拍跳成开立，两臂向外绕至肩上屈，两手扶头后，挺胸立腰，目视前方。

任务三 健美操运动创编

学习目标

1. 熟悉健美操运动创编的概念。
2. 了解健美操运动创编的分类。
3. 掌握健美操运动创编的过程。
4. 学会撰写文字说明与绘图。

一、健美操运动创编的概念

健美操运动创编是指在坚持全面发展身体的基础上，把握当前健美操运动的发展趋势，充分考虑场地、设施等因素，对已有的动作素材进行加工、移植、对比和再创造，配以适当的音乐，编排出新颖独特的适宜不同人群或个体练习需要的单个动作、动作连接和动作套路。

科学合理的创编是开展健美操的基础，是实现健美操健身、健美、健心目标的一个重要前提。

二、健美操运动创编的分类

（1）根据创编健美操的风格，分为传统健美操创编、爵士健美操创编、搏击健美操创编、拉丁健美操创编、瑜伽健身创编、普拉提健身创编等。

（2）根据创编对象的年龄，分为儿童健美操创编、青少年健美操创编、中老年健美操创编。高校健身性健美操主要是指青少年健美操。

（3）根据创编对象锻炼目的，分为康复健美操创编、保健健美操创编、健美健美操创编。

（4）根据创编是否使用器械，分为徒手健美操创编、轻器械创编（包括哑铃健美操创编、橡皮筋健美操创编、踏板健美操创编、自行车健美操创编、健身球健美操创编等）。

（5）根据创编锻炼的主要部位，分为头颈部、胸部、腰部、腿部、手臂、臀部等局部健美操创编。

（6）根据创编针对的特殊人群，分为孕妇健美操创编、残障人士健美操创编等。

（7）根据创编的性别特征，分为男子健美操创编、女子健美操创编。

（8）根据创编对象的身体状况，分为初级健美操创编（从未参加锻炼的人群）、中级健美操创编（偶尔参加锻炼的人群）、高级健美操创编（经常参加锻炼的人群）。

三、健美操运动创编的过程

（一）创编前的准备工作

（1）明确创编的目的、任务、要求。

（2）对练习者的年龄、性别、身体状况、运动基础等情况进行了解。

（3）对练习时间、场地、器材设备等条件进行了解。

（4）搜集有关健美操的文字资料和音像资料。

（二）制定总体方案

在了解多方面情况的基础上，制作一个健身健美操总体设计方案，并确定各要素。

（1）确定类别（健身、表演、竞赛）。

（2）确定风格（民族或爵士、优美或刚劲、活泼或刚健）。

（3）确定音乐（长短、节奏）。

（4）确定“三度”：难度（大、中、小）、长度（若干个八拍）、速度（N拍/10秒）。

（三）编排动作

遵循健美操的创编原则，在比较熟悉、理解音乐之后，按照总体方案逐节设计具体动作，使之符合总体设计方案的要求，并使所编动作与伴奏音乐和谐统一。

一般按照难度由易到难、负荷由小到大的规律编排成套动作。开始安排一节热身运动或伸展运动，紧接着为头部、上肢、肩部、胸部、腰背部、髋部、下肢、全身、跳跃运动，最后是整理运动。各节的基本姿势和连接方法要做到统一。

（四）记写动作

记写动作与编排动作是同时进行的，在编排的过程中就要把动作记录下来。速记和图解是记写的两种方法。记写的内容和顺序如下所示。

（1）记写每节动作的名称、节数及动作的重复次数。

（2）绘制动作简图。简图应包括动作的开始姿势、每拍动作的主要姿势、动作路线和结束姿势。

（3）记写动作说明。动作说明力求简明扼要、术语正确。记写顺序是先下肢后上肢，先左边后右边，并明确写出动作的路线、方向和做法等。首先写明预备姿势，其次写明每拍动作的做法和结束姿势。

（4）记写做操注意事项。

（五）练习与调整

按编排好的动作进行练习。练习时最好设计一份调查表，把各种情况记录下来，进行统计分析，这样就可以尽可能全面地进行动作调整。一般来说，在练习过程中应注意检查以下几个问题。

（1）动作的长度是否与音乐结束时一致？

（2）动作是否与音乐的风格、节奏浑然一体？

（3）运动量和运动强度是否适宜？

（4）动作的结构和顺序是否合理，是否具有艺术性？

根据测试结果、练习者的反馈信息及创编者的观察研究，对动作进行适当的修改和调整并继续进行练习检查，以求达到最佳效果。

四、撰写文字说明与绘图

撰写文字说明与绘图都是为了保留材料，以便在今后的教学研究、出版或相互交流中使用。文字说明应力求做到简明扼要、术语正确，绘图应形象逼真、方向清晰。记录时最好图文并用。

思政小课堂

对健美操的基础理论知识、基本技能和风格各异的成套动作进行系统学习后，学生的节奏感、韵律感及动作的表现力和创编能力可以得到提升。高校开设健美操课程，不仅可以丰富学生体育活动的形式，而且可以在强健体魄、促进心理健康、培养创新意识、培养团结协作意识等方面发挥积极作用。

项目十　定向运动

任务一　定向运动的概述及价值

学习目标

1. 熟悉定向运动的概述。
2. 了解定向运动的价值。

一、定向运动概述

定向运动就是指利用地图和指北针按照顺序到访地图上所指示的各个点标，并以最短时间到达所有点标者为胜的竞技运动。比赛形式分为日间赛与夜间赛两种。项目包括定向越野、山地车定向、滑雪定向、轮椅定向等。

定向运动起源于 19 世纪斯堪的纳维亚半岛。1961 年成立国际定向越野联合会。1966 年举行第一届世界定向锦标赛。中国于 1985 年开展此项运动。

二、定向运动价值

定向运动的价值可以分为健身价值、益智价值、育德价值、娱乐价值和经济价值等 5 个方面。

（一）健身价值

定向运动最突出的价值就是健身价值。经常参加定向运动，身体会变得强健，走、跑、跳等运动能力及耐力都会逐步提高，对自然环境的适应能力会不断增强。

（二）益智价值

定向运动也是一种智力的活动，它具有积极的益智价值。

定向运动常常是在陌生的地点（区域）进行的，如何面对生疏的环境和完成全部比赛是一对较难解决的矛盾。参加定向运动的活动和比赛时，首先要阅读地形图，读懂地图上所标示的多种地形、地貌、地物及点标（检查点）的位置，并借助指北针精确辨别和判定方向，合理选择到达点标的最佳路线，然后还必须按顺序将隐蔽的点标逐个找到，这就要求具备必要的知识和技能。

在定向运动的活动和比赛中，知识和技能掌握得越全面，分析、判断、应变能力越强，就越容易成为活动和比赛的强者。相反，如果在知识和技能方面存在薄弱环节，或在分析、判断、应变方面显得迟缓，就会遇到许多麻烦，甚至失败。

通过定向运动的学习、锻炼和比赛，人们可以增长相关知识，如地理学、测绘学、军事地形学、植物学等方面的基本知识和在实践中应用这些知识的能力，并学会在运动中使用指北针，发展思维能力，培养快速应变能力。

此外，定向运动还能作为大脑工作的"调节剂"。大学生日常用脑的时间很长，极易造成大脑疲劳。利用节假日到野外参加定向运动，有利于消除大脑疲劳，从而提高学习效率。

（三）育德价值

所谓育德，也就是培养道德品质。定向运动由于在环境、条件和比赛方法上的特殊性，在培养道德品质方面，更具有其独特的作用。

任何比赛，都必须有严格的比赛规程和规划，这对每一个人都是公平的。参加定向运动比赛时，参加者判定的方向和选择的行进路线及对每一个点标的寻找，都不能存在半点马虎和丝毫的投机取巧。因此，只有发扬严谨细致的实干精神才能完成任务。当遇到困难时，就要以十倍的信心和百倍的勇气千方百计地去克服它。当体力不支，感到难以支撑下去时，就要坚定信念，顽强拼搏，坚持、坚持、再坚持，才能到达胜利的彼岸。育德价值就是培养人们在陌生环境下的竞争意识和适应能力及团队协作精神。

（四）娱乐价值

定向越野的竞赛性、游戏性、情趣性和神秘性能给人带来愉悦身心的良好效果。

（五）经济价值

定向运动的广泛开展，必然会带动该项运动相关产业的发展，它所带来的经济效益是不可小视的。

任务二　定向运动分类、器材和装备

学习目标

1. 熟悉定向运动的分类。
2. 认识定向运动的器材和装备。

一、定向运动分类

按照运动模式，国际定向越野联合会（IOF）将定向运动项目划分为徒步定向、滑雪定向、山地车定向和轮椅定向。其中徒步定向又被称为定向越野。随着定向运动的发展，定向运动演变出多种运动形式，如徒步定向又分一般定向运动、夜间定向运动、积分定向运动、接力定向运动、五日定向运动、公园定向运动等。每一种定向运动又可根据参与者的性别、年龄特征，设计不同的难度路线与组别。除接力定向外，每一组别又可分为单人赛、双人赛和团体赛，还可设立男女混合赛等。目前，国际上还流行着一些其他形式的定向运动，如校园定向、扶手定向、星形定向、特里姆定向等。

（一）徒步定向

徒步定向运动是目前各种定向运动形式中开展最为广泛，组织方法较为简便的定向运动。徒步定向运动主要是检验参与者的识图能力、野外路线选择能力、决断能力和奔跑能力等。组织者可根据参与者的性别、年龄特征设计不同难度的比赛路线与比赛组别，徒步定向运动是适合大众的体育运动项目，其标志如图 10–1 所示。

图 10–1　徒步定向标志

1. 接力定向

接力定向是一项团体比赛项目，其成绩的好坏依赖于队员的共同努力程度。比赛竞争激烈，具有较强的观赏性。组织者把赛程分为若干段，每位运动员分别完成其中的一段，以各段运动员成绩之和评判全队的总成绩，各队总成绩在找点准确的前提下，以全队总耗时最少者为优胜。

2. 积分定向

组织者在赛区内预先设置好若干检查点，并在图上标明。根据各检查点所处地形的难易程度、距离远近及相互关系位置的不同赋予不同的分值。参赛者在规定的时间内，选择理想的运动路线寻找若干或全部检查点，积分最高者为优胜。

3. 公园定向

公园定向主要是指在城市公园、小城镇、机关大院、居民区、校园内进行的一种定向运动。与其他定向运动的不同之处是参与者都比较熟悉比赛场地，地形相对简单，因此比赛的安全性容易得到保障。这种比赛主要适合老年人、中小学生及幼儿参加。比赛的组织方式和成绩计算同徒步定向越野。目前，致力于举办这类定向比赛的世界性组织为世界公园定向运动组织（PWT）。该组织十分重视赛事的宣传和推广，对我国学校体育引进和推广定向运动及定向运动的人才培养起到了重要作用。

4. 专线定向

组织者在地图上标出准确的比赛路线。运动员必须按规定的路线行进，并将途中遇到的检查点标绘到地图上。名次以标绘检查点的准确性和耗时的长短来确定。

5. 百米定向

百米定向就是在一块 100 米×50 米的场地内进行的定向比赛。观众可以看到运动员比赛的全过程，而且赛场上还配有音乐。运动员可以在出发区取到一张地图，并且在赛前分析地形，选择行进路线。起点和终点与比赛区是有严格区分的，因此，以上的这些活动都只有在出发区进行（禁止未出发的运动员观看别的运动员的比赛过程）。比赛的地图采用 1:500 的大比例地图，等高距为 1 米。比赛区域内的每一棵树木都被标注在图上。与此同时，组织者还要另外加上一些点标旗以增加比赛的难度。比赛路线的距离一般为 150 ~ 400 米，设置 5 ~ 13 个点标。

6. 夜间定向

夜间定向是定向运动中一种高难度的比赛形式。由于比赛是在夜间进行的，所用的器材上都附有反光材料，参与者亦需要携带用于查看地图的照明设备。夜间定向已被列为国际定向越野联合会正式比赛项目。第一届世界夜间定向锦标赛于 1986 年在匈牙利举行。

（二）滑雪定向

滑雪定向是结合方向判断，在不平坦的地形上越野滑雪的一项耐久性冬季运动。滑雪定向可按个人、团体和接力赛形式进行。比赛选手需要使用非机动滑雪装具。同一比赛线上通常滑道不止一条，便于选手自行选择。

（三）山地车定向

山地车定向是集定向运动和山地车运动于一身的体育运动。在这项运动中，最重要的定向技巧是路径选择和记图。对于运动员来讲，高超的山地车技巧是应付陡坡的必备条件。

山地车定向是国际定向越野联合会正式承认的定向比赛项目，从 2002 年起每隔两年举行一次世界锦标赛。

（四）轮椅定向

轮椅定向是专为伤残人士特别设计的定向运动形式，使得行动有障碍的人有机会参与到定向运动中来。手动或电动轮椅、拐杖等协助人们行动的工具均被允许在此项运动中使用。

二、定向运动器材和装备

（一）点标旗

点标旗是由 3 面标志旗连接成的三棱柱形，每面标志旗的尺寸为 30 厘米×30 厘米，旗面正方形是对角线分开的，左上部为白色，右下部为橙红色，夜间定向检查点应有光源。点标旗应悬挂在地图上标明的地点，一般距地面 80 ~ 120 厘米，实际位置应与检查点说明表一致，如图 10–2 所示。

图 10-2　定向越野点标旗户外标识

（二）打卡系统

1. 针孔打卡器

针孔打卡器用弹性较佳的塑料制成，一端装有钢针，每个打卡器的钢针组合图案都不同，运动员可在记录卡上打孔，也可直接将孔打在地图的记录卡上。此种打卡器价格低廉，使用方便，适于在日常教学、训练及一些小型比赛中使用，如图 10-3 所示。

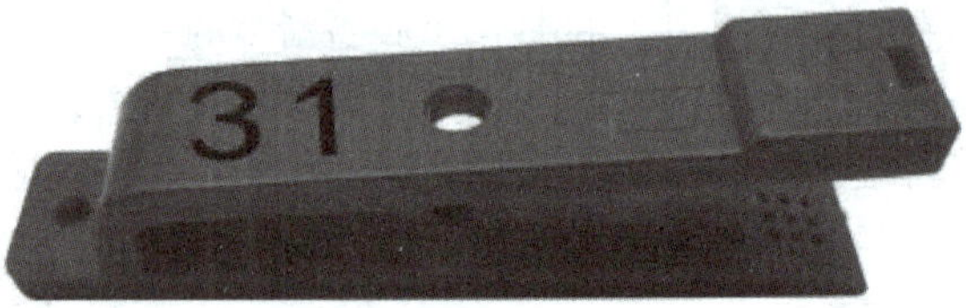

图 10-3　针孔打卡器

2. 电子打卡计时系统

随着定向运动的不断发展，定向器材的发展也十分迅速，目前在国内外的大型定向赛事中都采用先进的电子打卡计时系统，使用电子打卡计时系统不仅易于操作，也可以使组织者的工作变得极为简单，同时也使比赛更加公平、公正。SPORTident 电子打卡计时系统是目前世界上知名的定向运动电子打卡计时系统之一，其系统构成和使用方法如下。

（1）系统构成。SPORTident 电子打卡计时系统一般由指卡（SI-Card），打卡器（SL-Station）和终端打印系统组成。

（2）使用方法。在使用电子打卡计时系统的定向比赛中，每个参赛者都发有一个统一编号的指卡，它可以存储开始和结束时间，而打卡器能存储运动员到访时的时间，当将指卡插入打卡器时，打卡器便自动将到访的时间写入指卡。在参加比赛时，运动员应将指卡佩戴在手指上，并按以下程序进行打卡。

①选手出发前打“清除”，清除卡中原有的信息。

②出发时打“起点”，比赛开始计时。

③比赛中途按比赛要求找到每一个检查点，并在相应检查点的“打卡器”上打卡，读取到达该检查点的时间。

④回到终点在“终点”打卡，比赛结束。

⑤到主站上打卡，领取个人成绩条。

（三）指北针

指北针是定向运动中运动员可以使用的合法辅助工具之一，如图 10–4 所示。定向运动员使用的指北针一般都是以装有磁针的透明有机玻璃盒为主体的，根据选手使用方式上的差异分为基板式和拇指式；有的指北针在有机玻璃盒内装有起稳定作用的特殊液体，能够增加磁针的稳定性，特别适宜在奔跑中使用。

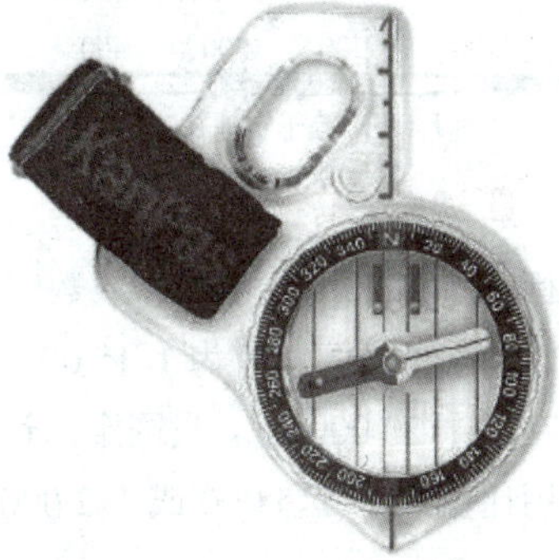

图 10–4　指北针

拇指式指北针是专业拇指指北针与传统罗盘指北针的结合，价格低廉，使用非常方便。

（四）地图

定向运动地图是一种地形图，简称地图。它是一种按一定比例尺表示地貌、地物平面位置和高程的正射投影的平面图形。专门的定向运动地图上的地貌、地物符号要求更准确精细地表示实际地形状况，且用各种颜色和符号表示不同的地貌、地物及实际地形的可通行状况。

所谓地貌，即地球表面高低起伏的各种形态，如山地、谷地、平地等。

所谓地物，即分布在地球表面上自然形成和人工建造的固定物体，如江河、湖泊、居民点、道路、水利工程建筑等。

所谓地形，即地貌和地物的统称。

定向运动竞赛地图一般由地图比例尺、地图颜色、地貌符号、磁北方向线、地图图例注记等要素组成。

1. 地图比例尺

地图比例尺是图纸上的长度与其相应的实际长度之比。即地图比例尺＝图上距离/实地距离，地图的长度单位一般为厘米（cm）。例如，某幅地图上长 1 厘米，相当于实地距离 10 000 厘米，则此幅地图比例尺为 1∶10 000 或 1/10 000。

（1）地图比例尺的特点。图幅面积相等的地图，比例尺越大，其图幅所包括的实地面积就越小，地图上所显示的实地地形内容就比较详细；比例尺越小，其图幅所包括的实地面积就越大，地图上所显示的实地地形内容就比较简略。

（2）地图比例尺的表示形式。地图比例尺通常有 3 种表示形式。

①线段式。在地图上以厘米单位线段表示。例如，地图上 1 厘米代表实地 100 米，则在 1 厘米线段上注明 1 厘米等于实地 100 米。如图 10–5 所示。

图 10-5　线段式地图比例尺

②数字式。在地图上以数字比例式表示。例如，地图上 1 厘米代表实地 100 米，则在地图上写成 1∶10 000 或 1/10 000。

③文字式。在地图上以文字直接表示。例如，地图上 1 厘米代表实地 100 米，则写成：图上 1 厘米等于实地 100 米，如图 10–6 所示。

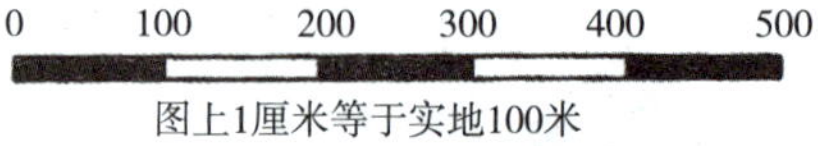

图 10-6　文字式地图比例尺

定向运动竞赛地图的比例尺标注一般采用数字式，或数字式和线段式两者同时采用。国际定向越野联合会规定：定向运动竞赛地图比例尺应为 1∶15 000。若为适应当地地形表示的需要，可采用适当的比例尺，如 1∶10 000 或 1∶20 000 等。我国定向运动竞赛多采用比例尺为 1∶10 000 的地图。公园定向运动竞赛多采用比例尺为 1∶5 000 或 1∶2 000 的地图。

2. 地图颜色

黑色——人造景观（建筑物、道路、小径）和岩石，大石头，悬崖峭壁。

棕色——高线，包括等高线和符号（表示山丘和小坑）；沥青/砾石路面（包括高速公路、主干道、人行道）；篮球场等。

蓝色——任何有水的地方（湖泊、溪流、泥沼）。

绿色——植被，浓密而难通过的地区（绿色越深，越难通过）。

白色——普通的林区，易通过。

黄色——空旷地，易奔跑。

黄绿色——禁入私人区、果园、花坛。

紫色——路线。

3. 地貌符号

地貌符号是为代表地球表面高低起伏的自然状态在地图上标绘的曲线和记号。地貌符号有等高线、示坡线、特殊地貌符号、高程注记、各种颜色记号等。

定向运动竞赛地图采用等高曲线法显示地貌。用等高曲线表示地貌的起伏形态，是一种比较准确的方法。

等高曲线的制作方法是：首先测量出地面上各个地点的海拔高度，并把它们标注在地图上，然后把海拔高度相同的各点连接起来。这个相同海拔高度的连接曲线即称为等高曲线，简称等高线。

（1）等高线法表示地貌的原理。等高线是地面上高程相等的点所连成的闭合曲线。按“平截法”说，假设把一座山，从底到顶，按相同的高度，用一层一层的水平面横截，则山的表面与水平面有一交线，再将这些交线垂直投影到地平面上，呈现出一圈套一圈的曲线图形。因为每条线上各点的高度恒等，所以将这些曲线叫作等高线。另一种“淹迹法”说，假设淹没小山的海水按一定间隔的高度间隙地退落，在每次间隙期内海浪击蚀山体都留下一圈闭合的水涯线痕迹，水迹线上各点的高程相等，此线即为实地可见的等高线。这一层层闭合的水迹线正射投影到海水平面上，所得到的一组闭合曲线即为图面上的等高线，如图 10-7 所示。

（2）等高距及其特点。等高距即相邻的两条等高线间的垂直距离，也就是假设的水平截面之间的间隔距离，如图 10-8 所示。

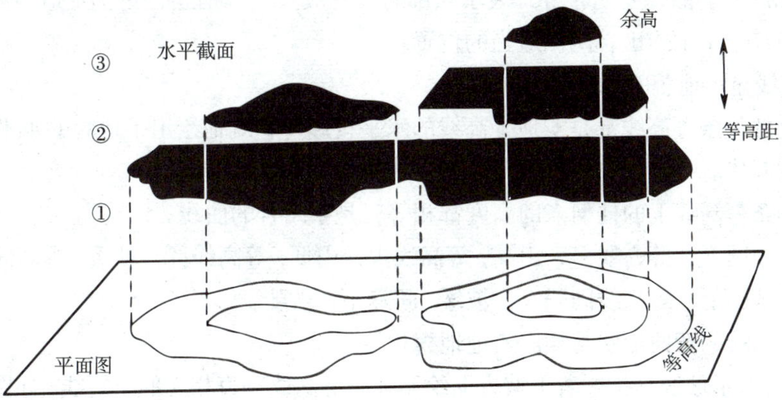

图 10-7　等高曲线的形成原理

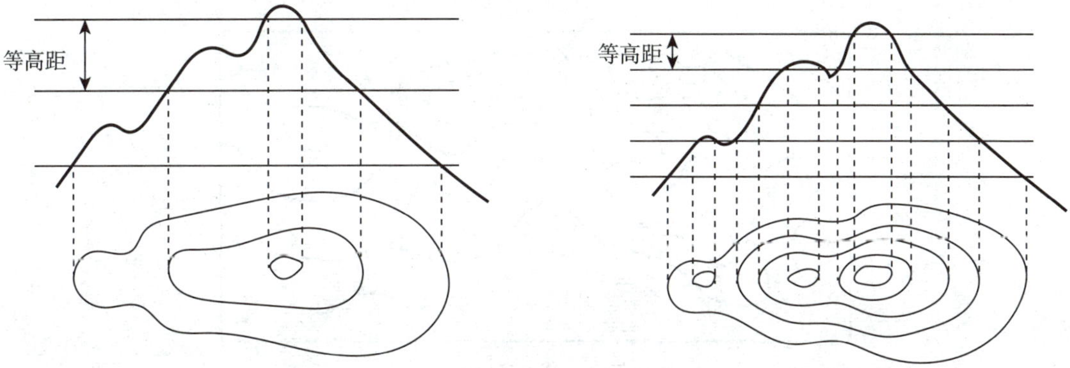

图 10-8　等高距

等高距的特点有以下几点。

①等高距是以相邻的两条等高线间的实际垂直距离表示的，其单位为米。

②等高距的大小决定着表示地貌的详细程度。在同一地域中，等高距大，则等高线条少，表示的地貌形态就较简略；等高距小，则等高线条多，表示的地貌形态就较详细。

③等高距的大小要受到地图比例尺的制约。一般来说，地图比例尺小，则等高距的取值就较大；地图比例尺大，则等高距的取值就较小。

（3）等高线的种类及其作用。等高线按其作用可分为基本等高线、加粗等高线、半距等高线、辅助等高线。

①基本等高线，又称首曲线，是按规定的等高距由平均海水面起算而测绘的，实线线粗 0.1 毫米，用以显示地貌的基本形态。

②加粗等高线，又称计曲线，规定从高程起算基准面起，每隔 4 条首曲线（5 倍等高距的首曲线）加粗的一条粗实线，线粗 0.2 毫米，用以数计图上等高线和判读高程。

③半距等高线，又称间曲线，是按 1/2 等高距描绘的细长虚线，线粗 0.1 毫米，用以显示

首曲线不能显示的局部地貌，如山顶、阶坡或鞍部等。

④辅助等高线，又称助曲线，是按 1/4 等高距描绘的细短虚线，线粗 0.1 毫米，用以显示间曲线仍不能显示的局部地貌。

间曲线和助曲线共用于局部地区，显示局部地貌，所以它不像首曲线那样一定要每条闭合。除表示山顶和凹地的曲线要闭合外，表示鞍部时，一般只对称描绘，终止于适当的位置；表示斜面时，一般终止于山或山谷两侧适当的位置。

（4）等高线显示地貌的特点。

①地图上的每条等高线都是实地等高线的水平投影，它既描绘出了地貌的水平轮廓，也表示出了地貌的起伏。

②在同一条等高线上的任何点的高度都相等，是条闭合的曲线。

③在同一地图上，等高线多，山高；等高线少，山低；等高线稀，坡缓；等高线密，坡陡。

④在同一地图上，等高线间隔大，坡缓；间隔小，坡陡。

⑤图上等高线的弯曲形状与相应实地地貌相符。

（5）示坡线。示坡线是指顺着下坡方向绘制并与等高线垂直相交的小短线，如图 10-9 所示。它通常绘在等高线最有特征的弯曲上，如山顶、鞍部或凹地底部。示坡线可以帮助了解山的起伏，即哪里是上坡，哪里是下坡。一般顺着示坡线的方向为下坡，逆着示坡线的方向为上坡。

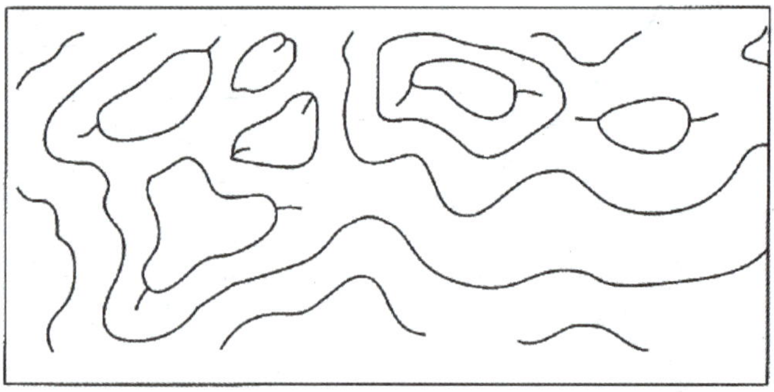

图 10-9　示坡线

4. 磁北方向线

磁北线是地图上表示地磁的方向线。它不仅可以用来标定地图的方向、测量目标的方位角，还可以用于概略地判明行进路线的方向和距离。磁北线一般用黑色、红色或蓝色的平行线表示。

在 1∶10 000 的地图上，要求两磁北线间的距离约相当于实地 250 米。除非遇上重要特征物会被遮盖，磁北线必须在图上呈南北方向贯通整个赛区。

5. 地图图例注记

图例说明是专业定向地图上的重要注记，它可以帮助理解地图所表示的事物。它采用的是国际语言符号，所有符号全球通用。

根据国际定向越野联合会《国际定向运动地图制图规范》（ISOM 2000）的规定，将定向地图上的语言符号分为地貌、岩石与石块、水系与淤泥地、植被、人工地物、技术符号、路线符号、检查点说明表 8 个类别。

任务三　定向运动技术

学习目标

1. 了解标定地图的方法。
2. 了解确定站立点的方法。
3. 了解依地图行进的方法。
4. 学会利用指北针确定行进的方向。
5. 了解实地判定方位的方法。

一、标定地图

标定地图就是给地图定向，使地图的方位与实地的方位一致。通过标定地图，可以将地图上的地物地貌符号与实地的地物地貌一一对应，这不仅可以帮助我们迅速查看地图，了解实地地物的分布情况、地貌的起伏程度及它们之间的相互关系，还可以帮助我们根据地图上的路线，在实地选择具体的运动路线。常用的标定地图的方法有概略标定地图、利用指北针标定地图、利用地物标定地图。

（一）概略标定地图

地图上的方位是上北、下南、左西、右东。当实地正确地辨别了方向之后，只要将越野图的上方对向实地的北方，地图即已标定。这种方法简便迅速，是定向越野比赛中最常用的方法。

（二）利用指北针标定地图

定向地图上标有磁北线，是用红色粗线条标出的，尖头指向地图的上方。利用指北针标定地图时，可通过转动地图，将指北针上的红色指针与磁北线的方向吻合或平行。由于指北针上的指针和地图上的磁北线都是红色的，所以也称此方法为“红对红”或“北对北”。

（三）利用地物标定地图

1. 利用直长地物标定地图

直长地物是指较长的线状地物，如铁路、公路、土垣、沟渠高压线等。利用直长地物标定地图的方法如下。

（1）应在图上找到这段直长地物。

（2）转动地图，使图上的直长地物与实地的直长地物方向一致。

（3）对照两侧地形，使图与实地各地形点的关系位置相符。

运动员利用路边的沟渠来标定地图时，平移且转动地图，使图上的道路与实地的水渠概略重合。

2. 利用明显地形点标定地图

利用明显地形点标定地图指在实地找出一个与地图上地物符号相应的明显地物，如小桥、亭子、独立的建筑等，然后转动地图使图上的站立点至目标的连线与实地的站立点至目标的连线重合。

二、确定站立点

在野外，时刻要注意确定自己站立的地点在地图上的位置。这是从事定向越野首先必须掌握的一项基本技能。其主要方法是通过标定地图将地图与现有的地物、地貌进行逐一对照，来确定自己的方位。

（一）直接确定

当自己所处位置是在明显地形点上时，只要从图上找出该地形点，站立点即可确定。这是最常用的方法。

（二）利用位置关系确定

当站立点位于明显地形点附近时，可以利用位置关系来确定站立点。利用位置关系确定站立点主要依据两个要素，一是站立点至明显点的方向，二是站立点至明显点的距离。在地形起伏明显的地方，还可以结合高差情况进行判定。

（三）利用“交会法”确定

当站立点附近无明显地形点时，可以利用“交会法”确定站立点位置。按不同情况，它又可以具体分为90°法、截线法、连线法、后方交会法和磁方位角交会法。这些方法的优点是不需要判断或测量距离也能确定出较为准确的站立点位置，这对于初学者学习、巩固使用越野图的训练是很有意义的。下面介绍几种常用的方法。

（1）当运动员站在线状地形上时可以利用90°法（图10–10）、截线法、连线法（图10–11）来确定方位。

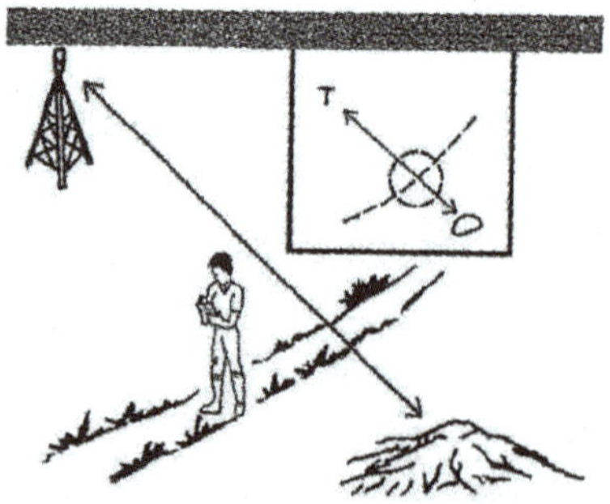

图10–10　90°法

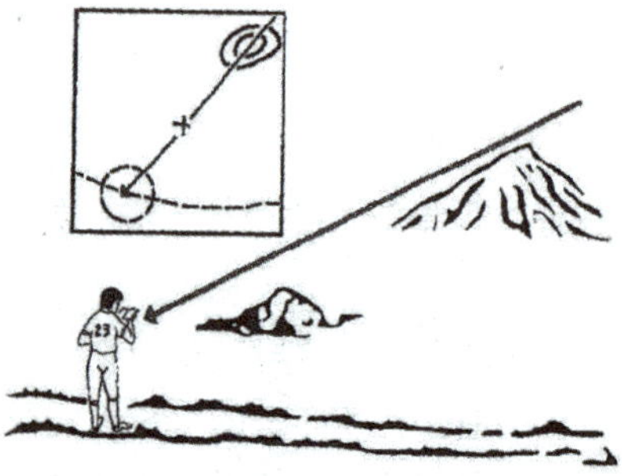

图10–11　连线法

当运动员在线状地形上运动时，同时待测的位置恰好在某两个明显地形点的连线上，可以利用这种方法确定站立点。

（2）后方交会法。当待测点上无线状地形可利用，而且地图与实地相应地都有两个以上的明显地形点，但地形较开阔，通视良好的情况下，可以采用后方交会法确定站立点。确定站立点的方法如下。

①在地图上取一个山顶为标志和实地相应山顶在地图上作直线。

②地图上的树丛与实地相应的树丛在地图上作一连线。

③两条直线的交会点就是站立点。

三、依地图行进

依地图行进是定向越野的基本运动形式，也是一项最基本的技能。在奔跑途中，应首先了解前方要通过的方位物，边跑边对照地形。在经过每个岔路口、转弯点、居民地进出口时，应快捷、准确地对照地形，随时了解自己在图上的位置。做到随时标定地图，随时确定站立点在图上的位置，随时对照周围地形，随时保持清醒的头脑。具体的行进方法如下。

（一）拇指辅行法

在运动过程中，不断转动地图，使地图与实地方向一致，并且手指压在站立点上，做到人在地上走，指在图上移，其流程如图 10–12 所示。

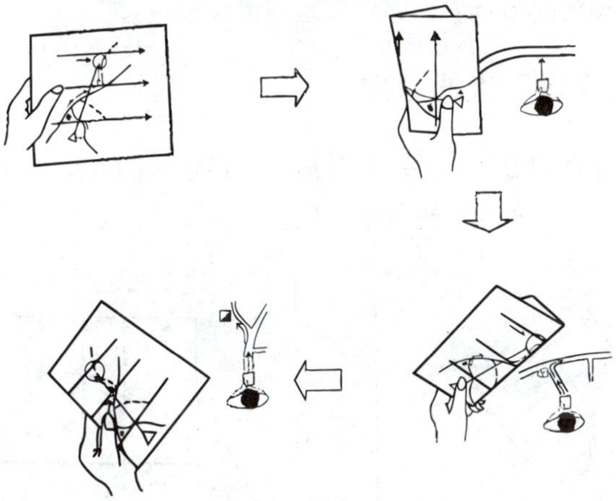

图 10–12　拇指辅行法

（1）明确站立点、比赛路线、目标点。

（2）转动地图，使地图与实地方向一致，并将左手拇指压于站立点一侧上，先上大路。

（3）到大路后转动地图，移动拇指（沿大路跑，看到路旁小屋后向右转）。

（4）转动地图，移动拇指（沿大路跑，经过右侧路口后在下一路口左转弯，可直达目标点）。

（二）沿地形地貌行进

沿地形地貌行进是初学者必须掌握的一项基本技术。线形地貌有河流、栅栏小路、围墙等；明显地物如房屋、独立树、石碑及等高线等都是很好的参照物，可以提供安全、快捷的路线。其方法是按所跑路线的顺序，分段、连续或一次性地记住行进方向上经过的地形点、两侧的特征物等内容，使实地的情景能够不断地与记忆内容叠影、印证，做到人在地上跑，心在图上移。

1. 借线法行进

借线法指利用线状地形，如道路、围栏、高压线等作为行进的“导引”。由于沿着线状地形行走犹如扶着楼梯的栏杆行走，因此，有人称此方法为“扶手法”。

2. 借点法行进

借点法就是利用明显的地物地貌点来控制运动方向，当检查点附近有高大、明显的参照物时，可采用此方法。

3. 水平位移法行进

当站立点与检查点在同一高度上时，可沿等高线行进，即采用水平位移法行进，但要确定站立点与检查点之间是否可通行。

4. 提前绕行法行进

在检查点之间有较大的障碍时，可提前选择最佳路线。在行进过程中应注意以下几点。

（1）在经过岔路口、道路转弯点、居民居住地进出口时，应对照地形。

（2）在遇到实地地形变化与地图不一致时，应仔细对照全貌，分析地形的变化和位置关系，然后准确判定站立点的位置和行进方向。做到有疑不走、有矛盾不走、方向不明不走。

（3）当发现走错路时，应立即对照地形。回忆所走过的路，判明是从什么地方走错的，偏离原定路线多远，再根据情况另选返回路线或返回继续前进。

四、利用指北针确定行进的方向

利用指北针确定目标点的方向，是一种最简易、最快速的方法，它特别适合初学者在特征物少、植被密度低、地形起伏不大的树林中使用。具体方法，如图 10–13 所示。

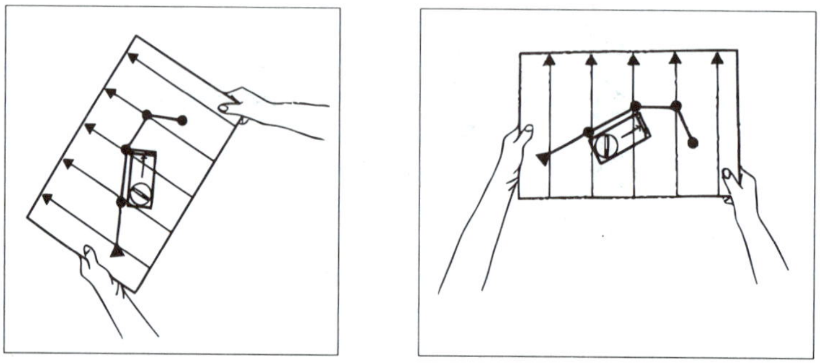

图 10–13　利用指北针确定行进的方向

（1）将指北针直尺边切于目标方向线，指北针上的方向尖头指向所要到达的位置。

（2）把指北针和地图作为一个整体水平放置在面前，转动身体，使指北针上的红色指针的指向与地图所示的磁北线方向一致。

（3）指北针上方向尖头所指的方向即为所要行进的方向。

五、实地判定方位

实地判定方位是指在实地辨明东、西、南、北方向。了解实地的方位是使用地图的前提，在野外，可以辅助辨明方向的方法很多，如白天可利用太阳和手表来辨别方向，晚上可利用星体来辨别方向，还可以利用建筑物、风向等来判定方位。

（一）利用指北针判定方位

利用指北针判定方位的方法是将指北针放平，待磁针完全静止后，磁针的红色一端即N端为北面，S端为南面。如果测定方位的人面向北面，则他的左为西，右为东，背后为南。

如果想测某一点的方位，可将罗盘上的零刻度对准目标，当罗盘水平静止后，N端所指的刻度便是测量点至目标的方位，如磁针N端指向36°，则表示目标在测量位置的北偏东36°。

使用指北针时应注意以下几点。

（1）尽量保持指北针水平放置。

（2）不要离铁、磁性物质太近。

（3）不要将磁针的S端与N端混淆，造成误判。

（二）利用地物判定方位

在野外，凡见到有地物和植物的地方，同样可以根据日常生活习惯和客观自然规律产生的现象进行方位判定。如地球的北半球，人们居住的房屋通常都朝南开设；树木一般朝南的一侧枝叶茂盛，色泽鲜艳树皮光滑，向北的一侧则相反；长在石头上的青苔喜阴湿，北面较旺；积雪多是先融化朝南的一面；通常墙、土堆、土堤地埂、石块、建筑物等突出物的南面较干燥，春草早生，冬雪早化；而向北一侧的基部较潮湿，夏长青苔，冬存积雪。

（三）利用太阳和手表判定方位

晴朗的天气，在上午9时至下午4时，用时针对准太阳，此时手表上的时针与12时刻度夹角平分线所指的方向为南方，相反的方向为北方，如图10-14所示。但是要注意，将手表平置，在南北纬20°30′之间地区的中午前后不宜使用，要把标准时间换算为当地时间。

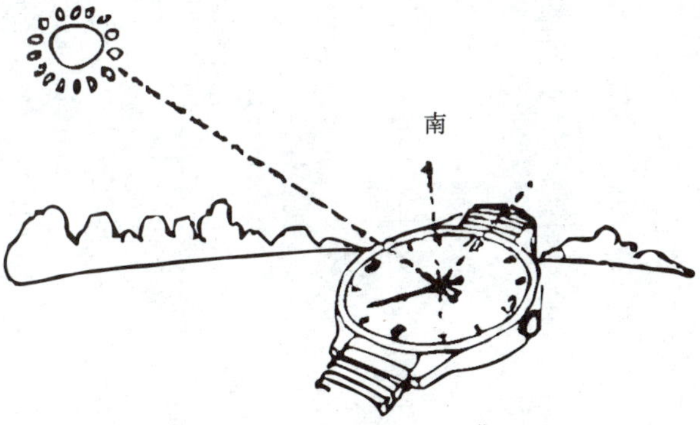

图10-14　利用太阳和手表判定方位

思政小课堂

定向运动作为体育课程内容的扩展，把原有仅限于学校体育课程的跑、跳、投、攀爬、跨越等基本内容，扩展到社会、大自然，从而突破了体育课程长期以来形成的封闭模式。

定向运动是一项非常健康的智能型体育项目，是智力与体力并重的运动。它不仅能强健体魄，而且能培养学生独立思考、独立解决困难的能力及在压力下做出迅速反应、果断决定的能力。

参考文献

［1］ 武强，张智楠，代金连. 体育与健康［M］. 成都：四川大学出版社，2021.
［2］ 邹昆，宋金超，高峰，等. 体育与健康［M］. 北京：中国言实出版社，2021.
［3］ 杨铁黎，陈钧. 体育与健康［M］. 北京：国家开放大学出版社，2021.
［4］ 张玉苹，杨宇，马淑然. 运动养生良方：让您动静结合，形神兼养［M］. 北京：化学工业出版社，2021.
［5］ 毛振明，郭立亚. 大学生体育与健康［M］. 北京：开明出版社，2020.
［6］ 宋旭，谭华，李涛. 体育与健康课程标准与教材分析［M］. 武汉：武汉大学出版社，2014.

附录

一、大学生体测标准评分表

（一）男生版

表 1　大学男生体重指数（BMI）评分表

等级	得分	大学
正常	100	17.9 ~ 23.9
低体重	80	≤ 17.8
超重	80	24.0 ~ 27.9
肥胖	60	≥ 28.0

注：体重指数（BMI）=体重（千克）/身高 ^{2}（米 ^{2}），单位千克/米 ^{2}。

表 2　大学男生各项目的评分表

项目		1000 米		50 米		体前屈		立定跳远		引体向上		肺活量	
等级	分数	大一大二	大三大四	大一大二	大三大四	大一大二	大三大四	大一大二	大三大四	大一大二	大三大四	大一大二	大三大四
优秀	100	3′17″	3′15″	6.7	6.6	24.9	25.1	273	275	19	20	5 040	5 140
	95	3′22″	3′20″	6.8	6.7	23.1	23.3	268	270	18	19	4 920	5 020
	90	3′27″	3′25″	6.9	6.8	21.3	21.5	263	265	17	18	4 800	4 900
良好	85	3′34″	3′32″	7.0	6.9	19.5	19.9	256	258	16	17	4 550	4 650
	80	3′42″	3′40″	7.1	7.0	17.7	18.2	248	250	15	16	4 300	4 400

续表

项目		1000米		50米		体前屈		立定跳远		引体向上		肺活量	
等级	分数	大一大二	大三大四	大一大二	大三大四	大一大二	大三大四	大一大二	大三大四	大一大二	大三大四	大一大二	大三大四
及格	78	3′47″	3′45″	7.3	7.2	16.3	16.8	244	246	—	—	4 180	4 280
	76	3′52″	3′50″	7.5	7.4	14.9	15.4	240	242	14	15	4 060	4 160
	74	3′57″	3′55″	7.7	7.6	13.5	14.0	236	238	—	—	3 940	4 040
	72	4′02″	4′00″	7.9	7.8	12.1	12.6	232	234	13	14	3 820	3 920
	70	4′07″	4′05″	8.1	8.0	10.7	11.2	228	230	—	—	3 700	3 800
	68	4′12″	4′10″	8.3	8.2	9.3	9.8	224	226	12	13	3 580	3 680
	66	4′22″	4′15″	8.5	8.4	7.9	8.4	220	222	—	—	3 460	3 560
	64	4′27″	4′20″	8.7	8.6	6.5	7.0	216	218	11	12	3 340	3 440
	62	4′32″	4′25″	8.9	8.8	5.1	5.6	212	214	—	—	3 220	3 320
	60	4′52″	4′30″	9.1	9.0	3.7	4.2	208	210	10	11	3 100	3 200
不及格	50	5′12″	4′55″	9.3	9.2	2.7	3.2	203	205	9	10	2 940	3 030
	40	5′32″	5′10″	9.5	9.4	1.7	2.2	198	200	8	9	2 780	2 860
	30	5′38″	5′30″	9.7	9.6	0.7	1.2	193	195	7	8	2 620	2 690
	20	—	—	9.9	9.8	−0.2	0.2	188	190	6	7	2 460	2 520
	10	—	—	10.1	10.0	−1.3	−0.8	—	—	—	—	2 300	2 350

（二）女生版

表3　大学女生体重指数（BMI）评分表

等级	得分	大学
正常	100	17.2 ~ 23.9
低体重	80	≤ 17.1
超重	80	24.0 ~ 27.9
肥胖	60	≥ 28.0

注：体重指数（BMI）=体重（千克）/身高^2（米^2），单位千克/米^2。

表 4　大学女生各项目的评分表

项目		800 米		50 米		体前屈		立定跳远		仰卧起坐		肺活量	
等级	分数	大一大二	大三大四	大一大二	大三大四	大一大二	大三大四	大一大二	大三大四	大一大二	大三大四	大一大二	大三大四
优秀	100	3′18″	3′16″	7.5	7.4	25.8	26.3	207	208	56	57	3 400	3 450
	95	3′24″	3′22″	7.6	7.5	24.0	24.4	201	202	54	55	3 350	3 400
	90	3′30″	3′28″	7.7	7.6	22.2	22.4	195	196	52	53	3 300	3 350
良好	85	3′37″	3′35″	8.0	7.9	20.6	21.0	188	189	49	50	3 150	3 200
	80	3′44″	3′42″	8.3	8.2	19.0	19.5	181	182	46	47	3 000	3 050
及格	78	3′49″	3′47″	8.5	8.4	17.7	18.2	178	179	44	45	2 900	2 950
	76	3′54″	3′52″	8.7	8.6	16.4	16.9	175	176	42	43	2 800	2 850
	74	3′59″	3′57″	8.9	8.8	15.1	15.6	172	173	40	41	2 700	2 750
	72	4′04″	4′02″	9.1	9.0	13.8	14.3	169	170	38	39	2 600	2 650
	70	4′09″	4′07″	9.3	9.2	12.5	13.0	166	167	36	37	2 500	2 550
	68	4′14″	4′12″	9.5	9.4	11.2	11.7	163	164	34	35	2 400	2 450
	66	4′19″	4′17″	9.7	9.6	9.9	10.4	160	161	32	33	2 300	2 350
	64	4′24″	4′22″	9.9	9.8	8.6	9.1	157	158	30	31	2 200	2 250
	62	4′29″	4′27″	10.1	10.0	7.3	7.8	154	155	28	29	2 100	2 150
	60	4′34″	4′32″	10.3	10.2	6.0	6.5	151	152	26	27	2 000	2 050
不及格	50	4′44″	4′42″	10.5	10.4	5.2	5.7	146	147	24	25	1 960	2 010
	40	4′54″	4′52″	10.7	10.6	4.4	4.9	141	142	22	23	1 920	1 970
	30	5′04″	5′02″	10.9	10.8	3.6	4.1	136	137	20	21	1 880	1 930
	20	5′14″	5′12″	11.1	11.0	2.8	3.3	131	132	18	19	1 840	1 890
	10	5′24″	5′22″	11.3	11.2	2	2.5	126	127	16	17	1 800	1 850

（三）加分

表 5　大学生体测加分表

项目	男生引体向上		女生仰卧起坐		男生 1000 米		女生 800 米	
加分	大一大二	大三大四	大一大二	大三大四	大一大二	大三大四	大一大二	大三大四
10	10	10	13	13	−35″	−35″	−50″	−50″
9	9	9	12	12	−32″	−32″	−45″	−45″
8	8	8	11	11	−29″	−29″	−40″	−40″

续表

项目	男生引体向上		女生仰卧起坐		男生 1000 米		女生 800 米	
加分	大一 大二	大三 大四	大一 大二	大三 大四	大一 大二	大三 大四	大一 大二	大三 大四
7	7	7	10	10	−26″	−26″	−35″	−35″
6	6	6	9	9	−23″	−23″	−30″	−30″
5	5	5	8	8	−20″	−20″	−25″	−25″
4	4	4	7	7	−16″	−16″	−20″	−20″
3	3	3	6	6	−12″	−12″	−15″	−15″
2	2	2	5	5	−8″	−8″	−10″	−10″
1	1	1	4	4	−4″	−4″	−5″	−5″

注：1.引体向上、一分钟仰卧起坐均为高优标准，学生成绩超过单项评分（100 分）后，以超过的次数所对应的分数进行加分。

2. 1 000 米跑、800 米跑均为低优标准，学生成绩低于单项评分（100 分）后，以减少的秒数所对应的分数进行加分。

二、大学生体测的注意事项

（1）大学生在参加体测前应提前 1 ~ 2 周进行适应性训练，以提高身体素质。

（2）大学生参加体测前应适量进食及饮水，切不可过度饮食或空腹参加体测。同时，应保持良好心态，放下心理包袱，轻松愉快地参加体测。

（3）各项体测科目开始前，大学生应进行热身运动(如颈、肩、手腕、膝关节、踝关节等关节运动，扩胸运动，腰部运动，高抬腿，弓步压腿，慢跑，10 ~ 20 米快速跑等)，切实活动开身体，确保以良好的身体状态参加体测。

（4）大学生参加体测时，应根据个人身体素质参加测试，如遇当日身体状况不佳或体测科目难度超过身体承受能力的，应及时向负责体测的教师报告。负责教师应视情给予暂缓测试或建议办理免测手续，切勿盲干。在体测过程中如明显感到身体不适，无法完成该科目测试时，应立即向负责教师报告，并前往卫生室检查。

（5）大学生在各项体测科目结束后切勿立即坐卧，应进行适当的慢跑、慢走或做一些整理运动，有助于减轻心脏负荷。待呼吸和心跳恢复正常后，再停下休息。体测结束后，如身体感觉到任何不适，应立即向教师报告，并前往卫生室检查。